全国高等教育财经

U0678782

Cost Accounting

成本会计

主　编◎郑伦卉　潘　纯
副主编◎郑金洲　段禾青
　　　　李祖琼

经济管理出版社
ECONOMY & MANAGEMENT PUBLISHING HOUSE

总　序

"经济越发展，会计越重要"，这是会计界的一句名言。会计的理论与实践活动随着经济的发展而不断发展，会计教材也要紧跟时代步伐，体现时代的进步与要求。知识经济时代的来临，会计环境和会计工作手段不断变化，对会计专业应用型人才的培养提出了新的要求。

财政部 2008 年发布的《会计改革与发展纲要》（征求意见稿）指出："要注意引导会计教育，使会计教育与会计改革和发展形成良性互动，不断培育复合性、优秀的会计人才。"目前，会计教育的一个关键问题是会计教材建设，它直接关系到会计人才的培养质量和会计教育改革的方向，也必然影响会计教育改革的成败。

如何编写着眼素质教育、突出应用型特色、重视能力培养、紧跟改革步伐、体现时代特征和就业要求、深受师生欢迎的应用型会计专业精品教材呢？

我们认为，应摒弃过分重视理论知识传授而忽视能力培养的弊端，根据会计课程的教学特点，针对应用型会计专业的教学目标和要求，建立由教育行政管理部门、出版社、学校、会计学术团体、会计师事务所等共同参与的、高效的、系统的教材运作机制，全面规划、整合资源，精心制定和切实实施教材建设的"精品战略"，全方位运用现代信息化、网络化技术平台，以学生为本，贯彻互动性、启发性和创新性的教学原则，为教师和学生分别建立多媒体、多环节、多层次的"立体化"教材体系。这就是应用型会计专业教材建设应树立的指导思想。

从目前我们调查的情况来看，应用型会计专业教材存在的主要问题表现在以下几方面：

（1）缺少符合应用型特色的"对口教材"。作为应用型会计专业教材，应更多地体现其理论联系实际，注重对学生实际动手能力的培养，但现有的会计教材，大多侧重于学科知识的系统性，理论阐释较多。尽管有的会计教材也比较注重实践操作的讲解与指导，但从总体上看，教材的编写仍没有突破传统学科课程的羁绊，尚未形成具有鲜明的、符合应用型特色的课程内容结构体系。

（2）教材形式呆板。会计教材一般都存在着层次不明、风格陈旧、缺乏个性、内容交叉或重复、脱离实际、针对性不强等问题。教材形式呆板，没有做到图文并茂，形象生动，更没有将"书本教材"转化为"电子教材"，以电子课件的形式组织教学还没有真正走进课堂。

（3）教材开发单一，与专业教材配套的实践性教学资料严重不足。实践性教学是应用型会计专业教育与人才市场接轨的有效途径。应用型会计专业实践教学一般占总教学时数的 25% 以上，其教材建设在应用型会计专业教育中也应占有非常重要的地位。而现有的会计教材往往着重于理论教材建设，虽然部分教材书后配有相应的习题集（事实上也是一种理论训练题），但缺乏实践训练的项目和指导内容。至今为止，还没有一套符合应用型会计专业教育特色的"案例实训"系列教材。实践性教材的奇缺已成为制约应用型会计人才培养的"瓶颈"。

（4）教材内容的更新跟不上会计环境的变化。作为社会科学，会计学的发展及其内容的变革无不受到社会环境的巨大约束和影响。我国改革开放后会计制度的复苏与发展，特别是 1993 年以来我国会计制度的国际化进程带来的会计教材内容的改革，充分说明了会计环境对会计教材内容的影响。但是，作为紧跟会计环境变化的应用型会计专业教材始终没有及时跟上。

（5）不能处理好传授知识与培养创新能力的关系。"传道、授业、解惑"是教育的基本职责。专业中亟待解决的问题应该在有关教材中体现，如果教材中仅仅是基本知识和技能的讲解，就不符合应用型会计专业的培养目标和要求。因此，应用型会计专业的教材，应该是传授知识与创新能力培养相结合，至少应涉及创新的思维方式方法的引导，让受教育者领会、掌握创新的基本技能，而采用什么方式、如何处理传授知识与创新能力培养的关系，是需要我们深入研究的问题。

我们认为：从长远看，应加大开发应用型教材的力度，实施"精品战略"，形成理论与实践相结合、主辅教材配套的"立体化"的教材体系。

实施"精品战略"，首先要明确怎样才是"精品"。作为应用型会计专业的精品教材，同时应具有如下几个方面的特征：

（1）科学性特征。教材结构合理，内容取舍适当，概念表述准确，难易度恰当，举例清晰正确。注意相关课程的联系，科学地体现各科专业教材的内涵与外延，符合教学规律和学生的认识规律，满足应用型会计专业人才培养的需要。

（2）实用性特征。教材的实用性特征主要反映在两个方面：一方面是技术实用性，教材内容应贴近会计工作实际，理论的阐述、实验（实训）内容和范例、习题的选取都应紧密联系实际，有鲜明的实践性；另一方面是教学实用性，内容的阐述编排便于组织教学，利于培养学生分析问题和解决问题的能力。

（3）先进性特征。教材内容能及时跟踪会计法规和制度更替，既反映现代会计理论和信息技术的发展水平，又反映新的人才培养理念，并能灵活适应教学组织形式和教学技术手段的更新与发展。

（4）规范性特征。教材的版式设计艺术性强，印刷装订质量高，图形、符号、账表、专业术语、操作程序和方法等符合会计准则和会计职业道德规范。

（5）启发性特征。教材内容有利于引导学生树立正确的人生观、世界观和价值观，有利于培养学生科学的思维方式，启迪学生的创新思维，提高他们运用科学的立场、观点和方法观察、分析和解决实际会计问题的能力。

加强应用型会计专业教材的体系创新，是实施"精品战略"的核心。教材作为知识的载体和教学改革成果的表现物，从一个侧面折射出教育思想的变革。创新是教材特色的灵魂，是表现教材质量的要素之一。因此，只有以创新的思想、创新的模式才能更好地促进高职教材的建设与发展，才能将精品战略落到实处。全面落实教材建设的精品战略不仅要抓好核心教材的建设，同时还应重视相关配套教材的建设。这些配套教材包括实验（实训）教材、各类指导书、习题集、业务处理图册及与现代化教学手段相配套的各类新教材（如PPT课件、CAI课件、多媒体教材、网络教材），等等。

在"精品战略"的指导下，建立"立体化"的教材，是应用型会计专业教材建设的方向。

所谓"立体化"教材，就是立足于现代教育理念和信息技术平台，以传统纸质教材为基础，结合多媒体、多环节、多层次的教学资源，建立包括多种教学服务内容、结构配套的教学出版物的集合。"立体化"教材由主教材、实训教材、教师参考书、学习指导和试题库等组成，包括纸质教材、PPT课件、案例实训资料、案例实训课件、案例实训演示软件、电子教案、电子素材库、电子试题库、网络课程、网络测评系统等部分。其不同于传统教材之处，在于它综合运用多媒体并发挥优势，形成媒体间的互动，强调多种媒体的一体化教案设计，注重激发学生的学习兴趣，将烦琐的会计工作环节直观清晰地体现出来。

要建设完善的会计专业"立体化"教材，必须做好五个环节的工作：

（1）教育行政管理部门牵头，进行总体规划，对出版社公开招标，并建立科学的应用型会计专业教材评价体系。

（2）由中标的出版社牵头组织，相关院校积极配合，整合资源，立项开发，精心设计出整体教学解决方案（教学包），分步实施，集中优秀师资及各种教学素材，力求将专业内容采用最好的"立体化"的表达形式展现出来。

（3）由出版社加强对教师的培训，介绍"立体化"教材的使用方法，真正发挥"立体化"教材的作用和优势。

（4）由出版社办好互助的教学网站，使之成为作者、教师、学生和出版社交流信息和进行教学的互动平台，并为"立体化"教材的使用、修订、升级和改版广开言路，汇集真知灼见。

（5）教育行政管理部门定期进行教材评审，优胜劣汰，不断完善教材体系和提高质量。

教材建设是一个系统工程，教育行政管理部门、学校、出版社、会计学术团体等都应该不断进行教材建设的研究，找准社会对会计人才的需求、应用型会计专业的培养目标和教材三者关系的平衡点。直言之，就是要弄清什么样的教材才能使应用型会计专业能够培养适应社会需要的人才。具体而言，如何设计教材体系，如何选取教材内容，如何理清教材之间、同一教材内部各章节之间的关系，如何把握专业理论的"度"的问题，如何使理论与实训内容有机衔接，如何选择最佳的文字、图形及多媒体等表现形式，如何把握教材的实用性和前瞻性等方面的问题，都是教材建设的重要课题，必须进一步加强研究，并积极地完善落实。

教材建设是一个动态的系统工程，没有最好，只有更好。

编委会

2010 年 8 月

前　言

当前，国际竞争的实质是以经济和科技实力为基础的综合国力的较量，而国家间的经济竞争实质上是企业间的竞争，企业间的竞争实质上是产品质量和产品成本的竞争，因此，降低成本成为企业竞争制胜的主要法宝之一；同时，目前我国正面临着空前的国际贸易保护主义重压，已连续多年成为全球遭受反倾销调查和反补贴调查最多的国家，因此，产品实际成本成为我国应对反倾销调查和反补贴调查的有力武器之一。在这种背景下，成本及其核算和管理显得尤为重要。为了加强企业产品成本的核算工作，提高企业竞争力和可持续发展，完善企业会计准则体系，财政部于 2013 年 8 月颁布了《企业产品成本核算制度（试行）》，彻底改变了以往成本核算没有统一规范的状况。

本教材正是以《中华人民共和国会计法》、《企业会计准则》和最新的《企业产品成本核算制度（试行）》为依据，以高职高专教育高技能人才培养目标为导向，在吸收近年来成本会计理论研究和实践的新成果的基础上编写的。本教材以企业成本会计工作过程为主线，从成本会计总论、成本核算的基本要求和一般程序、生产费用的横向归集和分配、生产费用的纵向归集和分配、产品成本计算的基本方法、产品成本计算的辅助方法、成本报表与成本分析七个方面对成本会计主要内容进行了阐述。

为使读者更好地掌握实用的基础理论、扎实的专业知识和较强的专业技能，本教材从形式到内容都进行了大胆的创新或改进，形成了以下特色：

（1）简洁性。由于成本会计数据多、分配方法多、计算公式多，让很多读者产生了一种畏难心理，认为成本会计非常烦琐，晦涩难懂。其实，成本会计是可以做到简洁和通俗的；因此，本教材在阐述有关知识点和计算方法时，总是尽量呈现其规律性、共性或通用的内容，并努力将其图表化、公式化，以求达到变烦琐为简洁、变晦涩难懂为通俗易懂的效果。

（2）逻辑性。简言之，成本会计就是从费用到成本的核算过程，是一个不断归集和分配的过程，费用和成本之间存在着很强的关联性，为了让读者体会成本核算程序和归集分配过程，本教材从内容阐述到应用举例都特别注重理论知识与数据之间的衔接性和逻辑性，尽量避免毫无条理的、突兀的知识讲解和毫无联系的、零散的例题，力求让读者了解数据的来龙去脉和成本会计核算中蕴涵的逻辑关系。

（3）适时性。本教材真正做到了与时俱进，不仅紧紧围绕最新颁布的《企业产品成本核算制度（试行)》进行相关内容的阐述、编排，而且对制度中特别重点提出的作业成本法进行了全面、仔细的介绍。

（4）指导性。本教材每章都有"案例导读"、"本章小结"、"同步练习"等内容，便于读者掌握重点知识，另外，穿插了一些"法规速递"、"知识链接"、"温馨提示"等内容，以拓展读者的知识面，增强教材的可读性。因此，本教材具有很强的指导性。

（5）独特性。本教材对部分内容没有人云亦云、语焉不详或模棱两可，而是很明确地提出了独特的看法或做法，如对月薪制下应付计时工资的核算，很多教材都介绍了每月按30天计算日工资的方法，本教材认为这种方法其实是违反《劳动法》的，因此未予介绍。另外，通过"特别说明"、"本书观点"等内容对有关问题提出了本教材独特的观点和态度。

（6）操作性。本教材除每章后安排有同步练习外，还配有《成本会计案例实训》，有助于读者进行成本会计的仿真操作，提高读者的动手能力。

本教材可作为高职高专院校和独立学院会计专业及其他相关专业教材，也可作为财会人员及有关人员的培训和自学用书。

本教材由郑伦卉、潘纯同志担任主编，郑金洲、段禾青、李祖琼同志担任副主编，蒲萍同志参与了编写大纲的讨论，郑伦卉、段禾青同志对全书进行了审订修改和总纂定稿。

由于编者水平有限，实践能力不够，有些观点属一家之言，难免有错误、疏漏和偏颇之处，敬请读者、专家批评指正和不吝赐教，主编邮箱为290717046@ qq. com。

编者
2014 年 4 月

目　录

第一章　总　论

【学习目标】

    1. 认识成本的经济实质及其作用；

    2. 了解成本会计的含义和内容；

    3. 理解成本和费用之间的关系；

    4. 明确成本会计工作的组织内容。

【案例导读】

《企业产品成本核算制度》的制定背景

（一）谋求中国完全市场经济地位、进一步提高企业国际竞争力，要求制定本制度

目前，仍有包括欧盟在内的部分国家、地区和组织不承认中国完全市场经济地位；同时，国际上时有借产品成本问题对我国一些出口产品实施反倾销，在一定程度上影响了我国企业的国际竞争力。因此，研究制定本制度，是谋求中国完全市场经济地位的重要制度安排，是提高企业国际竞争力的重要制度基础，对于贯彻实施中央"走出去"战略具有重要意义。

（二）建设资源节约型、环境友好型社会，要求制定本制度

党中央、国务院以科学发展观为指导，提出了建设资源节约型、环境友好型社会的新要求。企业是市场主体，应当承担相应资源环境的开发、保护、利用和治理责任，这就要求在产品成本中体现清洁生产、节能减排、资源节能与循环使用、生态环保等方面支出，强化企业社会责任，提高企业环保意识，促进经济社会可持续发展。

（三）完善企业会计准则体系，要求制定本制度

我国于 2005 年建成的企业会计准则体系自 2007 年 1 月 1 日起在我国上市

公司和非上市大中型企业有效实施，得到了国内、国际社会的普遍认可，其中存货、生物资产、建造合同等会计准则已经涉及产品成本的内容，但准则规定不够具体；而我部1986年出台的《国有工业企业成本核算办法》中的一些内容不能完全满足新制造环境下企业经营管理的需要，有必要结合市场经济新发展、企业管理新需要、会计准则新变化，进行修订完善。

资料来源：财政部会计司《企业产品成本核算制度》（征求意见稿）起草说明。

思考：

1. 为什么目前包括欧盟在内的部分国家、地区和组织有借口对我国一些出口产品实施反倾销？

2. 为什么制定《企业产品成本核算制度》有利于促进我国经济可持续发展？

3. 企业组织成本会计工作必须遵守哪些法律法规？

第一节　成本的经济实质和作用

一、成本的经济实质

成本是会计理论和实务中一个非常重要的概念，是学习成本会计的基础。因此，本章从成本会计最基本的概念入手。

成本是商品经济的产物，是资源的一种耗费。这种资源的耗费在现实生活中无所不在、无时不在。我们作为自然人，为了生存和发展，在日常生活和工作中，需要购买许多物品，如衣服、食品、房屋、车辆、书籍等，每件物品都需支付一定的货币。企事业单位作为会计主体，为了进行生产经营活动或完成一定任务、达到一定目的（如企业为生产产品或提供劳务，国家机关为实现其政府职能，学校为完成其教学任务等）不仅要购买大量物品，还要雇用劳动者并支付工资，以及发生其他支出，这些人力、物力、财力等耗费，用货币形式表现出来就是成本。

成本虽然遍及各行各业的各项活动，但这并意味着所有活动的成本都需要通过会计来核算和考核。成本是否需要通过会计来核算和考核，是由活动的特点和管理需要决定的。国家机关和全额拨款的事业单位不以营利为目的，在发挥其职能作用的过程中，虽然也发生耗费，即发生成本，但这种成本不是依靠其自己创造的财富来补偿，而是依靠国家财政预算拨款来补偿，因而在会计上并不要会计进行核算和考核，而是通过预算或计划来约束。物质生产经营部门以及实行企业化管理的事业单位，是实行独立核算、自负盈亏的经济实体，它们发生的成本必须通过其实现的收入来补偿，且要有盈余以保证其经济活动的持续进行，因而必须进行成本核算和考核。其中制造业企业为制造产品所发生的成本，即企业产品成本，具有典型的意义，因此，本教材以制造业企业的产品成本核算作为主要内容进行阐述。同时，产品本应指企业日常生产经营活动中持有以备出售的产成品、商品、提供的劳务或服务，为了阐述方便，突出重点，本教材中的产品主要指产成品和商品。

（一）理论成本概念

成本是商品经济的价值范畴，是商品价值的组成部分。按照马克思劳动价值理论，商品是使用价值和价值的统一，商品价值取决于生产该商品的社会必要劳动时间，它主要由以下三部分组成：

（1）已耗费的生产资料转移的价值（C）。

（2）劳动者为自己劳动所创造的价值（V）。

（3）劳动者为社会劳动所创造的价值（M）。

上述中的前两部分，即 C+V，是应予补偿的部分，这是企业维持简单再生产的前提，它们构成了商品的理论成本。因此，对成本概念可表述为：成本是企业生产经营过程中已耗费的生产资料转移的价值和劳动者为自己劳动所创造的价值之和。

成本的这一概念反映了成本的经济实质，是理论成本概念。

（二）实际成本概念

上述理论成本概念只是一种高度的理论概括，非常抽象，不具备操作性。在实务中，商品价值必须以货币形式来表现，同样理论成本也要以货币形式来表现。商品生产过程已耗费的生产资料转移价值的货币表现就是固定资产折旧费、材料费用；劳动者为自己劳动所创造价值的货币表现就是职工薪酬费用。因此，对成本概念又可表述为：成本是指企业在生产产品（商品）和提供劳务（服务）过程中所发生的各种耗费，包括材料费用、职工薪酬以及不能直接计入而按一定标准分配计入的各种间接费用。

成本的这一概念反映了成本的具体构成，是实际成本概念。

尽管上述实际成本概念具备了一定的操作性，但在实务工作中，计入产品成本的耗费并不完全是企业在生产产品（商品）和提供劳务（服务）过程中所发生的各种耗费，而是由国家规定的成本开支范围来界定的。由于社会经济现象是纷繁复杂的，企业在成本核算和管理中需要考虑的因素也是多种多样的，因此，在实务中，为了加强成本的核算与管理，降低资源耗费，减少生产损失，防止乱挤成本、乱摊费用，国家以成本概念为依据，对计入产品成本的各项费用进行了统一规定，这就是成本开支范围。成本开支范围与实际成本概念之间是有一定偏离的，企业发生的有些费用是不能计入成本的，但对某些不形成商品产品价值的损失性支出（如废品损失、停工损失等）和劳动者为社会劳动所创造的部分价值（如财产保险费等）又可以计入产品成本。

法规速递

成本开支范围

现行制度规定，下列各项应计入成本：

（1）生产经营过程中实际消耗的原材料、辅助材料、备品配件、外购半成品、燃料、动力、包装物的原价和运输、装卸、整理等费用。

（2）企业直接从事产品生产人员的工资和提取的福利费。

（3）车间房屋建筑物和机器设备的折旧费、租赁费、修理费及低值易耗品的摊销费等。

（4）其他为组织、管理生产活动所发生的制造费用。

企业发生的下列费用，不应计入成本：

（1）企业为组织、管理生产经营活动所发生的管理费用、财务费用、销售费用。

（2）购置和建造固定资产的支出、购入无形资产和其他资产的支出。

（3）对外界的投资以及分配给投资者的利润。

（4）被没收的财物以及违反法律而支付的各项滞纳金、罚款以及企业自愿赞助、捐赠的支出。

（5）在公积金、公益金中开支的支出。

（6）国家法律、法规规定以外的各种付费。

（7）国家规定不得列入成本的其他支出。

由于各种耗费与一定期间相联系，而产品（劳务）成本与一定种类和数量的产品（劳务）相联系，因此对上述实际成本的概念可进一步表述为：产品（劳务）成本，是指企业为生产（提供）一定种类、一定数量的产品（劳务）所发生的各项耗费的总和，这也是本书所依据的成本概念。

另外，我国现行制度规定，企业成本是指制造成本，不是完全成本，即不能将企业生产经营过程中发生的所有耗费全部计入产品成本，因此要求分为产品制造成本（生产成本）和期间费用两大部分，前者包括直接材料费用、燃料和动力费用、直接人工费用和制造费用，这些耗用是应计入成本的，后者包括管理费用、销售费用和财务费用，这些耗费发生时直接计入当期损益。

二、支出、费用和成本之间的关系

要深刻理解产品成本的概念，必须对支出、费用和成本三者之间的关系有明确的认识。

（一）支出

支出是指企业在经济活动中发生的一切开支与耗费。一般而言，企业的支出可分为资本性支出、收益性支出、所得税支出、营业外支出和利润分配性支出五大类。

资本性支出是指受益期超过一年或一个营业周期的支出，即发生该项支出不仅是为了取得本期收益，而且也是为了取得以后各期收益。如购建固定资产、取得无形资产、对外长期投资等支出。

收益性支出是指受益期不超过一年或一个营业周期的支出，即发生该项支出仅仅是为了取得本期收益。如企业为生产产品而发生的材料、职工薪酬等支出。

所得税支出是企业在取得经营所得与其他所得的情况下，按国家税法规定向政府缴纳的税金支出。所得税支出作为企业的一项费用直接冲减当期收益。

营业外支出是指与企业的生产经营活动没有直接联系的支出。如企业支付的罚款、违约金、赔偿金、赞助费及非常损失等。

利润分配性支出是指在利润分配环节的开支，如支付股利等。

（二）费用

费用是指企业在日常活动中发生的，会导致所有者权益减少、与向所有者分配利润无关的经济利益的总流出，即企业在获取收入的过程中，对企业拥有或控制的资产的耗费，包括生产费用和期间费用、资产减值损失等。

生产费用是计入产品成本的耗费，包括直接材料费用、燃料和动力费用、直接人工费用和制造费用；期间费用是指不计入产品成本，而直接计入当期损益的耗费，包括管理费用、销售费用和财务费用等；资产减值损失是指因资产的账面价值高于其可收回金额而造成的损失，资产减值损失也应当在发生时确认为费用，直接计入当期损益。

生产费用和期间费用都是企业生产经营过程中发生的费用，在实际工作中，可以将二者合称为生产经营费用，而且通常将生产经营费用等同于费用。

（三）费用与支出的关系

费用只是支出的一部分，只有那些在企业生产经营活动中与取得营业收入直接相关的各种支出才是费用，如收益性支出。而那些在企业生产经营活动中与取得营业收入没有直接关系的各种支出则不能视作费用，如资本性支出、营业外支出、利润分配性支出等。支出或早或迟最终会转化为费用，但并不是所有的支出在发生时就直接表现为费用，如购建固定资产支出在发生时不能确认为费用，而是构成一项资产，但它会在生产经营过程中以折旧形式逐渐转化为费用。

（四）生产费用与产品成本的关系

生产费用与产品成本是两个既相互联系又相互区别的概念。

（1）联系。产品成本和生产费用在经济内容上是完全一致的，都是以货币形式表现的折旧费、材料费、人工费等物化劳动和活劳动的耗费，生产费用按一定种类和数量的产品进行归集和汇总，就形成了产品成本，可见，生产费用是产品成本形成的前提或基础，产品成本是对象化的生产费用。

（2）区别。生产费用是企业生产过程中发生的耗费，它只与一定的会计期间相关，而与生产哪一种产品无关；产品成本是按产品种类归集的，它只与一定种类和数量的产品相关，而不论其发生在哪一个会计期间。由于存在着跨期摊配费用，企业某一会计期间发生的生产费用不一定全部计入当期产品成本，又由于存在着在产品，本期产品成本中可能包含以前会计期间发生的生产费用，而这些产品成本也不一定都由本期完工产品来负担，有些可能会由以后期间的产品来负担，所以企业某一会计期间发生的生产费用总额，不一定等于该期完工产品的成本总额。

企业的支出、费用和成本之间的关系如图 1-1 所示。

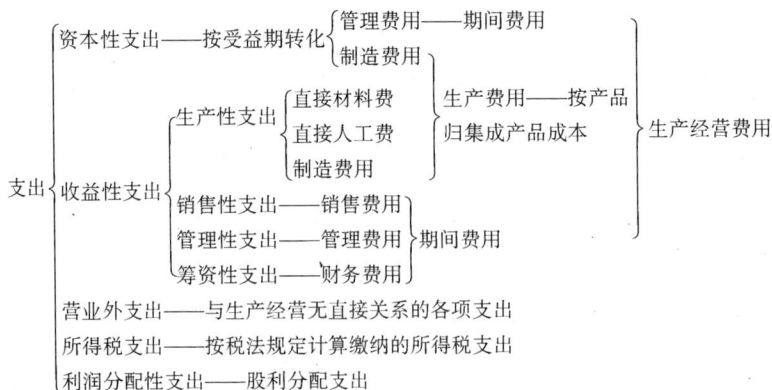

图 1-1　支出、费用和成本之间的关系

三、成本的作用

成本在经济管理工作中具有十分重要的作用，主要体现在以下四个方面。

1. 成本是制定产品价格的基础

在商品经济中，产品价格是产品价值的货币表现，产品价格应符合其价值。这是企业在制定产品价格时应遵循的基本规律。但在实际中，企业不能直接计算产品的价值，而只能计算产品成本，通过成本间接地反映产品的价值。因此，成本是企业制定产品价格的重要基础。

当然，产品的定价是一项复杂的工作，应考虑的因素很多，如国家的价格政策及其他经济政策、各种产品的比价关系、产品在市场上的供求关系及市场竞争的态势等，所以成本只是制定产品价格的一项重要因素，而不是唯一因素。

2. 成本是补偿生产耗费的尺度

为了保证企业再生产的不断进行，必须对生产耗费进行补偿，而成本就是衡量其补偿额大小的尺度。企业在取得营业收入以后，必须把相当于成本的数额划分出来，用以补偿生产经营中的资金耗费，这样才能维持原有的资金周转。如果企业不能按照成本来补偿生产耗费，企业资金就会短缺，再生产就不能按原来的规模进行。在收入一定的情况下，成本越低，需补偿的份额越小，企业的利润就越大。可见，成本作为补偿生产耗费的尺度，对企业的生产经营有着重要的影响。

3. 成本是综合反映企业工作质量的重要指标

成本是一项综合性的经济指标，企业经营管理中各方面工作的业绩，都可以直接或间接地在成本上部分地反映出来。例如，新产品设计的好坏、原材料消耗的节约或浪费、劳动生产率的高低、固定资产的利用情况以及购、产、销各环节的衔接问题等，都可以通过成本直接或间接地反映出来。

正因为成本是综合反映企业工作质量的指标，因而可以通过对成本的计划、控制、监督、考核和分析等来促进企业以及企业内部各单位加强经济核算，努力改进管理、降低成本、提高经济效益。

4. 成本是企业进行生产经营决策的重要依据

在市场经济条件下，企业为了提高其市场竞争力和经济效益，需要在企业的生产经营过程中进行各种生产经营决策。企业进行生产经营决策，需要考虑的因素很多，其中成本是一项重要的因素。这是因为，在其他条件相同的前提下，成本的高低直接影响着企业的盈利多少，影响着企业的竞争能力。

知识拓展

总成本领先战略

企业竞争战略之父——美国哈佛商学院的著名教授迈克尔·波特（Michael E. Porter）在其论著《竞争战略》中明确地提出了企业在竞争中制胜的三种通用战略，即总成本领先战略、差异化战略和专业化战略。其中总成本领先战略要求企业必须建立起高效、规模化的生产设施，全力以赴地降低成本，严格控制成本、管理费用及研发、服务、推销、广告等方面的成本费用。为了达到这些目标，企业需要在管理方面对成本给予高度的重视，确保总成本低于竞争对手。

第二节　成本会计的含义和内容

一、成本会计的含义

1. 成本会计的概念

成本会计是一门专业会计，它是运用会计的基本原理和一般原则，采用一定的技术方法，对企业生产经营过程中的各项耗费和产品成本进行连续、系统、全面、综合的核算和监督的一种管理活动。

2. 成本会计的对象

成本会计的对象就是成本会计核算和监督的内容。因企业的生产经营过程既是产品的生产过程，又是费用的发生过程，成本、费用是紧密联系的，成本是对象化的费用，成本、费用都是成本会计的对象。因此，成本会计的对象是企业日常经营活动中发生的各种费用和生产产品的成本。从这一意义上来说，成本会计实际上是费用、成本会计，或者说成本会计的对象是先表现为费用后表现为成本。

3. 成本会计的职能

成本会计的职能，是指成本会计在经济管理中的功能。成本会计作为会计的一个重要分支，其基本职能同会计一样，具有反映和监督两大基本职能。但随着社会经济的发展，生产和管理对成本会计不断提出新要求，成本会计反映和监督的内涵也在不断发展。

（1）反映职能。反映职能是成本会计的首要职能。成本会计的反映职能，就是从价值补偿的角度出发，反映生产经营过程中各种费用的支出，以及生产经营业务成本和期间费用等的形成情况，为经营管理提供各种成本信息的功能。就其最基本的方面来说，是以已经发生的各种费用为依据，为经营管理提供真实的、可以验证的成本信息，从而使成本分析、考核等工作建立在有客观依据的基础上。随着社会生产的不断发展、经营规模的不断扩大和经济活动的日趋复杂，在成本管理上就要加强计划性和预见性。因此，成本会计除了要提供反映成本现状的成本核算资料外，还要提供有关预测未来经济活动的成本信息资料，以便正确地做出决策和采取措施，达到预期目的。由此可见，成本会计的反映职能是从事后的反映发展到了事前的分析预测未来。

（2）监督职能。成本会计的监督职能，是指按照一定的目的和要求，通过控制、调节、指导和考核等，监督各项生产经营耗费的合理性、合法性和有效性，以达到预期的成本管理目标的职能。

成本会计的监督，包括事前、事中和事后监督。首先，成本会计应从经营管理对降低成本、提高经济效益的要求出发，对企业未来经济活动的计划或方案进行审查，并提出合理化建议，从而发挥对经济活动的指导作用；在反映各种生产耗费的同时，进行事前的监督，即以国家的有关政策、制度和企业的计划、预算等为依据，对有关经济活动的合理性、合法性和有效性进行监督，限制或制止违反政策、制度和计划、预算等的经济活动，支持和促进增收节支的经济活动。其次，成本会计要通过成本信息的反馈，进行事中和事后的监督，也就是通过对所提供的成本信息资料和检查分析，控制和考核有关的经济活动，从中及时总结经验、发现问题、提出建议，促使有关方面采取相应措施，调整经济活动，使其按照原先规定的要求和预期的目标进行。

成本会计的反映和监督两大职能是辩证统一、相辅相成的。没有正确、及时的反映，监督就失去了存在的基础；而只有进行有效的监督，才能使成本会计为管理提供真实可靠的信息，使反映的职能得以充分的发挥。所以，只有把反映和监督两大职能有机结合起来，才能更有效地发挥成本会计在管理中的作用。

二、成本会计的内容

成本会计有广义和狭义之分，狭义的成本会计就是传统的成本核算，广义的成本会计包括成本预测、成本决策、成本计划、成本控制、成本核算、成本分析、成本考核和成本检查等具体内容。

1. 成本预测

成本预测是指依据成本与各种技术经济因素的依存关系，结合发展前景，并利用一定的科学方法，对未来期间成本水平及其变化趋势做出科学的推测和估计。

成本预测是企业进行经营决策和编制成本计划的前提。通过成本预测可以减少生产经营的盲目性，提高降低成本、费用的自觉性，充分挖掘降低成本、费用的潜力。从成本管理的环节来看，成本预测是第一环节。

成本预测的主要内容如下：

（1）在编制成本计划时，应预测企业计划期的目标成本，以及在产品产量、品种、质量、价格等因素发生变化时总成本水平和成本变化的趋势。

（2）在生产过程中，根据生产预测和计划，对期中的成本进行预测，从而揭示成本计划的执行情况。

（3）根据日常的核算资料和经营管理的状况，预测单位产品成本水平的变化趋势。

（4）运用各项成本指标和有关资料预测企业各项技术经济工作的经济效果。

2. 成本决策

成本决策是指按照决策理论，根据成本预测及其他有关成本资料，运用定性和定量的方法，选择最佳成本方案的过程。

成本决策贯穿于企业的整个生产经营过程，涉及面广，其内容主要有：合理生产批量的成本决策、零部件自制或外购的成本决策、接受紧急订货的成本决策、亏损产品应否停产的成本决策、产品转产的成本决策、自制半成品出售或进一步加工的成本决策等。做出最科学的成本决策，是企业制订成本计划的前提，也是实现成本目标和提高经济效益的重要途径。

3. 成本计划

成本计划是指在成本预测和决策的基础上，根据计划期的生产任务、降低成本的要求及其相关资料，通过一定的程序、运用一定的方法，以货币形式表现计划期产品的生产耗费和产品成本水平，作为成本控制与考核的重要依据。企业的成本计划一般包括以下两部分内容：

（1）按照生产要素确定的生产耗费，编制生产费用预算。

（2）按照生产费用的经济用途，即按产品成本项目编制产品单位成本计划和全部产品成本计划。

成本计划是一种书面文件，一经确定便对企业各个生产单位和职能部门具有约束力。它是企业进行成本控制、成本分析和成本考核的重要依据。

4. 成本控制

成本控制是指在产品成本形成过程中，通过对产品成本形成的监督，及时发现偏差，纠正错误，使生产经营过程中发生的各种费用被限制在成本计划和费用预算标准的范围内，以保证达到降低成本的目标。

成本控制的基本内容如下：

（1）对各种费用开支进行控制。

（2）对各项生产经营活动所消耗的物质资料进行控制。

（3）对各项生产经营活动进行控制。

通过成本控制，使企业的产品成本按照事先计划的水平进行，防止生产过程中的损失和浪费现象，使企业的资源得到有效合理的利用，达到降低产品成本、提高经济效益的目的。

5. 成本核算

成本核算是指对生产费用发生和产品成本形成的核算。成本核算要按照企业的生产特点和管理要求，采用相适应的成本计算方法，按规定的成本项目，严格划分各种费用的界限，对生产费用进行一系列的归集和分配，从而计算出各种产品或劳务的总成本和单位成本，并进行相应的账务处理，提供真实有用的信息。由此可见，成本核算过程既是对生产耗费进行归集、分配及其对象化的过程，也是对生产各种劳动耗费进行信息反馈的过程。

通过成本核算，可以了解成本计划完成的情况，同时为编制下期成本计划、进行成本预测和决策提供资料，并为制定产品价格提供依据。因此，成本核算是成本会计的基础内容。

6. 成本分析

成本分析是指利用成本计划资料、成本核算资料和有关资料，运用一系列专门方法，分析成本水平与构成的变动情况，研究影响成本升降的各种因素及其变动原因，寻找降低成本的途径的分析方法。

成本分析通常包括生产费用和期间费用预算执行情况分析、商品产品总成本计划完成情况分析、主要产品单位成本计划完成情况分析、主要技术指标变动对成本影响的分析、不同企业之间同类型商品产品和期间费用的对比分析等。

通过成本分析，可以了解成本变动情况及其变动的原因，并分清责任，提出建议，以便采取有效措施，达到降低成本的目的。

7. 成本考核

成本考核是根据成本计划资料和成本核算资料，结合成本分析资料和其他有关资料，定期对成本计划及有关指标实际完成情况进行的考察和评价。它是评价企业成本管理工作和成绩、检验成本管理目标是否实现的一项重要工作。

成本考核一般是以部门、单位或个人作为责任对象，按其可控成本作为条件，以责任的归属来考察其成本指标的完成情况，评价其工作业绩并决定对其如何进行奖惩，以充分调动各个责任者完成预定目标的积极性。

8. 成本检查

成本检查是会计检查的一个重要方面，它通过对各项生产经营费用和商品产品成本的审核，检查企业各项费用支出的合法性、合理性（效益性）和真实性以及商品产品成本计算的正确性。

通过成本检查，可以促进企业遵守国家有关法律法规和财政、财务、会计制度，正确划分成本和盈利的界限；同时，可以发现企业费用成本管理中挥霍浪费等不良现象和贪污舞弊等违法行为，以节约费用、降低成本、堵塞漏洞、防止弊端。

以上几方面的内容是相互联系、相互依存的，构成了企业成本会计工作的有机整体。本教材主要阐述成本会计中成本核算和成本分析两个方面的内容。

第三节　成本会计的基础工作和组织

一、成本会计的基础工作

成本会计的基础工作是保证成本会计正常进行及提高工作质量的前提。其内容主要包括以下四个方面。

1. 建立健全原始记录制度

成本会计工作的原始记录是成本、费用业务发生的证明，是成本核算和管理的原始依据。原始记录的范围包括生产记录、考勤记录、设备利用记录和材料物资收发记录等。但不同企业的原始记录并不完全一样，其范围、内容以及凭据的格式决定于各企业的生产特点和成本管理要求。原始记录设置的总原则是：既要满足成本核算和管理的需要，又要简便易行。同时，企业应根据成本核算和内部控制的需要，制定各种原始凭证的传递程序，包括凭证传递所流经部门、各部门对凭证的处理程序等，既要保证高效传递，又要保证责任分明。

2. 建立健全定额管理制度

定额是企业在正常的生产条件下，对人力、物力、财力的配备以及利用和消耗等所应遵守的标准或应达到的水平，它是成本计划、成本控制、成本分析和考核的主要依据。定额管理是成本管理的基础，也是加强企业全面管理的基础。

定额按其反映的内容不同，主要分为工时定额、产量定额、材料消耗定额、费用定额等；按其制定的标准不同，主要分为计划定额、现行定额等。定额的制定既要先进又要切实可行，并应随着经济的发展、企业生产技术条件的变化和管理水平的提高而适时修订。

3. 建立健全计量验收制度

计量验收制度是指企业一切物资的收发都要经过计量、验收并办理必要的凭证手续，它是对企业各项财产物资收、发、领、退的数量进行准确确认的手段，也是一种管理制度。如果生产过程中的财产物资收、发、领、退数字反映失真，就会导致成本会计工作的成果即提供的有关成本费用等数据资料虚假，进而会影响到企业的财务状况和财务成果信息的真实性。因此，企业应根据实际情况，配备各种必要的度、量、衡具和有关的仪器、仪表等计量工具，并定期进行检修、校正，同时应配置专职的计量验收人员及机构，并辅之群众性的监督活动。

4. 建立健全内部结算制度

为了明确企业内部各有关单位的经济责任，贯彻推行成本责任制，对财产物资的内部流转以及相互提供劳务等，可以采用内部结算的办法进行核算和管理。内部结算要以合理的内部价格为依据。内部结算一般采用企业制定的计划单位成本，也可以在计划单位成本的基础上加适当的利润作为内部结算价格。内部结算价格是内部结算制度的主要方面，另外还包括内部结算方式、内部结算货币等。

必须指出，做好成本会计工作，除了建立健全以上各项基础工作外，还必须提高全员的成本意识和素质，这样才能完成成本会计的任务，发挥成本会计的作用。

二、成本会计工作的组织

为了充分发挥成本会计的作用，圆满完成成本会计的任务，企业必须科学、合理地组织成本会计工作。成本会计工作的组织主要包括设置成本会计机构、配备成本会计人员、确定成本会计工作的组织形式和制定成本会计制度。

（一）成本会计机构及其人员

成本会计机构是在企业中直接从事成本会计工作的机构。企业要根据生产类型的特点、经营规模的大小以及成本管理的要求合理设置成本会计机构。成本会计机构可单独设置，即单独设置成本会计科、组或室，也可以并入企业会计机构中，只配备成本核算人员来专门处理成本会计工作。

成本会计人员是指在会计机构或专设成本会计机构中所配备的成本工作人员。成本核算工作是企业核算工作的重心，成本会计人员素质的高低直接影响成本会计的工作质量。企业无论是否单设成本会计机构，都要合理配备高素质的成本会计人员。首先，成本会计人员应具备宽广的会计知识，有较好的成本理论和实践基础；其次，熟悉企业生产经营流程，深入各个环节，善于调查研究。与此同时，还必须具备良好的职业道德素质。

（二）成本会计工作的组织形式

成本会计工作的组织形式通常有集中式和非集中式两种。

1. 集中式

集中式，是指各项成本会计工作主要由总部成本会计机构集中完成，分厂、车间等生产单位一般不设置专门的成本会计机构，只配备专职或兼职的成本核算人员，负责有关原始凭证的填写、审核、整理和汇总，为总部成本会计工作提供资料。采用这种方式，可以减少核算层次和工作人员，及时地提供成本信息，但不利于车间掌握和控制成本费用。因此，这种组织形式一般适用于成本会计工作比较简单的小型企业。

2. 非集中式

非集中式，也称分散式，是指各项成本会计工作由总部和内部生产单位（分厂、车间）的成本会计机构共同完成。总部成本会计机构一般负责处理那些不便或不能分散到车间去进行的成本工作，如总部职能科室发生的有关管理费用或共同费用，以及负责处理成本数据的汇总与考核工作；而成本计划的制订、成本计算、成本控制和成本分析等，一般由分厂、车间成本员负责。采用这种方式有利于分厂、车间及时了解、分析本单位的成本水平及其变化，以便于控制成本，降低成本水平，但会相应地增加成本会计工作的层次和人员。非集中式组织形式一般适用于成本会计工作较为复杂、各部门独立性较强的大中型企业。

在实际工作中，也可将这两种方式相结合，对部分车间、部门采用集中式，对部分车间、部门采用分散式。

（三）成本会计的法规和制度

成本会计的法规和制度是企业组织和从事成本会计工作必须遵守的规范，是会计法规和制度的重要组成部分。与成本会计工作有关的法律、行政法规和规章制度可以分为以下三个层次。

1. 《中华人民共和国会计法》

《中华人民共和国会计法》（以下简称《会计法》）是我国会计工作应遵循的基本法律。是制定会计方面其他法律、行政法规和规章制度的依据。

企业成本会计机构和人员，必须依照《会计法》办理会计事务。例如，《会计法》第二十五条规定，公司、企业必须根据实际发生的经济业务事项，按照国家统一的会计制度的规定确认、计量和记录资产、负债、所有者权益、收入、费用、成本和利润;第二十六条规定,公司、企业进行会计核算不得随意改变费用、成本的确认标准或者计量方法,虚列、多列、不列或者少列费用、成本。这些都是企业在进行成本核算时应当严格遵守的。

2. 企业会计准则体系和《企业产品成本核算制度》

企业会计准则体系包括基本准则、具体准则和应用指南等,其中以财政部部长令发布的《企业会计准则——基本准则》属于部门规章,以财政部文件形式发布的《企业会计准则第1号——存货》等38项具体准则和《企业会计准则——应用指南》属于规范性文件。这些都是指导企业进行会计核算的统一规范,企业在进行成本核算和管理中理当严格遵守。

《企业产品成本核算制度》则是财政部专门针对企业产品成本核算颁布的制度文件,对企业的成本核算更具指导性和规范性,企业在进行成本会计工作中必须严格执行。

3. 企业内部的会计制度和成本核算办法

企业作为会计个体,生产特点和管理要求各不相同。因此,各企业为了具体规范本企业的成本会计工作,完成成本会计工作任务,还应根据国家的各种成本会计法规和制度,结合本企业的管理需要和生产经营特点,具体制定本企业会计制度、规程或办法,作为企业进行成本会计工作具体的、直接的依据。企业内部成本会计制度一般包括如下几个方面的内容:

(1) 成本会计工作的组织分工及职责权限。

(2) 成本定额、成本计划和费用预算的编制方法。

(3) 成本核算的具体规定,包括成本计算对象、成本计算方法的确定,成本项目的设置,生产费用归集和分配方法、在产品计价方法的确定,以及成本核算的一些基础工作要求等。

(4) 成本预测、成本控制和成本分析制度。

(5) 成本报表制度,包括成本报表的种类、格式、指标体系、编制方法、报送对象与日期等。

【本章小结】

基本内容:本章主要阐述了成本经济实质和作用、成本会计的含义和内容、成本会计的基础工作和组织。成本是商品价值的组成部分,是资源的一种消耗。成本的经济实质就是企业生产经营过程中已耗费的生产资料转移的价值和劳动者为自己劳动所创造的价值之和。支出、费用和成本之间既有联系又有

区别。成本在经济管理工作中的作用主要体现在以下四个方面:

(1) 成本是制定产品价格的基础。

(2) 成本是补偿生产耗费的尺度。

(3) 成本是综合反映企业工作质量的重要指标。

(4) 成本是企业进行生产经营决策的重要依据。

广义成本会计的内容包括成本预测、成本决策、成本计划、成本控制、成本核算、成本分析、成本考核和成本检查等具体内容;成本会计具有反映和监督两大基本职能。

成本会计的基础工作主要是要建立和健全原始记录制度,定额管理制度,计量、验收、领退和盘存制度,内部结算制度以及岗位责任制度等。

成本会计工作的组织工作主要包括设置成本会计机构、配备成本会计人员、确定成本会计工作的组织形式和制定成本会计制度。

重点与难点:重点是成本含义与成本会计的概念及现代成本会计的内容。难点是生产费用与产品成本关系。

【同步练习】

一、单项选择题

1. 按照马克思劳动价值理论,产品成本是产品价值中的 ( ) 部分。

A. C+M   B. C+V   C. M+V   D. C+V+M

2. 成本分析一般是在( )进行。

A. 事前   B. 事中   C. 事后   D. 事前、事中和事后

3. 对生产经营过程中发生的费用进行归集和分配,计算出有关产品成本计算对象的实际总成本和单位成本,是( )。

A. 成本核算   B. 成本控制   C. 成本考核   D. 成本分析

4. 一般说来,实际工作中的成本开支范围与成本概念包括的内容是( )。

A. 有一定差别的   B. 相互一致的

C. 不相关的   D. 事前、事中和事后

5. 费用只是支出的一部分,下列支出中只有 ( ) 是费用。

A. 资本性支出   B. 营业外支出

C. 收益性支出   D. 利润分配性支出

6. 以下说法不正确的是( )。

A. 产品成本和生产费用在经济内容上是完全一致的

B. 企业本期发生的生产费用不一定等于该期完工产品成本

C. 生产费用是产品成本形成的前提或基础

D. 产品成本是生产费用形成的前提或基础

7. 以下不属于期间费用的是(　　)。

A. 管理费用　　　B. 财务费用　　　C. 销售费用　　　D. 制造费用

8. 下列 (　　) 是成本管理的首要环节。

A. 成本核算　　　B. 成本控制　　　C. 成本预测　　　D. 成本计划

9. 成本会计反映职能最基本的方面是 (　　)。

A. 检查各项生产经营耗费的合理性、合法性和有效性

B. 调节和指导企业的有关经济活动

C. 分析和考核成本管理工作的业绩

D. 提供真实的、可以验证的成本信息

10. 下列说法错误的是 (　　)。

A. 成本会计的对象就是成本会计核算和监督的内容

B. 成本会计实际上是费用、成本会计

C. 成本会计的基本职能和财务会计不一样

D. 成本会计的对象是企业日常经营活动中发生的各种费用和生产产品的成本

二、多项选择题

1. 商品的理论成本由 (　　) 构成。

A. 已耗费的生产资料转移的价值　　B. 劳动者为自己劳动所创造的价值

C. 劳动者为社会劳动所创造的价值　D. 劳动者的社会必要劳动时间

2. 成本的主要作用在于 (　　)。

A. 是补偿生产耗费的尺度

B. 是综合反映企业工作质量的重要指标

C. 是企业对外报告的主要内容

D. 是制定产品价格应考虑的一项重要因素

3. 成本会计的反映职能包括 (　　)。

A. 提供反映成本现状的核算资料的功能

B. 控制有关经济活动的功能

C. 考核有关经济活动的功能

D. 提供有关预测未来经济活动的功能

4. 一般说来,企业应根据 (　　) 来组织成本会计工作。

A. 生产经营的特点　　　　　　B. 经营规模的大小

C. 对外报告的要求　　　　　　D. 成本管理的要求

5. 成本会计的基础工作包括建立健全 （   ）。

A. 原始记录制度   B. 定额管理制度

C. 计量验收制度   D. 内部结算制度

6. 成本会计工作的组织包括 （   ）。

A. 设置成本会计机构   B. 配备成本会计人员

C. 确定成本会计工作的组织形式   D. 制定成本会计制度

7. 广义的成本会计包括 （   ）。

A. 成本核算   B. 成本控制   C. 成本预测   D. 成本分析

8. 下列 （   ） 属于成本会计工作的原始记录范畴。

A. 产量记录   B. 考勤记录   C. 销售记录   D. 领料单

9. 以下 （   ） 属于成本会计的法规和制度。

A. 会计法   B. 反不正当竞争法

C. 成本开支范围   D. 企业产品成本核算制度

10. 生产经营费用包括 （   ）。

A. 生产费用   B. 期间费用

C. 资产减值损失   D. 资本性支出

三、判断题

1. 成本是制定产品价格时应考虑的唯一因素。   （   ）

2. 企业无论是否单设成本会计机构，都要合理配备高素质的成本会计人员。

（   ）

3. 成本分析是成本会计的基础内容。   （   ）

4. 成本会计工作组织中的集中式和非集中式需单独使用，不能结合使用。

（   ）

5. 产品成本是指企业为生产一定量的产品而发生的各种生产费用。

（   ）

6. 成本是一种补偿价值，需要补偿的是一定期间内企业发生的全部支出额。

（   ）

7. 企业本期发生的生产费用应全部计入本期产品成本。   （   ）

8. 产品成本应包括企业生产和销售过程中发生的各种费用。   （   ）

9. 企业应根据国家有关法令、法规，并结合企业实际情况来制定自己的成本会计工作制度和方法。   （   ）

10. 成本会计的监督，包括事前、事中和事后监督。   （   ）

第二章 成本核算的基本要求和一般程序

【学习目标】

1. 熟悉产品成本核算的要求；
2. 理解各种费用界限的划分；
3. 掌握费用按各种标准的分类及其作用；
4. 掌握产品成本核算的一般程序；
5. 熟悉产品成本核算所设基本账户的结构和用途。

【案例导读】

世通公司的财务舞弊手法

世通公司（WorldCom）是一家美国的通讯公司，成立于1983年。20世纪90年代以来，该公司利用兼并、收购等手段迅速扩张，收购了70多家公司，并发展为全美第二大长途电话公司、全球第一大互联网供应商，但却于2002年7月申请破产，成为美国有史以来最大的公司破产案。

世通公司破产的导火索是其财务舞弊丑闻的曝光。世通公司1998年收购MCI通信公司后，美国通信业进入低迷时期，2000年对Sprint公司的收购失败更使公司发展战略严重受挫，从那时起，公司的股价开始走低。为了树立投资者信心，特别是为了迎合华尔街财务分析师的盈利预测，公司采取了多种手段粉饰经营业绩，其中以下两种手段就为其带来了巨额"利润"：

1. 滥用准备金，冲销线路成本

利用以前年度计提的各种准备（如递延税款、坏账准备、预提费用）冲销线路成本，以夸大对外报告的利润。经查实，这类造假金额高达16.35亿美元。

2. 冲回线路成本，夸大资本支出

世通的高管人员以"预付容量"为借口，要求分支机构将原已确认为经营费用的线路成本冲回，转至固定资产等资本支出账户，以此降低经营费用，调高经营利润。经查实，这类造假金额高达 38.52 亿美元。

资料来源：根据世通公司财务舞弊案整理。

思考：

1. 世通公司的财务舞弊手法故意混淆了哪些费用界限？
2. 在成本核算中应该正确区分哪些费用界限？为什么？
3. 成本核算有哪些要求？

第一节　产品成本核算的基本要求

成本核算是指对生产费用发生和产品成本形成的核算，它不仅是成本会计的基础内容，同时也是企业经营管理的重要组成部分，为了充分发挥其重要作用，在成本核算过程中，应贯彻执行以下各项要求：

一、算管结合，算为管用

所谓算管结合，算为管用，就是成本核算应当与加强企业经营管理相结合，所提供的成本信息能够满足企业经营管理和决策的需要。具体应做到以下几点：

（1）正确、及时地进行成本核算，为企业的经营管理和经营决策提供必要的成本信息。成本核算应做到分清主次、区别对待、主要从细、次要从简、简而有理、细而有用。既要防止片面追求简化，以致不能为管理提供所需资料的做法，又要防止为算而算，搞烦琐哲学，脱离管理实际需要的做法。

（2）成本核算不应只局限于对生产费用的事后核算与监督，只提供事后的信息，而应根据管理的要求，根据国家有关的法律法规，以及企业的成本计划和相应的消耗定额，对企业的各项费用进行事前、事中的审核与控制。对于不合理、不合法、不利于提高经济效益的开支要坚决加以抵制，当时已无法制止的，应追究责任，并采取措施防止以后再次发生。

（3）对于各项费用的发生情况，以及费用脱离定额（计划）的差异要进行日常的核算和分析，及时进行反馈。对于定额或计划不符合实际的情况，要按规定程序予以修订。

（4）成本核算不仅要按照国家有关法规、制度计算产品成本和各项期间费用，还应借鉴西方的一些成本概念和成本计算方法，为不同的管理目的提供不同的管理成本信息，如变动成本信息与固定成本信息、可控成本信息与不可控成本信息、作业成本信息等。

二、正确划分各种费用界限

为了正确进行成本核算，准确计算产品成本和期间费用，客观反映企业的损益，必须正确划分以下五个方面的费用界限。

1. 正确划分生产经营费用和非生产经营费用的界限

企业在生产经济活动中会发生多种性质的支出，如资本性支出、收益性支出、所得税支出、营业外支出和利润分配性支出等，各种支出的用途也是不同的，有的是用于生产经营活动，有的则是用于生产经营活动以外的其他方面。因而，在成本核算时，不能把企业所有的支出都计入生产经营费用（即产品成本和期间费用），而必须按其用途进行合理的划分，以保证成本费用的真实性、客观性。划分的原则要求是：用于产品生产和销售、用于组织和管理生产经营活动以及用于筹集生产经营资金的各种费用，即收益性支出，应计入生产经营费用；而对于资本性支出或不是由于企业日常生产经营活动而发生的费用支出，如企业购建固定资产、无形资产和其他资产的支出，对外投资的支出，固定资产盈亏和清理损失，非正常原因的停工损失和自然灾害损失，被没收的财物损失，支付的滞纳金、违约金、罚款以及企业的捐赠、赞助支出等都不应计入生产经营费用。企业应按照国家有关规定，严格规定费用成本的开支范围。既不应乱挤成本、费用，将不属于生产经营管理的费用列入成本、费用；也不得将应计入成本、费用的生产经营管理费用不计或少计入成本、费用。

2. 正确划分各期费用成本的界限

对应计入生产经营费用的支出，企业应当根据权责发生制原则，正确划分各期费用成本的界限。权责发生制原则要求：凡本期已经发生的费用成本，无论其款项是否已经付出，都应当作为本期费用成本入账；凡不属于本期费用成本的支出，即便款项已经在本期付出，也不应当作为本期的费用成本处理。根据这项要求，在成本核算过程中，凡本月发生的费用，都要在本月入账，既不允许将其延至下月记账，也不得提前入账。另外，对应由本月和以后月份成本、费用负担的长期待摊费用，要根据其受益期限，分别摊销到本月和以后月份，以便正确反映各月份的成本、费用水平。正确划分这方面的费用界限是准确计算各月份产品成本和期间费用的基础。应该防止利用费用待摊办法人为调节成本、费用，人为调节损益的错误做法。

3. 正确划分生产费用与期间费用的界限

对应计入本期的生产经营费用，要正确划分生产费用与期间费用的界限。

生产费用主要是指用于产品生产的原材料费用、生产工人的薪酬费用和制造费用等，生产费用应直接或间接计入产品成本；期间费用是指用于产品销售、组织和管理生产经营活动以及为筹集生产经营资金而发生的费用，期间费用不计入产品成本，而是直接计入当期损益。正确划分生产费用和期间费用的界限，是保证正确计算产品成本和核算各期损益的基础。因此，在成本核算过程中，要防止将应计入产品成本的费用列入期间费用，或将期间费用列入产品成本，借以调节各会计期间成本、费用的错误做法。

4. 正确划分各种产品成本的界限

由于企业往往不只生产一种产品，因此，对于生产两种及两种以上产品的企业，还要对应计入产品成本的生产费用在各有关产品之间进行划分，以便分析和考核各种产品成本计划或成本定额的执行情况。这种划分的基本要求是：属于某种产品单独发生、能够单独计入该种产品的生产费用，应该直接计入该种产品的成本；属于几种产品共同发生、不能直接计入某种产品成本的生产费用，则要采取适当的分配方法，分配计入这几种产品的成本。要如实反映各种产品的耗费，不能人为地在不同产品之间，特别是亏损产品与盈利产品之间、可比产品与不可比产品之间任意转移生产费用。要防止以盈补亏、掩盖亏损产品亏损额，或虚报产品成本、掩盖利润的错误做法。

5. 正确划分本期完工产品成本与期末在产品成本的界限

通过以上费用界限的划分，已确定了各种产品本月应负担的生产成本。为了分期确定损益，及时提供有关成本资料，企业需要分期计算产品成本。而在期末计算产品成本时，除本期已完工产品外，还可能存在未完工的产品（即期末在产品）。这样，为了正确计算完工产品总成本和单位成本，就需要正确划分本期完工产品与期末在产品的成本界限，也即应采用适当的方法对生产该种产品的累计生产费用在本期完工产品与期末在产品之间进行分配。企业不得以计划成本、估计成本或定额成本代替实际成本，也不得任意提高或降低本期完工产品成本和期末在产品成本。

上述五个方面费用界限的划分过程，也就是产品成本的计算和各项期间费用的归集过程。在成本核算过程中能否正确地划分上述五个费用界限，反映了企业是否遵守有关成本、费用开支范围的规定，是否贯彻执行了权责发生制原则以及费用受益的分配原则。因而，是保证成本、费用正确核算的关键，也是检查和评价成本、费用核算工作是否正确合理的重要标准。

三、对费用进行合理的分类

产品成本是对象化的费用，因此，为了正确计算产品成本、科学地进行成本管理，必须对企业的费用进行合理的分类。其中最基本的分类是按费用的经济内容和经济用途进行分类。

（一）按费用的经济内容分类

费用的经济内容是指费用本身的性质，故费用按经济内容分类也即按经济性质分类。工业企业发生的各种费用按其经济内容（或性质）划分，主要有劳动对象方面的费用、劳动手段方面的费用和活劳动方面的费用三大类。这三大类构成企业费用的三大要素。为了具体地反映工业企业各种费用的构成和水平，还要在此基础上进一步划分为以下九个费用要素。

（1）外购材料。指企业耗用的一切从外部购进的原料及主要材料、半成品、辅助材料、包装物、修理用备件和低值易耗品等。

（2）外购燃料。指企业耗用的一切从外部购进的各种燃料，包括固体、液体、气体燃料。从理论上说，外购燃料应该包括在外购材料中，但由于燃料是重要能源，需要单独考核，因而单独列作一个要素进行核算。

（3）外购动力。指企业耗用的从外部购进的电力、蒸汽等各种动力。

（4）职工薪酬。指企业为获得职工提供的服务而给予的各种形式的报酬以及其他相关支出，它包括职工工资、奖金、津贴和补贴，职工福利费，医疗保险费、养老保险费、失业保险费、工伤保险费和生育保险费等社会保险费，住房公积金，工会经费和职工教育经费及非货币性福利等。

（5）折旧费。指企业按照规定计算的固定资产折旧费用。

（6）修理费用。指企业为修理固定资产而发生的应计入期间费用的日常维修支出。

（7）利息费用。指企业应计入财务费用的借入款项的利息费用减去利息收入后的净额。

（8）税金。指应计入企业管理费用的各种税金，包括房产税、车船税、印花税和土地使用税等。

（9）其他费用。指不属于以上各要素的费用，例如邮电费、差旅费、租赁费、保险费和外部加工费等。

按照上列费用要素反映的费用，称为要素费用。按照要素费用分类的作用在于：可以反映企业在一定时期内共发生了哪些费用，数额各是多少，据以分析各个时期各种费用的结构和水平；可以反映外购材料和燃料费用以及职工薪酬的实际支出，因而可以为企业核定储备资金定额、考核储备资金周转速度以及编制材料采购资金计划和劳动工资计划提供资料；可以划分物质消耗和非物质消耗，为计算工业净产值和国民收入提供资料。

但这种分类不能反映各种费用的经济用途，因而不便于分析这些费用的支出是否节约、合理。因此，对于企业的这些费用还必须按其经济用途进行分类。

（二）按费用的经济用途分类

费用的经济用途是指费用在生产产品和提供劳务等活动中的实际用途。费用按其经济用途，首先可分为计入产品成本的生产费用和不计入产品成本的期间费用。下面分别加以说明。

1. 生产费用按经济用途分类

计入产品成本的生产费用在产品生产过程中的用途也不尽相同，有的直接用于产品生产，有的间接用于产品生产。因此，为具体反映生产费用的各种用途，正确核算成本，还应进一步分为若干项目，这些项目作为产品成本的构成内容，会计上称为成本项目。根据生产特点和管理要求，企业一般设立如下四个成本项目。

（1）直接材料。指构成产品实体的原材料以及有助于产品形成的主要材料和辅助材料。

（2）燃料和动力。指直接用于产品生产的燃料和动力，包括外购和自制的燃料和动力。

（3）直接人工。指直接从事产品生产的工人的职工薪酬。

（4）制造费用。指企业为生产产品和提供劳务而发生的各项间接费用，包括企业生产部门（如生产车间）发生的水电费、固定资产折旧、无形资产摊销、管理人员的职工薪酬、劳动保护费、国家规定的有关环保费用、季节性和修理期间的停工损失等。

为使成本项目更好地适应生产特点和管理要求，企业可以对上述成本项目进行适当调整，例如，经常有废品损失和停工损失的企业，可以增设"废品损失"和"停工损失"，又如，如果工艺上耗用的直接燃料和动力不多，为了简化核算，也可以将其中的工艺用燃料并入"直接材料"成本项目，将其中的工艺用动力并入"制造费用"成本项目。但在确定或调整成本项目时，应注意考虑以下几个问题：

（1）费用在管理上有无单列的必要。

（2）费用在产品成本中所占比重的大小。

（3）为某种费用专设成本项目所增加的核算工作量大小。

（4）企业成本项目一经确定，不得随意变更。

2. 期间费用按经济用途分类

不计入产品成本的期间费用按经济用途分类，可分为销售费用、管理费用和财务费用。

费用按经济用途分类，可以促使企业按经济用途考核各项费用定额或计划的执行情况，分析费用支出是否合理节约，同时，也是企业按照费用发生的对象进行成本计量的基础。

（三）生产费用的其他分类

1. 按与生产工艺的关系分类

计入产品成本的各项生产费用，按与生产工艺的关系，可以分为直接生产费用和间接生产费用。

（1）直接生产费用，也称基本费用，是指由生产工艺本身引起的、直接用于产品生产的费用，如原材料费用、生产工人薪酬和机器设备折旧费用等。

（2）间接生产费用，也称一般费用，是指与生产工艺没有直接关系、间接用于产品生产的费用，如机物料消耗、辅助工人薪酬、生产厂房的折旧费用等。

将生产费用按其与生产工艺的关系划分为直接生产费用和间接生产费用，有助于考察和分析企业的管理水平。企业管理水平越高，产品成本中间接生产费用的比重会越低。

2. 按计入产品成本的方法分类

计入产品成本的各项生产费用，按计入产品成本的方法，可以分为直接计入费用和间接计入费用。

（1）直接计入费用，一般简称为直接费用，是指能分清是哪种产品耗用的、能直接计入某种产品成本的费用。这类费用可以根据原始凭证直接计入某种产品成本。如领料凭证上表明生产甲产品领用 10 万元 A 材料，这时的 10 万元 A 材料费用即为直接计入费用，即应直接计入甲产品生产成本。

（2）间接计入费用，一般简称为间接费用，是指不能分清由哪种产品耗用的、不能直接计入某种产品成本而必须按照一定标准分配后再计入有关产品成本的费用。这类费用无法根据原始凭证直接计入某种产品成本。如领料凭证只表明是一车间领用 10 万元 A 材料，而一车间同时生产甲、乙两种产品，这时的 10 万元 A 材料费用即为间接计入费用，需采用一定办法分配计入甲、乙两种产品生产成本中。

将生产费用按其计入产品成本的方法分为直接计入费用和间接计入费用，有利于企业正确计算产品成本。对于直接计入费用必须根据有关费用的原始凭证直接计入该产品成本，对于间接计入费用则要选择合理的分配方法，分配计入各有关产品成本。

温馨提示

一般来说，直接生产费用大多是直接计入费用，间接生产费用大多是间接计入费用。如在生产一种产品的企业中，直接生产费用和间接生产费用都可以直接计入该种产品成本，因而都是直接计入费用；在用同一种材料同时生产几种产品的企业中，直接生产费用和间接生产费用都不能直接计入某种产品的成本，因而都是间接计入费用。

一项费用是直接费用还是间接费用，不是看它是材料费还是办公费，在车间只生产一种产品的情况下，车间办公费也是直接费用；反之，在车间生产多种产品的情况下，材料费也可能是间接费用。

另外，在现实生活中甚至在很多出版物中，人们往往将直接生产费用也称为直接成本或直接费用，将间接生产费用也称为间接成本或间接费用，这时候，务必要注意其语言环境，不要误以为是指直接计入费用或间接计入费用。

3. 按与产品产量的关系分类

计入产品成本的各项生产费用，按与产品产量的关系，可以分为变动费用和固定费用。

（1）变动费用。是指总额随着产品产量的变动而呈正比例变动的费用，如产品生产直接耗用的原材料、生产工人的计件工资等费用。但对单位产品而言，这类费用是固定的。

（2）固定费用。是指在一定产量范围内总额相对固定的费用，即总额不随产品产量的变动而变动的费用，如固定资产的折旧费、车间管理人员的薪酬等。但固定费用不是绝对固定不变的，当产品产量变动很大时，固定费用要变动到另一个相对固定点上。

将生产费用按其与产品产量的依存关系分为变动费用和固定费用，有利于企业进行成本分析，为企业寻找降低产品成本的途径提供资料。

四、正确确定财产物资的计价和价值结转的方法

作为企业生产资料的财产物资，随着生产经营过程的进行而被耗用，其价值也就成了产品成本和期间费用的主要构成内容。但作为成本、费用中的财产物资价值，其数额大小，并不是一个简单的乘积，而是受财产物资的计价方法和价值结转方法的影响。如其中的固定资产价值耗费部分，就要受到固定资产原值计算方法、折旧方法以及折旧率等的影响；流动资产费用部分，就要受到

材料成本的组成内容、发出材料的单位成本、计算方法以及周转材料的摊销方法等的影响。因此，为了正确计算产品成本和期间费用，企业要合理确定企业财产物资的计价和价值结转方法。其基本要求是：凡国家有统一规定的，应采用统一规定的方法；国家没有统一规定的，企业要根据财产物资的特点，结合管理要求合理选用，而且一经确定不得随意改变。要防止通过任意改变财产物资计价和价值结转方法来调节成本、费用的错误做法。

五、选用适当的成本计算方法

产品生产组织和生产工艺特点以及管理要求的不同是影响产品成本计算方法选择的重要因素。而成本计算方法选择得合理与否，将直接影响产品成本计算的准确性。因此，企业必须根据自身产品生产的特点和管理要求来选用计算产品成本的具体方法。

第二节　产品成本核算的一般程序和账户设置

一、产品成本核算的一般程序

产品成本核算的一般程序是指根据成本核算的基本要求，对生产费用进行分类核算，并按成本项目进行归类，直到计算出完工产品成本的基本工作过程。企业的产品成本核算是一项比较复杂的工作，所涉及的内容及运用的方法很多，但都共同遵循一个基本程序，即确定成本计算对象、确定成本项目、确定成本计算期、审核生产费用、归集和分配生产费用、计算完工产品成本和期末在产品成本。

1. 确定成本计算对象

成本计算对象是归集和分配生产费用时的对象，是生产费用的承担者、受益者，即谁受益谁承担。确定成本计算对象是计算产品成本的前提，只有确定了成本计算对象，才能按照每一个成本计算对象，分别设置产品成本明细账（或成本计算单），来归集各个对象所应承担的生产费用，计算出各对象的总成本和单位成本。如果成本计算对象确定得不准确或不恰当，就会大大增加成本计算的难度，计算出来的成本不能满足企业管理的需要。由于企业的生产特点、管理要求、规模大小、管理水平的不同，企业成本计算对象也不同。对制造企业而言，产品成本计算的对象，主要包括产品品种、产品批别和产品的生产步骤三种。企业应根据自身的生产特点和管理要求，选择合适的产品成本计算对象。

为阐述方便，本书以产品品种为成本计算对象。

2. 确定成本项目

成本项目是指应计入产品成本的生产费用按照经济用途划分成的若干项目。通过成本项目，可以准确反映成本的经济构成以及产品生产过程中不同的资金耗费情况，有利于分析和控制成本。企业一般应设置直接材料、直接人工、燃料和动力、制造费用四个成本项目。为使成本项目更好地适应生产特点和管理要求，企业也可以对上述成本项目进行适应调整，如增设废品损失、停工损失等成本项目，减少燃料和动力这一成本项目。

3. 确定成本计算期

成本计算期是指成本计算的间隔期，即多长时间计算一次成本。产品成本计算期的确定，主要取决于企业生产组织的特点和成本管理要求。一般地，制造企业的成本核算，除季节性生产企业等以外，应当以月为成本计算期，即成本计算期与会计期间相一致，但对于单件、小批生产，产品成本的计算期间也可与产品的生产周期相一致。

上述三个程序是进行成本核算必需的准备程序。

4. 审核生产费用

审核生产费用，是指对发生的生产费用进行审查与核实，审核其是否客观真实、合理合法、正确无误，是否属于产品成本的开支范围和标准。具体包括以下三项内容：

（1）以国家有关政策、法令、制度、纪律为依据，审核和控制费用的开支是否合理合法，对违反国家规定的开支不予计入成本。

（2）从生产费用的经济用途上划分，哪些费用应计入产品成本，计入何种产品成本，哪些费用应计入期间费用。

（3）从时间上划分，生产费用的归属期以权责发生制为依据，对应计入本期成本的费用，不论是否发生，均应计入本期成本，对不应计入本期成本的费用，即使已经发生，也不计入本期成本。

5. 归集和分配生产费用·

归集和分配生产费用，就是先对客观真实、合理合法、正确无误的各种要素费用进行归集（归口集中），计算出费用发生额，然后再在各受益对象之间进行分配。费用的分配原则为：为产品生产直接发生的生产费用直接计入该产品成本；为产品生产间接发生的生产费用，可先按发生地点和用途进行归集，然后再按一定方法分配计入各受益产品。生产费用的归集和分配包含了若干归集和分配环节，可认为产品成本的核算工作就是在不停地归集和分配。

该程序是在不同受益对象间归集和分配费用，可称为费用的横向归集和分配。

6. 计算完工产品成本和期末在产品成本

对既有完工产品又有期末在产品的产品，应将计入各该项产品的生产费用，在其完工产品和期末在产品之间采用适当的方法进行划分，求得完工产品和期末在产品成本。具体可按以下步骤进行：

（1）通过实地盘点求出完工产成品、期末在产品以及废品的实际数量，为分配相应的生产费用提供依据。

（2）选择合理、适当的分配方法，对生产费用总额在完工产成品和期末在产品之间进行方配。

（3）将完工产成品成本予以转账，将期末在产品成本在生产成本明细账中予以保留。

该程序是在同一种产品的完工产品和期末在产品之间分配成本，可称为费用的纵向归集和分配。

综上所述，上述程序中的第3、第4、第5程序与前述正确划分费用界限的过程是一致的，如图2-1所示。

全部支出					
生产经营费用					非生产经营费用
本期生产经营费用				不属于本期的生产经营费用	
应计入产品成本的生产费用			不应计入产品成本的生产费用（即期间费用）		
A产品（部分完工）生产费用	B产品（全部完工）生产费用				
期初A在产品成本	应计入本期A产品成本的生产费用	完工B产品成本			
A产品生产费用之和					
本期完工A产品成本	期末A在产品成本				

图2-1　划分费用界限或产品成本核算程序

二、产品成本核算的账户设置及账务处理程序

（一）产品成本核算的账户设置

为了进行成本核算，企业应设置一定的总账账户及必要的明细账户，主要

会计账户如下。

1. "生产成本"账户

"生产成本"账户用以核算企业进行工业性生产发生的各项生产成本，包括生产各种产品（产成品、自制半成品等）、自制材料、自制工具、自制设备等。为了分别核算基本生产车间和辅助生产车间发生的成本，还应在该总账账户下设"基本生产成本"和"辅助生产成本"两个二级账户，在二级账户下再按一定要求设置明细账户。为了简化会计核算手续，也可以将两个二级账户提升为一级账户，不再设置"生产成本"总账账户。

（1）"生产成本——基本生产成本"账户。基本生产是指为完成企业主要生产目的而进行的产品生产，"生产成本——基本生产成本"账户是为了归集基本生产过程中所发生的各种生产费用和计算基本生产产品成本而设立的。基本生产所发生的各项费用，计入该账户的借方；完工入库的产品成本，计入该账户的贷方；该账户的余额，就是基本生产在产品的成本，也就是基本生产在产品占用的资金。该账户应按产品品种等成本计算对象分设基本生产成本明细账，该账也称产品成本明细账或产品成本计算单。账中应按成本项目分设专栏或专行，登记该产品的各成本项目的月初在产品成本、本月发生的成本、本月完工产品成本和月末在产品成本。其格式如表 2-1 和表 2-2 所示。

表 2-1　　　　　　　　　　　基本生产成本明细账

车间名称：第一车间　　　　　　　2014 年 3 月

产品名称：A 产品　　　　　　　　　　　　　　　　单位：元

月	日	摘　要	产量（件）	成本项目			成本合计
				直接材料	直接人工	制造费用	
3	31	本月生产费用		60000	22000	18000	100000
3	31	本月完工产品成本	2000	60000	22000	18000	100000
3	31	完工产品单位成本		30	11	9	50

表 2-2　　　　　　　　　　　基本生产成本明细账

车间名称：第一车间　　　　　　　2014 年 3 月

产品名称：B 产品　　　　　　　　　　　　　　　　单位：元

月	日	摘　要	产量（件）	成本项目			成本合计
				直接材料	直接人工	制造费用	
3	1	在产品成本		15000.00	6000.00	4000.00	25000.00
3	31	本月生产费用		75000.00	30000.00	20000.00	125000.00

续表

月	日	摘 要	产量（件）	成本项目			成本合计
				直接材料	直接人工	制造费用	
3	31	生产费用合计		90000.00	36000.00	24000.00	150000.00
3	31	本月完工产品成本	3000.00	72000.00	28800.00	19200.00	120000.00
3	31	完工产品单位成本		24.00	9.60	6.40	40.00
3	31	在产品成本		18000.00	7200.00	4800.00	30000.00

如果企业生产的产品品种较多，为了按照产品成本项目（或既按车间又按成本项目）汇总反映全部生产成本，还可设置"基本生产成本二级账"，其格式如表2-3所示。

表2-3　　　　　　　　　基本生产成本二级账

车间名称：第一车间　　　　　　　　2014年3月

产品名称：B产品　　　　　　　　　　　　　　　　单位：元

月	日	摘 要	成本项目			成本合计
			直接材料	直接人工	制造费用	
3	1	在产品成本	15000	6000	4000	25000
3	31	本月生产费用	135000	52000	38000	225000
3	31	生产费用合计	150000	58000	42000	250000
3	31	本月完工产品成本	132000	50800	37200	220000
3	31	在产品成本	18000	7200	4800	30000

（2）"生产成本——辅助生产成本"账户。辅助生产是指为基本生产服务而进行的产品生产和劳务供应，如工具、模具、修理用备件等产品的生产和供水、供电、运输等劳务的供应等。辅助生产提供的产品和劳务，有时也对外销售，但这不是它的主要目的。为了归集辅助生产所发生的各种生产费用，计算辅助生产所提供的产品和劳务的成本，应设置"生产成本——辅助生产成本"账户。辅助生产所发生各项费用，计入该账户的借方；完工入库产品的成本或分配转出的劳务费用，计入该账户的贷方；该账户的余额，就是辅助生产在产品的成本，也就是辅助生产在产品占用的资金。该账户应按辅助生产车间和生产的产品、劳务分设辅助生产成本明细账，账中按辅助生产的成本项目或费用项目分设专栏或专行进行登记。

2. "制造费用"账户

制造费用是指企业为生产产品和提供劳务而发生的各项间接费用，为了归集和分配制造费用，应该设立"制造费用"总账账户。该账户借方登记月份内发生的各种制造费用；贷方登记分配结转应由各种产品负担的制造费用。月末一般无余额。为了反映和考核不同车间（分厂）发生的制造费用，该账户应按不同车间设明细分类账。对制造费用发生额较少的辅助生产车间，可以不设置"制造费用"账户，当发生制造费用时，直接计入辅助生产成本。

另外，为了归集和结转产品销售费用、管理费用和财务费用，应该分别设立"销售费用"、"管理费用"和"财务费用"总账账户；为了归集和分配长期待摊费用，还应设立"长期待摊费用"总账账户。企业如果单独核算废品损失和停工损失，还可以增设"废品损失"和"停工损失"总账账户。

（二）产品成本核算的账务处理程序

产品成本核算的账户处理程序，包括整个生产费用发生和产品成本形成过程中全部核算步骤，内容非常广泛，具体程序不一而足，只能在后续讲述成本核算时具体阐述，这里仅列示其账务处理的基本程序，如图2-2所示。

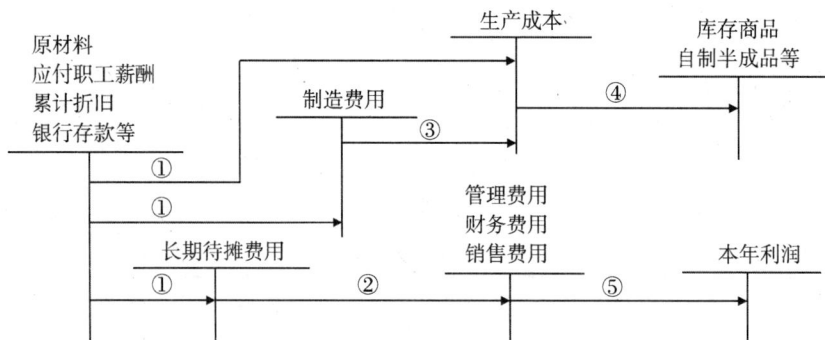

图2-2　产品成本核算主要账务处理基本程序

说明：①分配各项要素费用；②摊销长期待摊费用；③分配制造费用；④结转完工产成品及自制半成品成本；⑤结转期间费用。

【本章小结】

基本内容： 本章主要阐述了产品成本核算的基本要求和产品成本核算的一般程序。产品成本核算的基本要求是：算管结合，算为管用；正确划分各种费用的界限；对费用进行合理的分类；正确确定财产物资的计价和价值结转的方法；选用适当的成本计算方法。产品成本核算的一般程序为：确定成本计算对象；确定成本项目；确定成本计算期间；审核生产费用；归集和分配生产费用；计算完工产品成本和月末在产品成本。为了进行成本核算，企业一般应设置"生产成本"、"制造费用"、"销售费用"、"管理费用"、"财务费用"等账户。

重点与难点：重点是产品成本核算应遵循的基本要求及一般程序；难点是产品成本核算基本程序图。

【同步练习】

一、单项选择题

1. （　　）是保证成本会计正常进行及提高工作质量的前提。

A. 正确划分各种费用的界限　　　B. 确定成本计算对象

C. 做好成本核算的基础工作　　　D. 确定成本项目

2. 生产经营费用按其经济用途可分为（　　）。

A. 计入产品成本的生产费用和不计入产品成本的期间费用

B. 直接计入费用和间接计入费用

C. 直接费用和间接费用

D. 变动费用和固定费用

3. 费用要素是指按其（　　）分类。

A. 经济用途　　　　　　　　　　B. 计入产品成本的方式

C. 经济内容　　　　　　　　　　D. 与生产工艺的关系

4. 将资本性支出、营业外支出等计入当期生产经营费用（　　）。

A. 对企业损益没有影响

B. 只影响产品成本，不影响期间费用

C. 影响产品成本和期间费用，造成当期销售利润的减少

D. 影响产品成本和期间费用，造成当期销售利润的增加

5. 下列各项不能计入产品成本的费用是（　　）。

A. 燃料和动力　　　　　　　　　B. 生产工人工资及福利费用

C. 期间费用　　　　　　　　　　D. 车间管理人员工资及福利费用

6. 下列属于产品成本项目的是（　　）。

A. 外购材料　　B. 材料费用　　C. 原材料　　D. 直接材料

7. 下列属于产品成本项目的是（　　）。

A. 废品损失　　B. 工资费用　　C. 管理费用　　D. 销售费用

8. 下列各项不属于费用要素的是(　　)。
A. 职工薪酬　　　B. 折旧费用　　　C. 利息费用　　　D. 制造费用

9. 下列各项应计入制造费用的是(　　)。
A. 车间生产工人薪酬　　　　　　　B. 车间管理人员薪酬
C. 行政管理人员薪酬　　　　　　　D. 生产车间全体人员薪酬

10. 下列各项中应计入产品成本的是(　　)。
A. 车间厂房的折旧费用
B. 行政管理用固定资产的折旧费用
C. 车间生产用设备的折旧费用
D. 车间管理用电脑的折旧费用

二、多项选择题

1. 为了正确计算产品成本，必须正确划分的费用界限有(　　)。
A. 应计入产品成本和不计入产品成本
B. 完工产品成本和月末在产品成本
C. 各个会计期间的费用成本
D. 各种产品成本

2. 要划清计入本期成本和不应计入本期成本的费用界限，应遵循(　　)。
A. 会计分期原则　　　　　　　　　B. 权责发生制原则
C. 历史成本原则　　　　　　　　　D. 等价交换原则

3. "生产成本"账户用来核算企业生产的(　　)等所发生的各项生产费用。
A. 各种产品　　　B. 自制材料　　　C. 自制设备　　　D. 自制工具

4. (　　)属于产品成本项目。
A. 废品损失　　　B. 制造费用　　　C. 燃料和动力　　　D. 职工薪酬

5. 生产费用要素中的税金包括(　　)。
A. 增值税　　　B. 所得税　　　C. 房产税　　　D. 车船税

6. 生产费用要素中的外购材料，包括为进行生产耗用的一切从外部购入的(　　)。
A. 原料及主要材料　　　　　　　　B. 辅助材料
C. 产成品　　　　　　　　　　　　D. 修理用备件

7. 下列项目属于职工薪酬费用要素的有(　　)。
A. 生产工人工资　　　　　　　　　B. 车间管理人员工资
C. 行政管理人员工资　　　　　　　D. 车间学徒工工资

8. 下列项目属于直接人工成本项目的有(　　)。

A. 生产工人工资　　　　　B. 车间管理人员工资
C. 行政管理人员工资　　　D. 车间学徒工工资

9. 下列项目属于直接计入费用的有（　　）。
A. 为生产甲、乙产品共同领用的 1 万元材料费用
B. 为生产甲产品单独领用的 1 万元材料费用
C. 一车间只生产甲产品，本月应计提的 1000 元固定资产折旧费
D. 二车间只生产甲、乙产品，本月应计提的 1000 元固定资产折旧费

10. 下列说法错误的是（　　）。
A. 直接计入费用就是直接生产费用
B. 直接计入费用大多是直接生产费用
C. 车间管理人员工资是间接计入费用
D. 车间机器设备折旧费用是间接计入费用

三、判断题

1. 生产费用按经济内容划分为直接材料、直接人工等四个成本项目。
（　　）

2. 在划分各种产品费用界限时，应注意划清本期产品与非本期产品的费用界限。（　　）

3. 凡不应计入产品成本的支出，全部作为期间费用处理。（　　）

4. 费用要素是一种原始形态的费用支出。（　　）

5. 生产费用按用途分类，便于为计算工业净产值和国民收入提供资料。
（　　）

6. "制造费用"账户用来核算企业为管理和组织生产而发生的各项间接费用。（　　）

7. 企业支付给职工的工资，都属于生产费用要素中的职工薪酬的内容。
（　　）

8. 企业要合理确定企业财产物资的计价和价值结转方法，当物价变动时，可以调整其账面价值。（　　）

9. 企业成本项目是成本核算制度中规定的，企业不得更改。（　　）

10. 确定成本计算对象是计算产品成本的前提。（　　）

第三章　生产费用的横向归集和分配

【学习目标】

1. 理解费用横向归集和分配的含义和流程；
2. 熟悉制造业各项费用的性质、内容和一般去向；
3. 理解费用分配的原则和通用公式；
4. 掌握各项费用的具体分配方法及适用范围；
5. 熟悉有关费用分配表的编制。

【案例导读】

　　湖北沙洋重型机床有限公司主要生产板料边缘刨床、龙门铣床两种产品，产品销售覆盖全国30个省市和地区，远销日本、德国、伊朗、缅甸、巴基斯坦等国家。企业设有铸造、机械加工、装配三个基本生产车间和机修、配电两个辅助生产车间。

　　企业成本核算采用分步法进行核算，管理上要求各车间进行成本控制，成本效益与经济利益挂钩，同时，企业有刨床和铣床两种产品的材料消耗定额、生产工人工时定额和生产工人工资资料，有两个辅助生产车间劳务量资料。

　　企业成本核算员对实际发生的各项费用是这样处理的：领用的原材料费用，能分清成本核算对象的直接计入相应的账户中，两种产品共同耗用的原材料费用，原则上按产品重量进行分配，若取得产品重量资料有难度，就按产品数量进行分配；支付的人工费用，能分清成本核算对象的直接计入相应的账户中，两种产品共同耗用的人工费用，按工人的人数进行分配；耗用的燃料动力费用，按电表记录的耗电度数进行分配，两种产品共同耗用的电费，各自一半平均分配；各部门使用固定资产和折旧费，按各使用部门分配，基本生产车间固定资产折旧费计入"制造费用"，不直接分配给两种产品；归集的辅助生产费用，因企业要求各车间进行成本控制，成本效益与经济利益挂钩，采用交互分配法进行分配；归集的制造费用，按各生产车间采用生产工人工时比例法进行分配。

各生产车间负责人认为成本核算员对实际发生的各项生产费用的处理符合实际，没有意见，但财务负责人却提出了质疑。

思考：

1. 财务负责人会对哪些分配办法提出质疑？

2. 应该如何分配各项生产费用？

3. 费用的分配有没有先后顺序？若有，一般顺序是什么样的？

第一节 要素费用的归集和分配

一、要素费用的归集和分配概述

（一）要素费用的内容

要素费用即前述按经济内容对企业生产过程中发生的费用所做的分类，主要包括劳动对象方面的费用、劳动手段方面的费用、活劳动方面的费用，具体包括材料费用、燃料费用、外购动力费用、职工薪酬、折旧费用、利息费用和税金等费用。

对要素费用的归集和分配是企业产品成本核算的起点，因构成产品成本的生产费用首先表现为一定的材料费用、一定的人工费用及一定的其他费用等，这些要素费用按一定的方法被逐步归集和分配后就成为了产品成本。

（二）费用的分配原则

1. "谁受益谁负担"原则

企业的基本生产车间生产产品和提供劳务，辅助生产车间为提供服务，行政管理部门为了管理，有关部门进行基建都会发生费用，因此，费用的受益对象既包括生产的产品和劳务，也包括管理部门、在建工程等，它们都应按其受益大小相应负担费用，这即为费用的分配去向。

对于基本生产车间内发生的生产费用，无论是材料费用还是人工费用或其他费用，按其与生产工艺的关系都可分为直接生产费用和间接生产费用，直接生产费用可以直接计入产品成本中，即计入"生产成本——基本生产成本——××产品"，间接生产费用一般计入"制造费用"科目；而对辅助生产车间，若生产规模较大，可比照基本生产车间处理直接生产费用和间接生产费用，若生产规模较小，或间接生产费用不多，就可采用较简单的处理办法，即将辅助生产车间发生的所有费用计入"生产成本——辅助生产成本"。对期间费用，直接计入"管理费用"、"销售费用"、"财务费用"等科目。费用的一般分配去向如表 3-1 所示。

表 3-1   要素费用的分配去向

发生部门和用途	计入科目
基本生产车间的直接生产费用	生产成本——基本生产成本——××产品 或生产成本——××产品（无辅助生产车间时）
基本生产车间的间接生产费用	制造费用——××车间
辅助生产车间的直接生产费用	生产成本——辅助生产成本——××车间
辅助生产车间的间接生产费用	①生产成本——辅助生产成本——××车间 ②制造费用——××车间
行政管理部门发生的费用	管理费用、销售费用、财务费用
在建工程发生的费用	在建工程

2. "直接费用直接计入，间接费用分配计入"原则

对于计入产品成本的费用，凡能直接分清是为生产哪种产品而发生的费用，即为直接计入费用（一般称为直接费用），无须分配，可以直接计入该种产品成本；凡不能直接分清是为生产哪种产品而发生的费用，即为间接计入费用（一般称为间接费用），需要通过一定的方法分配后计入各种产品成本。可以这样说，在只生产一种产品的企业（或车间），无论是直接生产费用还是间接生产费用都为直接费用，直接计入该种产品成本中，即计入"生产成本——基本生产成本——××产品"科目；在生产几种产品的企业（或车间）中，无论是直接生产费用还是间接生产费用，只要不能直接分清是为生产哪种产品而发生的，即为间接费用，就需分配后计入各种产品成本。

本书观点

费用的分配有广义和狭义之分，广义的分配是指费用在全企业各部门之间的分配，狭义的分配是指各种产品之间的分配。可将"谁受益谁负担"原则理解为广义的分配，将"直接费用直接计入、间接费用分配计入"原则理解为狭义的分配。一般而言，在广义分配情况下，车间管理部门、行政管理部门、专设销售机构以及基建单位耗用原材料、职工薪酬等费

用，都可确认其应负担的金额后直接计入"制造费用"、"管理费用"、"销售费用"和"在建工程"等科目，因而本章所称分配仅指狭义分配，即指同一种材料被几种产品共同耗用，且不能按原始凭证直接计入某种产品成本情况下的分配问题。

（三）间接费用的分配方法

1. 间接费用的分配标准

分配间接费用时，应选择较适宜的分配标准，使分配结果比较合理。选择分配标准应注重其关联性和简便性。关联性是指分配标准应与各受益对象有较密切的关系，能体现多受益多负担的公平原则；简便性是指分配标准的资料容易取得，分配计算过程较简单。

费用的分配标准主要有：

（1）成果类，如产品的重量、体积、产量、产值等。

（2）消耗类，如生产工时、生产工人工资、机器工时、原材料消耗量或原材料费用等。

（3）定额类，如定额消耗量、定额费用、定额工时等。

2. 间接费用的分配公式

分配时，应先计算费用分配率，再在各受益对象之间进行分配，计算公式如下：

$$费用分配率 = \frac{待分配的费用总额}{各受益对象的分配标准总额（量）之和}$$

$$某受益对象应承担的费用 = 该受益对象的分配标准总额（量） \times 费用分配率$$

上述公式可称为费用分配的通用公式，无论是在不同受益对象之间横向分配单个要素费用、综合性的制造费用和辅助生产费用，还是在同一产品内的完工产品和期末在产品之间纵向分配累计生产费用，都适用本公式。

温馨提示

在利用通用分配公式计算最后一个受益对象应分配的费用时应用尾差处理法。由于费用分配率存在四舍五入的情况，就可能导致待分配的费用总额不等于分配出去的费用之和，为保证待分配费用正好被分配完毕，可由最后一个受益对象或管理费用承担二者的差异（俗称尾差），即计算最后一个受益对象或管理费用应承担费用时不能机械地用分配率去计算，而应该用待分配费用减去其他受益对象已承担费用之和。

二、材料费用的归集和分配

(一) 材料费用的归集

1. 材料的分类

按在生产经营过程中的作用，材料可分为以下几类：

(1) 原料及主要材料。指经过加工后构成产品实体或主要成分的各种原料和材料。其中，原料一般指直接取自自然界的天然状态的农产品与矿产品等劳动对象，如原棉、矿石、原油等。材料一般指来自加工企业的已被劳动加工的劳动对象，如棉纱、钢材等。

(2) 辅助材料。直接用于生产，有助于产品形成或便于生产进行，但不构成产品主要实体的各种材料。其中有的同原料及主要材料相结合，有助于产品的形成，如催化剂、染料、油漆等。有的用于创造正常的劳动条件，如灯泡、清洁用具等。

(3) 外购半成品。指企业从外部购入需进一步加工或装配于本企业产品的主要实体的半成品及零配件。如纺织企业的外购坯布、酿酒企业的外购粮食酒等。

(4) 修理用备件。指用于本企业机器设备和运输设备所专用的各种零件和备件，如轴承、齿轮、阀门、轮胎等。

(5) 燃料。指在生产过程中用来燃烧、发热，或为创造正常劳动条件耗用的各种燃料，包括固体燃料、气体燃料和液体燃料，如煤炭、各种油料、煤气等。

(6) 包装物。指为包装本企业产品、商品，并准备随同产品、商品一起出售的，或者在销售过程中租赁给购货单位使用的各种包装用的物品，如桶、箱、坛、袋、瓶等。

(7) 低值易耗品。指单位价值较低、使用年限较短（一般在一年以内）且容易耗损的各种工具、管理用具、玻璃器皿以及劳保用品。

2. 材料费用的计算

材料费用的计算，就是要正确计算产品生产过程中材料消耗的数量和价格，这其实就是对材料费用的归集过程。

(1) 材料消耗数量的计算。消耗材料数量的计算方法主要有两种：一是永续盘存制，二是实地盘存制。

①永续盘存制。永续盘存制也叫账面盘存制或连续记录法，它是指每次收入、发出材料时，都根据有关收发材料的原始凭证将材料收入和发出的数量逐笔记入材料明细账（见表3-2）。

表 3-2 　　　　　　　　　　　　　　**材料明细账**

品名：A 材料　　　　　　　　　　数量单位：千克　　　　　　　　　　单位：元

2014年		凭证号数	摘要	收入			发出			结存		
月	日			数量	单价	金额	数量	单价	金额	数量	单价	金额
3	1		月初余额							1500	10	15000
	5		购入	1200	12					2700		
	8		购入	1000	11					3700		
	15		领用				2000			1700		
	20		购入	1500	10					3200		
	22		领用				2000			1200		
	31		本月合计	3700			4000			1200		

在永续盘存制下，通过材料明细账能随时计算本期材料收入、发出（消耗）和期末结存数量，材料收入、发出数量根据材料明细账中的相应栏目进行累加，期末结存数量则按下列公式计算：

期末结存数量＝期初结存数量＋本期收入数量－本期消耗数量

采取永续盘存制能正确计算出生产过程中材料的消耗数量，因此企业应建立健全原始记录和计量验收制度，严格材料收入和发出和凭证手续，保证材料消耗数量的真实性。

企业记录生产过程中材料消耗的原始记录主要有"领料单"、"限额领料单"和"领料登记表"等发料凭证。会计部门应对发料凭证所列材料的种类、数量和用途等进行审核，只有经过审核、签章的发料凭证才能据以发料，并作为发料核算的原始凭证。

生产所剩余料，应该填制退料单。对于车间已领未用、下月需要继续耗用的材料，为了避免材料实物本月末交库、下月初又要领用的手续，可以采用"假退料"办法，即材料实物不动，只是填制一份本月的退料单，表示该项余料已经退库，同时填制一份下月的领料单，表示该项余料又作为下月份的领料出库。

期末，企业应当根据全部领、退料凭证汇总编制"发出（耗用）材料汇总表"（见表 3-3），确定材料消耗量。发出（耗用）材料汇总表应按照领料用途和材料类别分别汇总。凡能分清某一成本计算对象的材料消耗，应当单独列示，以便直接计入该成本计算对象；凡属于几个成本计算对象共同耗用的材料，应当选择适当的分配方法，分别计入有关成本计算对象的材料费用项目。

表 3-3 发出（耗用）材料汇总表

2014 年 3 月   金额单位：元

领用部门及用途	A 材料	B 材料	C 材料	合计
1. 基本生产车间				
（1）产品生产小计	25000.00	30000.00	18000.00	73000.00
其中：甲产品	10000.00			
乙产品	7000.00	30000.00	18000.00	
丙产品	8000.00			
（2）车间一般耗用	2030.50			2030.50
2. 运输车间	1600.00			1600.00
3. 供电车间	1003.50			1003.50
4. 企业管理部门	1500.00			1500.00
5. 专设销售机构	2500.00			2500.00
6. 固定资产建造工程	6000.00			6000.00
合　计	39634.00	30000.00	18000.00	87634.00

②实地盘存制。实地盘存制也叫定期盘存制或盘存计算法，它是指每次发出材料时不作记录，材料发出（消耗）数量是根据期末实地盘点结存数量倒挤出来的。其计算公式为：

本期消耗数量＝期初结存数量＋本期收入数量−期末结存数量

从公式中可知，采用这种方法计算材料消耗量是不准确的，因为它将材料的被盗、损坏和丢失数量都计算在材料正常的消耗数量中了，这是不利于加强管理、节约成本的。因此，企业一般不采用这种办法计算材料消耗量。

（2）消耗材料价格的计算。在实际工作中消耗材料的价格（成本）的计算方法一般有两种，一是按实际成本组织材料的核算，二是按计划成本组织材料的核算，但无论采用何种材料核算方式，企业生产过程中消耗的材料，都应当是材料的实际价格（成本）。关于消耗（发出）材料的计价问题，在《财务会计》相关章节中已有详述，在此只作简介。

①按实际成本计价。企业按实际成本计价进行材料核算时，材料明细账中收入材料的金额，应根据按实际成本计价的收料凭证登记。这样，同一品种、规格的材料由于购入时的时间和地点不同，各批材料购进的实际价格可能不一致，因此产生了消耗材料按什么价格来计算的问题。在实际工作中，可采取先进先出法、全月一次加权平均法、移动加权平均法、个别认定法等方法。

②按计划成本计价。企业按计划成本计价进行材料核算时，消耗材料仍应

当是其实际成本。材料实际成本等于消耗材料的计划成本加上应分摊的材料成本差异。当分摊的材料成本差异为超支差异时（实际成本大于计划成本）、与计划成本相加；当分摊的材料成本差异为节约差异时（实际成本小于计划成本）、与计划成本抵减（即加上一个负数）。企业应当正确计算消耗材料应分摊的材料成本差异，将消耗材料的计划成本调整为实际成本。

（二）材料费用的分配

按本书观点，材料费用的分配仅指狭义分配，即指同一种材料被几种产品共同耗用，且不能按原始凭证直接计入某种产品成本情况下的分配问题。

1. 原材料费用的分配

（1）原材料费用的分配方法。原材料在产品成本中一般占较大比重，为体现重要性原则，对直接构成产品实体或直接用于产品生产的原材料规定有单独的成本项目"直接材料"。

原材料费用在几种产品（成本计算对象）之间进行分配的分配标准可以选用成果类和定额类，即可以按重量（体积、产量、面积）比例分配，也可以按定额消耗量（定额费用）比例分配。

①重量（体积、产量、面积）比例分配法。重量（体积、产量、面积）比例分配法是以各种产品的重量（体积、产量、面积）为标准来分配原材料费用的方法。根据费用的通用分配公式，对原材料费用的具体计算，公式如下：

$$原材料费用分配率 = \frac{待分配的原材料费用总额}{各种产品的总重量之和}$$

某产品应负担原材料费用 = 该产品总重量×原材料费用分配率

【例3-1】华强工厂有一个基本生产车间和运输、供电两个辅助生产车间，主要生产甲、乙、丙三种产品，根据发出（耗用）材料汇总表（见表3-3），本月甲、乙、丙三种产品共同耗用B材料30000元；根据产量记录，本月三种产品的投产量分别为200件、100件、500件，单件产品净重分别为20千克、50千克、12千克。对所耗B材料费用按重量比例分配法分配计算如下：

①分别计算各种产品总重量：

甲产品总重量 = 200×20 = 4000（千克）

乙产品总重量 = 100×50 = 5000（千克）

丙产品总重量 = 500×12 = 6000（千克）

②计算原材料费用分配率：

$$B 材料费用分配率 = \frac{30000}{4000+5000+6000} = 2（元/千克）$$

③在各种产品之间分配原材料费用：

甲产品应负担 B 材料费用 = 4000×2 = 8000（元）

乙产品应负担 B 材料费用 = 5000×2 = 10000（元）

丙产品应负担 B 材料费用 = 6000×2 = 12000（元）

在实务中，一般通过编制原材料费用分配表进行分配，这样既能完成对费用的分配，又可以作为自制原始凭证。B 材料费用分配如表 3-4 所示。

表 3-4 　　　　　　　　　　　原材料费用分配表

材料名称：B 材料 　　　　　　　　　　2014 年 3 月

产品名称	产品重量（千克）	分配率（元/千克）	分配金额（元）
甲产品	200×20 = 4000		8000
乙产品	100×50 = 5000	30000÷15000 = 2	10000
丙产品	500×12 = 6000		12000
合　计	15000	2	30000

试一试

现假设【例 3-1】中，甲、乙、丙三种产品共同耗用 B 材料 32000 元，其他条件不变，请按重量比例分配法在甲、乙、丙三种产品中分配材料费用。

在后续内容中，凡对费用的分配都将省去对具体分配公式、具体分配过程的列示。

②定额消耗量（定额费用或成本）比例分配法。定额消耗量（定额费用或成本）比例分配法是以各种产品的定额消耗量（定额费用或成本）为标准来分配原材料费用的方法。

【例 3-2】接【例 3-1】，华强工厂生产甲、乙、丙三种产品，根据发出（耗用）材料汇总表（见表 3-3），本月甲、乙两种产品共同耗用 C 材料 900 千克，每千克 20 元，共计 18000 元。根据产量记录，本月甲、乙两种产品的投产量分别为 200 件、100 件，单件产品 C 材料消耗定额分别为 10 千克、25 千克。

对所耗 C 材料费用按定额消耗量比例分配，如表 3-5 所示。

表 3-5　　　　　　　　　　　原材料费用分配表

材料名称：C 材料　　　　　　　　　　2014 年 3 月

产品名称	材料消耗量总定额 （千克）	分配率 （元/千克）	分配金额 （元）
甲产品	200×10＝2000		8000
乙产品	100×25＝2500	18000÷4500＝4	10000
合　计	4500	4	18000

对所耗 C 材料费用按定额成本比例分配，如表 3-6 所示。

表 3-6　　　　　　　　　　　原材料费用分配表

材料名称：C 材料　　　　　　　　　　2014 年 3 月

产品名称	材料消耗成本总定额 （元）	分配率 （元/千克）	分配金额 （元）
甲产品	200×10×20＝40000		8000
乙产品	100×25×20＝50000	18000÷90000＝0.2	10000
合　计	90000	0.2	18000

想一想

　　从表 3-5 和表 3-6 中的计算可知，按定额消耗量比例分配法和定额成本比例分配法的分配结果是相同的，为什么？

　　（2）分配结转原材料费用的账务处理。分配结转原材料费用的账务处理的依据是"材料费用分配表"。

　　【例 3-3】华强工厂本月"发出（耗用）材料汇总表"见表 3-3，本月耗用的原材料分配情况见表 3-4 和表 3-5，据"发出（耗用）材料汇总表"和"原材料费用分配表"编制的材料费用分配表如表 3-7 所示。

表 3-7　　　　　　　　　　　**材料费用分配表**

2014 年 3 月　　　　　　　　　　　　　　　　　　　单位：元

应借科目		直接计入金额 A 材料	分配计入金额		合计
			B 材料	C 材料	
基本生产成本	甲产品	10000.00	8000.00	8000.00	26000.00
	乙产品	7000.00	10000.00	10000.00	27000.00
	丙产品	8000.00	12000.00		20000.00
	小 计	25000.00	30000.00	18000.00	73000.00
辅助生产成本	运输车间	2030.50			2030.50
	供电车间	1600.00			1600.00
制造费用			1003.50		1003.50
管理费用			1500.00		1500.00
销售费用		2500.00			2500.00
在建工程		6000.00			6000.00
合 计		39634.00	30000.00	18000.00	87634.00

据此编制结转本月原材料费用的会计分录如下：

借：生产成本——甲产品　　　　　　　　　　26000.00
　　　　　　——乙产品　　　　　　　　　　27000.00
　　　　　　——丙产品　　　　　　　　　　20000.00
　　生产成本——辅助生产成本——运输车间　　2030.50
　　生产成本——辅助生产成本——供电车间　　1600.00
　　制造费用——基本生产车间　　　　　　　1003.50
　　管理费用　　　　　　　　　　　　　　　1500.00
　　销售费用　　　　　　　　　　　　　　　2500.00
　　在建工程　　　　　　　　　　　　　　　6000.00
　　贷：原材料——A 材料　　　　　　　　　39634.00
　　　　　　——B 材料　　　　　　　　　　30000.00
　　　　　　——C 材料　　　　　　　　　　18000.00

2. 燃料费用的分配

（1）燃料费用的分配方法。燃料费用实际上也属于原材料费用范畴，但如果燃料费用在产品成本中所占比重较大时，可以与动力费用一起专设"燃料与动力"成本项目，并将"燃料"单独进行核算，设置"燃料"账户。

不单独设置"燃料"账户核算燃料费用时，应将燃料费用直接计入"直接材料"成本项目，"燃料"作为"原材料"账户的二级账户进行核算。

单独设置"燃料"账户核算燃料费用时，其分配的程序和方法与原材料费用的分配的程序和方法相同。燃料费用的分配标准可以是产品的重量、体积，可以是所耗原材料的数量或费用，也可以是燃料的定额消耗量或定额费用。

【例3-4】华强工厂生产甲、乙、丙三种产品，本月三种产品共同耗用 D 燃料 8000 元。根据产量记录，本月三种产品的投产量分别为 200 件、100 件、500 件，单件产品的燃料消耗定额分别为 20 千克、15 千克、5 千克。对所耗燃料费用按定额消耗量比例分配如表 3-8 所示。

表3-8　　　　　　　　　　燃料费用分配表

燃料名称：D 燃料　　　　　　　　2014 年 3 月

产品名称	燃料消耗量总定额（千克）	分配率（元/千克）	分配金额（元）
甲产品	200×20 = 4000	8000÷8000 = 1	4000
乙产品	100×15 = 1500		1500
丙产品	500×5 = 2500		2500
合　计	8000	1	8000

（2）分配结转燃料费用的账务处理。分配结转燃料费用的账务处理的依据是"燃料耗用汇总表"汇集的全部燃料费用和"燃料费用分配表"的分配结果，或是据二者编制的"燃料费用分配表"（此略）。

【例3-5】华强工厂本月"燃料耗用汇总表"见表3-9，本月共同耗用的燃料费用分配情况如表3-8 所示。

表3-9　　　　　　　　　　燃料耗用汇总表

2014 年 3 月　　　　　　　　　　　　　　　　　单位：元

领用部门及用途	D 燃料	E 燃料	合计
1. 基本生产车间			
（1）产品生产小计	8000	1500	9500
其中：甲产品	4000	300	4300
乙产品	1500	500	2000

领用部门及用途	D 燃料	E 燃料	合计
丙产品	2500	700	3200
（2）车间一般耗用		1000	1000
2. 运输车间		546	546
3. 供电车间		690	690
4. 企业管理部门		800	800
合　计	8000	4536	12536

据此编制结转本月燃料费用的会计分录如下：

借：生产成本——甲产品　　　　　　　　　　　4300
　　　　　　——乙产品　　　　　　　　　　　2000
　　　　　　——丙产品　　　　　　　　　　　3200
　　生产成本——辅助生产成本——运输车间　　546
　　生产成本——辅助生产成本——供电车间　　690
　　制造费用——基本生产车间　　　　　　　　1000
　　管理费用　　　　　　　　　　　　　　　　800
　　贷：燃料——D 燃料　　　　　　　　　　　　　8000
　　　　　——E 燃料　　　　　　　　　　　　　　4536

3. 周转材料的分配

周转材料，是指企业能够多次使用、逐渐转移其价值但仍保持原有形态、不确认为固定资产的材料，包括包装物和低值易耗品，以及企业（建筑承包商）的钢模板、木模板、脚手架等。

包装物和低值易耗品都属于材料，但它们的用途和性质与原材料并不相同，因此，有必要设置"周转材料"总账科目进行核算，并按周转材料的种类，分别"在库"、"在用"和"摊销"进行明细核算。

如果企业包装物和低值易耗品数量较多，也可以单独设置"包装物"和"低值易耗品"总账科目进行核算，并按包装物和低值易耗品的类别等进行明细核算。如果企业包装物数量不多，也不经常出租、出借，为了简化手续，可以将包装物并入辅助材料一类，作为"原材料"总账科目的二级科目。

需要说明的是，各种包装材料，如纸、绳、铁丝、铁皮等，应在"原材料"科目中核算。

由于周转材料在产品成本中所占比重较小，没有专设成本项目，车间领用的用于生产和管理的周转材料都计入"制造费用"项目中。

周转材料被领用后,其价值应摊销计入成本、费用中,按其数量的多少和金额的大小,可采用一次转销法和五五转销法。

(1) 一次转销法。一次转销法又称一次摊销法或一次计入法,是指在领用周转材料时,将其价值一次全部计入有关的成本、费用的摊销方法。在该方法下,领用周转材料,按其账面价值,借记"制造费用"、"管理费用"等科目,贷记"周转材料"科目;报废时,应将周转材料的残料价值作为当月周转材料摊销价值的减少,冲减有关的费用、成本,即借记"原材料"等科目,贷记"制造费用"、"管理费用"等科目。

【例3-6】华强工厂基本生产车间领用包装物采用一次转销法核算。本月领用包装物一批,其实际成本为900元;以前月份领用的另一批包装物在本月报废,其实际成本为1000元,报废时残料回收计价100元。核算如下:

(1) 本月领用包装物时:

借:制造费用——基本生产车间　　　　　　　　　　900
　　　贷:周转材料——包装物　　　　　　　　　　　　　900

(2) 报废的包装物残料入库时:

借:原材料　　　　　　　　　　　　　　　　　　100
　　　贷:制造费用　　　　　　　　　　　　　　　　　　100

(2) 五五转销法。五五转销法又称五五摊销法或五成摊销法,是指周转材料在领用时摊销其一半价值,在报废时摊销其另一半价值的摊销方法。在该方法下,应在"周转材料"总账科目下,按周转材料的种类,分别"在库"、"在用"和"摊销"进行明细核算。

周转材料领用时,按其全部价值,借记"周转材料——在用周转材料"科目,贷记"周转材料——在库周转材料"科目;同时摊销其一半价值,借记"制造费用"、"管理费用"等科目,贷记"周转材料——周转材料摊销"科目。

周转材料报废时,按回收残料价值借记"原材料"等科目,按周转材料的另一半价值减去残料价值后的差额,借记"制造费用"、"管理费用"等科目,贷记"周转材料——周转材料摊销"科目;同时应注销报废周转材料的价值及其累计摊销额,借记"周转材料——周转材料摊销"科目,贷记"周转材料——在用周转材料"科目。

【例3-7】华强工厂行政管理部门领用低值易耗品采用五五转销法核算。本月领用管理用具一批,其实际价值为1000元;本月报废管理用具一批,其实际成本为1200元,残料回收计价50元。核算如下:

（1）领用管理用具时：

借：周转材料——在用周转材料——低值易耗品　　　1000

　　贷：周转材料——在库周转材料——低值易耗品　　　　1000

（2）摊销所领用管理用具的一半价值时：

借：管理费用　　　　　　　　　　　　　　　　　　500

　　贷：周转材料——周转材料摊销——低值易耗品　　　　500

（3）摊销所报废管理用具的另一半价值时：

借：原材料　　　　　　　　　　　　　　　　　　　50

　　管理费用　　　　　　　　　　　　　　　　　　550

　　贷：周转材料——周转材料摊销——低值易耗品　　　　600

（4）注销报废管理用具的价值及其累计摊销额时：

借：周转材料——周转材料摊销——低值易耗品　　　1200

　　贷：周转材料——在用周转材料——低值易耗品　　　　1200

周转材料采用计划成本进行日常核算的，领用周转材料时，还应同时结转应分摊的成本差异。

三、外购动力费用的归集和分配

（一）动力费用的归集

1. 动力费用概述

动力费用是指企业在生产和管理过程中消耗的电力、煤气和蒸汽等动力费用，包括外购和自制两种来源。外购动力是从企业外部有关单位（如供电公司、供气公司）购入的，自制动力是企业辅助生产车间（如供电车间、供气车间）提供的。

企业产品生产耗用的外购动力费用和自制动力费用，有的直接用于产品生产，如生产工艺用电；有的间接用于产品生产，如生产单位（车间或分厂）照明用电；有的则用于经营管理，如企业行政管理部门照明用电或取暖用电。因此，动力费用既属于直接费用又属于间接费用。在成本项目的设置上，有三种处理办法：

（1）当动力费用在产品生产中所占比重较大时，为体现重要性原则，一般与燃料费用一起单独设置"燃料和动力"成本项目。

（2）当动力费用在产品生产中所占比重不大时，从动力费用属于直接费用且燃料是原材料中的一类考虑，可以将其并入"直接材料"成本项目。

（3）从动力费用属于间接费用考虑，为简化手续，也可以将其并入"制造费用"成本项目。

企业自制动力费用的核算在辅助生产费用的核算中讲述,本节主要讲述外购动力费用的核算。

2. 外购动力费用的计量与确认

企业外购动力应按照权责发生制原则计量和确认,也就是说,计入产品成本和有关费用中的外购动力费用,应当是按照当月有关电力、煤气和蒸汽的计量装置确认的实际耗用量乘以相应单价的金额,而不管这些款项是否已经支付。

在实际工作中,抄录电表、煤气表的日期,支付款项的日期和成本计算的日期不一定相同,如抄表时间可能是每月20日,而付款时间可能在当月末,也可能在下月初,成本计算的时间一般在月末。也就是说,计量装置所确定的耗用量是从上月20日到本月20日的实际消耗量,而成本计算应计入的是从本月1日到本月末的实际消耗量,二者往往不一致,但由于各自间隔期是基本一致的,二者的差异对各月动力费用核算的正确性影响不大,为简化成本核算工作,常用前者代替后者。

一般地,对在下月支付本月动力费用的情况下,一般应通过“应付账款”账户核算。即在本月确认应计入产品成本和有关费用的动力费用时,借记有关成本、费用科目,贷记“应付账款”科目,在下月支付款项时,借记“应付账款”科目,贷记“银行存款”科目。若每月支付外购动力费用的日期基本固定,且每月付款日至月末应付动力费用相差不多,也可用本月为上月支付的动力费用的发票金额代替本月应付金额,即不通过“应付账款”账户核算,可于付款时直接借记成本、费用科目,贷记“银行存款”科目。

(二)外购动力费用的分配

1. 外购动力费用的分配方法

外购动力费的分配,在有独立仪表的情况下,应根据仪表所示耗用数量及单价计算;在没有独立仪表的情况下,应按照一定的标准在各种产品(成本核算对象)之间进行分配。分配的方法主要有生产工时比例分配法、定额消耗量比例分配法和机器功率时数比例分配法。

【例3-8】华强工厂生产甲、乙、丙三种产品,本月三种产品共同耗用外购电力18000元。根据工时记录,本月三种产品的生产总工时分别为20000小时、30000小时和40000小时。对所耗外购电力费用按生产工时比例分配法分配如表3-10所示。

表 3-10　　　　　　　　　　**外购动力费用分配表**

动力名称：电力　　　　　　　　　　2014 年 3 月

产品名称	生产总工时（小时）	分配率（元/小时）	分配金额（元）
甲产品	20000		4000
乙产品	30000	18000÷90000＝0.2	6000
丙产品	40000		8000
合　计	90000	0.2	18000

2. 分配结转外购动力费用的账务处理

分配结转外购动力费用的账务处理的依据是有关付款凭证（或应付账款凭证）和动力费用分配表。

【例 3-9】 华强工厂本月用电量为 41500 千瓦时，电费单价为 0.6/千瓦时，应付电费为 24900 元。根据独立电表计量，基本生产车间产品生产用电 30000 千瓦时，车间一般照明用电 4000 千瓦时，运输车间用电 1000 千瓦时，供电车间用电 500 千瓦时，管理部门用电 6000 千瓦时。该厂本月生产用电在各产品之间的分配情况见表 3-10。据此编制会计分录如下：

借：生产成本——甲产品　　　　　　　　　　　　　　4000

　　　　　　——乙产品　　　　　　　　　　　　　　6000

　　　　　　——丙产品　　　　　　　　　　　　　　8000

　　生产成本——辅助生产成本——运输车间　　　　　600

　　生产成本——辅助生产成本——供电车间　　　　　300

　　制造费用——基本生产车间　　　　　　　　　　　2400

　　管理费用　　　　　　　　　　　　　　　　　　　3600

　　贷：应付账款——市供电局　　　　　　　　　　　　　24900

四、职工薪酬的归集和分配

（一）职工薪酬的归集

1. 职工薪酬概述

职工薪酬是指企业为获得职工提供的服务而给予的各种形式的报酬以及其他相关支出，包括企业为职工在职期间和离职后提供的全部货币性薪酬和非货币性福利，也包括企业提供给职工配偶、子女或其他被赡养人的福利等。职工薪酬具体包括：

（1）职工工资、奖金、津贴和补贴。

（2）职工福利费。

（3）医疗保险费、养老保险费、失业保险费、工伤保险费和生育保险费等社会保险费。

（4）住房公积金。

（5）工会经费和职工教育经费。

（6）非货币性福利。

（7）因解除与职工的劳动关系给予的补偿（通常称为辞退福利）。

（8）其他与获得职工提供的服务相关的支出。

其中第（1）项可统称为工资，根据有关规定，工资总额由下列六个部分组成：计时工资、计件工资、奖金、津贴和补贴、加班加点工资、特殊情况下支付的工资。

为了如实反映职工薪酬的提取、分配和发放情况，企业应设置"应付职工薪酬"总账科目进行核算，并按应付职工薪酬设置"工资"、"职工福利"、"社会保险费"、"住房公积金"、"工会经费"、"职工教育经费"、"非货币性福利"、"辞退福利"、"股份支付"等明细科目进行明细分类核算。

2. 职工薪酬费用的原始记录

职工薪酬既是职工对企业投入劳动后应获得的报酬，也是企业的成本费用，企业应予准确核算，而要进行职工薪酬费用的核算，必须要有正确、完整的原始记录作为依据。

企业计算职工薪酬费用的原始记录主要有"考勤记录"和"产量记录"。考勤记录是登记职工出勤和缺勤情况的原始记录，是计时工资的计算依据；产量记录是登记工人或生产小组在出勤时间内完成产品的数量、质量和耗用工时的原始记录，是计件工资的计算依据，同时也是统计产量和工时的依据。

考勤记录的形式主要有考勤簿、考勤表、考勤卡等，产量记录的形式主要有工作通知单、工序进程单和工作班组产量记录等。

另外，由于职工薪酬涵盖的内容较多，不仅仅包括计时工资和计件工资，因此，职工工资信息卡也是重要的原始记录。工资信息卡按每一位职工设置，主要记录职工的工资级别、工资标准、工龄及享受的津贴等内容。

3. 职工薪酬费用的计算

（1）工资费用的计算。要计算企业的工资费用，首先要计算每一位职工的工资，而职工工资主体是计时工资或计件工资，因此首先应确定计时工资或计件工资。

①计时工资的计算。计时工资是按照每个职工的计时工资标准和实际工作时间计算的工资，计算公式为：

应付计时工资=计时工资标准×实际工作时间

职工的计时工资标准按其计算的时间单位不同,有月薪制、日薪制和小时工资制。企业固定职工的计时工资一般以月薪制计算,临时职工的工资一般以日薪制(或小时工资制)计算。

日薪制(或小时工资制)下计算应付计时工资比较简单,直接用约定的日工资(小时工资)乘以职工实际出勤天数(小时数)即可。下面主要介绍月薪制下应付职工计时工资的计算。

月薪制下,只要职工全勤,不论各月日历天数多少,也不论各月休息日和节假日多少,其每月的标准工资相同。若职工有病假、事假等缺勤天数,则按有关规定扣减部分工资。这种方法是减法计算思想。计算公式如下:

应付计时工资=月标准工资-(事假天数×日工资)-(病假天数×日工资×病假扣款率)

据《劳动法》及有关文件精神,法定节假日用人单位应当依法支付工资,折算日工资时不剔除国家规定的 11 天法定节假日,月计薪天数为 21.75 天(用 365 天减去 104 个休息日,再除以 12 个月),日工资=月标准工资/21.75。

此法下,因在计算日工资时已扣除休息日,即计算平均日工资时就未包括休息日,可认为职工在休息日若正常休息本来就是未计付工资的,这样缺勤期间的休息日就谈不上扣工资;相反,职工若在休息日加班,企业还应支付加班工资;而法定节假日依法应支付工资,即职工在节假日正常休息也视同出勤,要计付工资,这样缺勤期间的节假日也可认为职工是正常休息,也不应扣工资,实际缺勤天数应减去节假日天数;相反,职工若在休息日加班,企业还应支付加班工资。

法规速递
关于职工全年月平均工作时间和工资折算问题的通知
劳社部发【2008】3 号

各省、自治区、直辖市劳动和社会保障厅(局):

根据《全国年节及纪念日放假办法》(国务院令第 513 号)的规定,全体公民的节日假期由原来的 10 天增设为 11 天。据此,职工全年月平均制度工作天数和工资折算办法分别调整如下:

1. 制度工作时间的计算

年工作日:365 天-104 天(休息日)-11 天(法定节假日)=250 天

季工作日:250 天÷4 季=62.5 天/季

月工作日:250 天÷12 月=20.83 天/月

工作小时数的计算：以月、季、年的工作日乘以每日的 8 小时。

2. 日工资、小时工资的折算

按照《劳动法》第五十一条的规定，法定节假日用人单位应当依法支付工资，即折算日工资、小时工资时不剔除国家规定的 11 天法定节假日。据此，日工资、小时工资的折算为：

日工资：月工资收入÷月计薪天数

小时工资：月工资收入÷（月计薪天数×8 小时）

月计薪天数 =（365 天 -104 天）÷12 月 =21.75 天/月

3. 2000 年 3 月 17 日劳动保障部发布的《关于职工全年月平均工作时间和工资折算问题的通知》（劳社部发【2000】8 号）同时废止。

劳动和社会保障部

2008 年 1 月 3 日

【例 3-10】华强工厂职工张云的月标准工资为 2610 元。本月有 31 天，法定节假日 1 天，休息日 8 天，张云事假 5 天、病假 3 天，实际出勤 14 天。根据张云的工龄，病假工资按 70% 计算。请按下列两种情况计算张云的计时工资：

A. 张云病假、事假期间没有休息日和节假日；

B. 张云事假期间含 2 天休息日，病假期间含 1 天法定节假日。

计算结果如下：

A. 张云病假、事假期间没有休息日和节假日时：

日工资 =2610÷21.75=120（元/天）

应付计时工资 =2610-5×120-3×120×30%=1902（元）

B. 张云事假期间含 2 天休息日，病假期间含 1 天法定节假日时：

日工资 =2610÷21.75=120（元/天）

应付计时工资 =2610-3×120-2×120×30%=2178（元）

特别说明

因工资的具体计算属于企业内部的成本管理范畴，在实际工作中，计算应付计时工资时，旷工、事假应扣工资和病假应扣工资并没有统一的标准，只要不违反《劳动法》的有关规定即可。

在月薪制下，确定日工资时，诸多教科书中介绍了每月按 30 天计算的方法，此法下，休息日和节假日都计付工资，但缺勤期间的休息日和节假日应按缺勤扣发工资。这是违反《劳动法》有关规定的，因而本教材未予介绍。

②计件工资的计算。计件工资是根据每一位职工完成的工作量和规定的计件单价计算的工资。计算计件工资的产品产量，包括合格产品和不是由于工人过失造成的不合格品产量（如料废品数量）。由于工人本人过失造成的工废品数量，不计付工资，有的还应由工人赔偿损失。计件工资分个人计件工资和集体计件工资两种。

A. 个人计件工资的计算。个人计件工资是以个人为计算单位的计件工资形式，适用于个人能单独操作而且能够直接计算个人完成产品的数量的工种。同一工人在月份内可能从事计件单价不同的多种产品的生产，因而其计算公式如下：

应付个人计件工资 = $\sum$［（合格品数量 + 料废品数量）× 计件单价］

【例 3-11】华强工厂刘刚本月加工甲产品 260 件，计件单价 4 元；加工乙产品 200 件，计件单价 5 元。完工验收时，发现甲产品料废品 10 件，工废品 5件，乙产品料废品 8 件，其余都为合格品。应付刘刚本月的计件工资为：

应付计件工资 =（260-5）×4+200×5 = 2020（元）

B. 集体计件工资的计算。集体计件工资是以集体为计算单位的计件工资形式，适用于工艺过程要求集体完成，不能直接计算个人完成产品的数量的工种。计算时，应分为两步：

第一步：应先计算应付给该集体的计件工资总额，其计算方法与个人计件工资的计算方法相同。

第二步：将应付给该集体的计件工资总额在该集体（如小组）成员中按贡献大小进行分配，计算出应付给每个人的计件工资。

【例 3-12】华强工厂建造固定资产的部分自制材料由 4 人小组共同完成，本月计件工资总额为 11040 元（第一步计算过程略）。小组成员每人的日工资、出勤天数以及按日工资和出勤天数分配的个人计件工资如表 3-11 所示。

表 3-11　　　　　　　　　集体计件工资分配表

集体单位：固定资产自制材料小组　　　2014 年 3 月

姓名	日工资（元）	出勤天数（天）	按日工资和出勤天数计算的工资	分配率	应付计件工资（元）
何为	100	22	2200		3300
李强	90	20	1800	11040÷7360 = 1.5	2700
陈果	80	21	1680		2520
郑直	80	21	1680		2520
合计	—	—	7360		11040

③奖金、津贴等的计算。奖金是支付给职工的超额劳动报酬和增收节支等的劳动报酬；津贴和补贴是支付给职工额外劳动或特殊劳动等的劳动报酬；加班加点工资是支付给职工因在节假日或规定劳动时间以外劳动的劳动报酬；特殊情况下支付的工资，是依据国家有关劳动法规和企业规定，在职工因病、工伤、产假、计划生育假、婚丧假、事假、探亲假、定期休假、停工学习等非工作时间支付的工资。

奖金、津贴和补贴、加班加点工资、特殊情况下支付的工资等计入工资总额，由企业按有关规定计算。

法规速递

《劳动法》关于加班加点费的规定

第四十四条　有下列情形之一的，用人单位应当按照下列标准支付高于劳动者正常工作时间工资的工资报酬：

（一）安排劳动者延长工作时间的，支付不低于工资的150%的工资报酬；

（二）休息日安排劳动者工作又不能安排补休的，支付不低于工资的200%的工资报酬；

（三）法定休假日安排劳动者工作的，支付不低于工资的300%的工资报酬。

---

④工资费用的汇总。企业先应计算出每个职工的当月应付工资，再根据有关部门转来的各项扣款通知单，减去各种代扣款项后的余额，就是每个职工当月的实发工资。可用公式表示如下：

月应付工资＝应付计时工资（或计件工资）+应付奖金+应付津贴和补贴+
　　　　　　加班加点工资+特殊情况下的工资

月实发工资＝月应付工资-各种代扣款项

为了如实反映企业工资总额的构成，便于进行工资费用的核算，会计部门应根据计算出的职工工资，按照车间部门分别编制工资结算单和工资汇总表，工资结算单中填列应付每一职工的各种工资、代扣款项、应发金额、实发金额等，以作为与职工进行工资结算的依据。同时，应根据工资结算单中的应付工资按人员类别（工资用途）编制"工资结算汇总表"来汇集工资费用。"工资结算汇总表"是进行工资分配的主要依据。

【例3-13】华强工厂基本生产车间生产工人本月"工资结算单"如表3-

12 所示，同时根据各车间、部门的"工资结算单"编制的本月"工资结算汇总表"如表 3-13 所示。

表 3-12　　　　　　　　　　　　工资结算单

部门：基本生产车间（生产工人）　　　2014 年 3 月　　　　　　　单位：元

编号	姓名	标准工资	奖金	津贴	应发工资	水电费	公积金	药费	扣款合计	实发工资
1	张云	2610	200	50	3000	130	50	50	270	2730
2	江山	2610	100	40	2450	90	40		130	2320
	合计	80000	4500	4000	90000	5000	2000	1000	12000	78000

表 3-13　　　　　　　　　　　　工资结算汇总表

2014 年 3 月　　　　　　　单位：元

车间或部门（人员类别）	应付工资					合计
	计时工资	计件工资	奖金	津贴和补贴	加班加点工资	
基本生产车间	86000		5000	4000	1500	96500
产品生产工人	80000		4500	4000	1500	90000
车间管理人员	6000		500			6500
运输车间	26000		1200	800		28000
生产工人	23000		1000	800		24800
车间管理人员	3000		200			3200
供电车间	5000		300		200	5500
企业管理部门	10000					10000
专设销售机构	3500					3500
固定资产建造人员	12000	8500				20500
合　计	142500	8500	6500	4800	1700	164000

特别说明

　　表 3-13 中的基本生产车间工人工资 90000 元是为生产甲、乙、丙三种产品共同发生的，属间接费用，需按一定标准在不同产品之间进行分配。由于按基本生产车间工人工资一定比例计提的职工福利费、社会保险费也存在着在不同产品之间进行分配的问题，为了减少工作量，在此单独对工资费用进行分配，也不作账务处理，而是将所有职工薪酬汇总再分配后再作账务处理。

（2）职工福利费的计算。职工福利是指企业在工资和社会保险之外，对职工提供一定的福利补助，如困难职工生活补助费、医疗费、丧葬补助费、独生子女保健费等。

现行会计准则规定福利费通常据实列支，但企业也可以先提后用。职工福利费是通过编制"职工福利费计提表"来计算的。

【例3-14】华强工厂确定的职工福利费提取比例为工资总额的10%。本月根据"工资结算汇总表"（见表3-13）的工资总额计算编制的"职工福利费计提表"如表3-14所示。

表3-14   职工福利费计提表

2014年3月   单位：元

车间或部门（人员类别）	工资总额	计提比例	应计职工福利费
基本生产车间	96500		9650
产品生产工人	90000		9000
车间管理人员	6500		650
运输车间	28000		2800
生产工人	24800	10%	2480
车间管理人员	3200		320
供电车间	5500		550
企业管理部门	10000		1000
专设销售机构	3500		350
固定资产建造人员	20500		2050
合　　计	164000	10%	16400

（3）社会保险费的计算。社会保险费包括医疗保险费、养老保险费、失业保险费、工伤保险费和生育保险费等。对社会保险费，国家和地区规定了计提基础和计提比例的，企业应按规定标准计提。

【例3-15】华强工厂本月"工资结算汇总表"如表3-13所示，企业按规定对医疗保险费、养老保险费、失业保险费、工伤保险费和生育保险费的计提比例分别为10%、20%、1.5%、0.5%和0.8%，据此根据工资总额计算编制的"社会保险费计提表"如表3-15所示。

表 3-15   社会保险费计提表

2014 年 3 月   单位：元

车间或部门 （人员类别）	工资 总额	医疗 保险费 （10%）	养老 保险费 （20%）	失业 保险费 （1.5%）	工伤 保险费 （0.5%）	生育 保险费 （0.8%）	社会保险 费合计
基本生产车间	96500.00	9650.00	19300.00	1447.50	482.50	772.00	31652.00
产品生产工人	90000.00	9000.00	18000.00	1350.00	450.00	720.00	29520.00
车间管理人员	6500.00	650.00	1300.00	97.50	32.50	52.00	2132.00
运输车间	28000.00	2800.00	5600.00	420.00	140.00	224.00	9184.00
生产工人	24800.00	2480.00	4960.00	372.00	124.00	198.40	8134.40
车间管理人员	3200.00	320.00	640.00	48.00	16.00	25.60	1049.60
供电车间	5500.00	550.00	1100.00	82.50	27.50	44.00	1804.00
企业管理部门	10000.00	1000.00	2000.00	150.00	50.00	80.00	3280.00
专设销售机构	3500.00	350.00	700.00	52.50	17.50	28.00	1148.00
固定资产建造人员	20500.00	2050.00	4100.00	307.50	102.50	164.00	6724.00
合　计	164000.00	16400.00	32800.00	2460.00	820.00	1312.00	53792.00

（4）住房公积金、工会经费和职工教育经费的计算。对住房公积金、工会经费和职工教育经费，国家和地区规定了计提基础和计提比例的，企业应按规定标准计提。

【例 3-16】华强工厂本月"工资结算汇总表"如表 3-13 所示，企业按规定对住房公积金、工会经费和职工教育经费的计提比例分别为 10%、2% 和 1.5%，据此根据工资总额计算编制的"住房公积金、工会经费和职工教育经费计提表"如表 3-16 所示。

表 3-16   住房公积金、工会经费和职工教育经费计提表

2014 年 3 月   单位：元

车间或部门 （人员类别）	工资总额	住房公积金 （10%）	工会经费 （2%）	职工教育经费 （1.5%）	三项费用 合计
基本生产车间	96500.00	9650.00	1930.00	1447.50	13027.50
产品生产工人	90000.00	9000.00	1800.00	1350.00	12150.00
车间管理人员	6500.00	650.00	130.00	97.50	877.50
运输车间	28000.00	2800.00	560.00	420.00	3780.00

续表

车间或部门 （人员类别）	工资总额	住房公积金 （10%）	工会经费 （2%）	职工教育经费 （1.5%）	三项费用 合计
生产工人	24800.00	2480.00	496.00	372.00	3348.00
车间管理人员	3200.00	320.00	64.00	48.00	432.00
供电车间	5500.00	550.00	110.00	82.50	742.50
企业管理部门	10000.00	1000.00	200.00	150.00	1350.00
专设销售机构	3500.00	350.00	70.00	52.50	472.50
固定资产建造人员	20500.00	2050.00	410.00	307.50	2767.50
合　计	164000.00	16400.00	3280.00	2460.00	22140.00

（二）职工薪酬的分配

1. 职工薪酬的分配方法

职工薪酬在产品成本中一般占较大比重，为体现重要性原则，对直接从事产品生产、劳务提供等人员的薪酬设置了单独的成本项目"直接人工"。但辞退福利直接计入当期损益，不包括在直接人工项目中。

采用计件工资形式支付的生产工人薪酬费用，一般可以直接计入所生产产品的成本，不需要在各种产品（成本核算对象）之间进行分配，采用计时工资形式支付的职工薪酬费用，如果是为生产一种产品（成本核算对象）而发生的，也可直接计入该种产品成本，不需分配；如果是为生产多种产品而发生的，则需要在各种产品（成本核算对象）之间进行分配。分配标准主要是产品的生产工时（实际工时或定额工时）和直接材料成本。

【例3-17】华强工厂有一个基本生产车间，生产甲、乙、丙三种产品，本月生产工人工资总额为90000元（见表3-13），按生产工人工资总额计提的职工福利费为9000元（见表3-14），计提的社会保险费为29520元（见表3-15），计提的住房公积金、工会经费和职工教育经费分别为9000元、1800元、1350元（见表3-16），产品生产工人的薪酬总额为140670元（90000+9000+29520+9000+1800+1350）。根据工时记录，本月三种产品的实际生产总工时分别为20000小时、30000小时和40000小时。对工资费用按生产工时比例分配法分配如表3-17所示。

表 3-17　　　　　　　　　　　**直接人工费用分配表**

2014 年 3 月

产品名称	实际生产总工时（小时）	分配率（元/小时）	分配金额（元）
甲产品	20000		31260
乙产品	30000	140670÷90000＝1.563	46890
丙产品	40000		62520
合　计	90000	1.563	140670

2. 分配结转工资费用的账务处理

分配结转工资费用账务处理的依据是"工资结算汇总表"、"职工福利费计提表"、"社会保险费计提表"、"住房公积金、工会经费和职工教育经费计提表"和"直接人工费用分配表"。

【例 3-18】华强工厂根据"工资结算汇总表"（见表 3-13）、"职工福利费计提表"（见表 3-14）、"社会保险费计提表"（见表 3-15）、"住房公积金、工会经费和职工教育经费计提表"（见表 3-16）和"直接人工费用分配表"（见表 3-17）编制的"职工薪酬费用汇总表"如表 3-18 所示。

表 3-18　　　　　　　　　　**职工薪酬费用汇总表**

2014 年 3 月　　　　　　　　　　　　　　单位：元

车间或部门（人员类别）	工资	职工福利费	社会保险费	住房公积金	工会经费	职工教育经费	合计
基本生产车间	96500.00	9650.00	31652.00	9650.00	1930.00	1447.50	150829.50
产品生产工人	90000.00	9000.00	29520.00	9000.00	1800.00	1350.00	140670.00
甲产品							31260.00
乙产品							46890.00
丙产品							62520.00
车间管理人员	6500.00	650.00	2132.00	650.00	130.00	97.50	10159.50
运输车间	28000.00	2800.00	9184.00	2800.00	560.00	420.00	43764.00
生产工人	24800.00	2480.00	8134.40	2480.00	496.00	372.00	38762.40
车间管理人员	3200.00	320.00	1049.60	320.00	64.00	48.00	5001.60
供电车间	5500.00	550.00	1804.00	550.00	110.00	82.50	8596.50
企业管理部门	10000.00	1000.00	3280.00	1000.00	200.00	150.00	15630.00
专设销售机构	3500.00	350.00	1148.00	350.00	70.00	52.50	5470.50
固定资产建造人员	20500.00	2050.00	6724.00	2050.00	410.00	307.50	32041.50
合　计	164000.00	16400.00	53792.00	16400.00	3280.00	2460.00	256332.00

据此编制分配职工薪酬的会计分录如下：

借：生产成本——基本生产成本——甲产品　　31260.00

　　　　　　　　　　——乙产品　　46890.00

　　　　　　　　　　——丙产品　　62520.00

　生产成本——辅助生产成本——运输车间　43764.00

　生产成本——辅助生产成本——供电车间　8596.50

　制造费用——基本生产车间　　10159.50

　管理费用　　15630.00

　销售费用　　5470.50

　在建工程　　32041.50

贷：应付职工薪酬——工资　　164000.00

　　　　　　　——福利费用　　16400.00

　　　　　　　——社会保险费　　53792.00

　　　　　　　——住房公积金　　16400.00

　　　　　　　——工会经费　　3280.00

　　　　　　　——职工教育经费　　2460.00

五、折旧费用及其他费用的核算

要素费用中还有折旧费、修理费、利息、税金、差旅费、邮电通信费、广告费、业务招待费等。这些费用有的是产品成本的组成部分，有的则不是。其中属于产品成本部分的各种费用，也没有专门设立成本项目。因此，发生这些费用时，如果是基本生产车间发生的，借记"制造费用——基本生产车间"，如果是辅助生产车间发生的，借记"制造费用——辅助生产车间"或"生产成本——辅助生产成本"，如果不是基本生产车间和辅助生产车间发生的，借记"管理费用"、"销售费用"和"财务费用"等科目，贷记"银行存款"等科目。

（一）固定资产折旧费用的核算

固定资产折旧费用是指企业固定资产在使用过程中发生的耗费，一般来说，除已提足折旧继续使用的固定资产和过去作为固定资产单独入账的土地外，企业对所有的固定资产都应计提折旧。企业应按月计提固定资产折旧，当月增加的固定资产在当月不计提折旧，从下月开始计提折旧；当月减少的固定资产在当月继续计提折旧，从下月起不再计提折旧。

基本生产车间的机器设备的折旧费用中虽然是直接用于产品生产的费用，属于直接生产费用，但由于一种机器设备可能生产多种产品，一种产品的生产往往又需要使用多种机器设备，分配的工作往往比较复杂。为了简化产品成本的计算工作，生产车间的机器设备、房屋的折旧费用都计入"制造费用"科目。

固定资产折旧费用一般是通过按月编制的"固定资产折旧费用计算表"来确定的。

【例3-19】华强工厂采用分类折旧率计提固定资产折旧，本月"固定资产折旧费用计算表"如表3-19所示。

表3-19

固定资产折旧费用计算表

2014年3月

单位：元

车间、部门	固定资产类别	月初应提折旧固定资产原值	月分类折旧率（‰）	月应提折旧额
基本生产车间	房屋	1000000	2.80	2800
	设备	800000	8.30	6640
	小计	1800000		9440
运输车间	房屋	500000	2.80	1400
	设备	300000	8.30	2490
	小计	800000		3890
供电车间	房屋	200000	2.80	560
	设备	500000	8.30	4150
	小计	700000		4710
企业管理部门	房屋	2000000	2.80	5600
	设备	600000	16.60	9960
	小计	2600000		15560
专设销售机构	房屋	600000	2.80	1680
	设备	100000	16.60	1660
	小计	700000		3340
合 计		6600000		36940

据此编制固定资产折旧的会计分录如下：

借：制造费用——基本生产车间　　　　　　　　9440

　　生产成本——辅助生产成本——运输车间　　3890

　　　　　　　　　　　　　　——供电车间　　4710

　　管理费用　　　　　　　　　　　　　　　15560

　　销售费用　　　　　　　　　　　　　　　　3340

　　贷：累计折旧　　　　　　　　　　　　　　　　36940

若辅助生产车间单独核算制造费用时，则会计分录为：

借：制造费用——基本生产车间　　　　　　9440

　　　　　　——运输车间　　　　　　　3890

　　　　　　——供电车间　　　　　　　4710

　　管理费用　　　　　　　　　　　　　15560

　　销售费用　　　　　　　　　　　　　 3340

　　贷：累计折旧　　　　　　　　　　　　　　36940

（二）其他费用的核算

1. 修理费用的核算

固定资产修理费用是为了使固定资产经常处于良好状态，对其进行维护和修理而发生的各项支出。固定资产修理费用发生时，直接计入当期损益（如管理费用和销售费用），不通过预提或待摊的方式进行核算。

【例3-20】华强工厂本月发生修理费用10000元，其中基本生产车间5500元，行政管理部门2000元，专设销售机构2500元，均以银行存款支付。编制会计分录如下：

借：管理费用——修理费　　　　　　　　7500

　　销售费用　　　　　　　　　　　　　 2500

　　贷：银行存款　　　　　　　　　　　　　10000

2. 利息费用的核算

要素费用中的利息费用，不是产品成本的组成部分，而属于期间费用中的财务费用。短期借款的利息一般是按月预提、按季支付；或发生支付时直接计入当期财务费用。长期借款利息费用一般是每年计算一次应付利息，到期一次还本付息。长期借款利息符合资本化条件的计入资本化支出，不符合资本化条件的计入当期损益。利息费用的具体核算在《财务会计》相关章节中已有详述，在此不再赘述。

3. 税金的核算

要素费用中的税金，如房产税、车船税、土地使用税和印花税等不是产品成本的组成部分，而属于期间费用中的管理费用。印花税在缴纳时直接计入管理费用，即借记"管理费用——印花税"科目，贷记"银行存款"等科目；房产税、车船税、土地使用税的核算需通过"应交税费"科目进行核算。需要预先计算应交金额，然后缴纳，即计算应交税金时，借记"管理费用"科目及所属明细科目，贷记"应交税费"及所属明细科目；缴纳时，借记"应交税费"及所属明细科目，贷记"银行存款"等科目。

4. 其他费用支出的核算

其他费用支出是指除上述各项支出以外的费用支出。在发生这些费用支出时，应该按照发生的车间、部门和用途进行归类，分别借记"制造费用"、"生产成本——辅助生产成本"、"管理费用"、"销售费用"等科目，贷记"银行存款"等科目。

第二节　制造费用的归集和分配

企业在产品生产和提供劳务过程中，除了发生各种材料费用、人工费用和燃料动力费用外，还会发生各种制造费用。制造费用是指企业为生产产品和提供劳务而发生的各项间接费用，是产品成本的重要组成部分，能否正确核算制造费用，对能否正确核算产品的制造成本意义重大。

一、制造费用概述

1. 制造费用的具体内容

制造费用是指间接用于产品生产的各项费用，以及虽直接用于产品生产，但不便于直接计入产品成本，因而没有专设成本项目的生产费用。制造费用主要包括以下三方面的内容：

（1）生产单位（分厂、车间）发生的间接生产费用，如机物料消耗、厂房折旧费、租赁费（不包括融资固定资产的租赁费）、取暖费、水电费、运输费、保险费、设计制图费、试验检验费、劳动保护费、季节性或修理期间的停工损失等。

（2）生产单位（分厂、车间）发生的少部分没有专设成本项目的直接生产费用，如机器设备折旧费、周转材料摊销费等。

（3）生产单位（分厂、车间）的管理费用，如分厂、车间的管理人员的薪酬、差旅费、办公费等。

可见，制造费用其实就是生产单位（分厂、车间）发生的不能计入"直接材料"、"直接人工"和"燃料和动力"等成本项目的所有费用。

2. 制造费用账户的设置

为了总括反映和监督企业各生产单位在一定时期内为组织和管理生产所发生的各项制造费用，控制制造费用总额，正确计算产品成本，需要设置"制造费用"总分类账户。制造费用发生时，计入本账户的借方，进行分配结转时，计入本账户的贷方，本账户月末一般无余额。

"制造费用"账户应按生产单位（分厂、车间）设置明细账，并在账内按照费用项目设立专栏或专户，分别反映各生产单位各项制造费用的发生情况。

如果辅助生产车间的制造费用发生数额较小，为了减少转账手续，也可以不通过"制造费用"账户，直接计入"辅助生产成本"账户。

二、制造费用的归集

制造费用一般是间接计入成本，当制造费用发生时一般无法直接判定它所归属的成本计算对象，因而不能直接计入所生产的产品成本中去，而须按费用发生的地点先行归集，月终时再采用一定的方法在各成本计算对象间进行分配，计入各成本计算对象的成本中。

> **本书观点**
>
> 制造费用的归集不是一个专门的独立的过程，它与前述费用要素的分配是相伴相随的。要素费用在分配时，生产单位（分厂、车间）发生的机物料消耗、车间管理人员薪酬、固定资产折旧费等已计入了"制造费用"科目，并按照企业采用的账务处理程序逐笔或定期登入了"制造费用"总账或明细账。月终，制造费用总账反映了企业所有车间本月的制造费用合计额，制造费用明细账反映了各车间本月的制造费用合计额。用图3-1表现制造费用的归集过程，从图中可以看到，在分配原材料费用、职工薪酬费用时都有部分费用计入制造费用，这样，月终时，"制造费用"账户借方余额就是归集的制造费用合计数，所以可以认为制造费用的归集是一个自动生成的过程，并非一个特定的独立的过程。

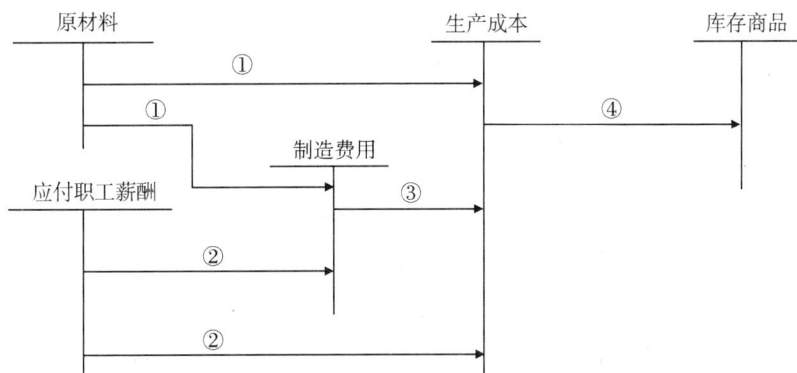

图3-1 产品成本核算主要账务处理基本程序

说明：①分配原材料费用；②分配职工薪酬费用；③分配制造费用；④结转完工产成品成本。

【例 3-21】华强工厂根据本月有关记账凭证（见本章第一节）登记的基本生产车间制造费用明细账如表 3-20 所示。

表 3-20　　　　　　　　　　　　制造费用明细账

生产单位：基本生产车间　　　　　　　2014 年 3 月　　　　　　　　单位：元

凭证号	摘要	费用明细科目						合计
		机物料消耗	燃料	包装物	动力费	职工薪酬	折旧费	
例 3-3	分配原材料费用	2030.50						2030.50
例 3-5	分配燃料费用		1000.00					1000.00
例 3-6	领用包装物			900.00				900.00
例 3-6	报废包装物			-100.00				-100.00
例 3-9	分配外购动力费				2400.00			2400.00
例 3-18	分配职工薪酬					10159.50		10159.50
例 3-19	计提折旧费						9440.00	9440.00
	本月合计	2030.50	1000.00	800.00	2400.00	10159.50	9440.00	25830.00
例 3-22	月末结转	2030.50	1000.00	800.00	2400.00	10159.50	9440.00	25830.00

三、制造费用的分配结转

月份终了，企业应将归集的制造费用按照"谁受益谁负担"的原则结转到有关产品成本或劳务成本。当某生产单位只生产一种产品或只提供一种劳务时，制造费用直接计入该种产品或劳务成本，即直接转入该产品或劳务成本明细账（成本计算单）中的制造费用项目；当生产单位生产多种产品或提供多种劳务时，则需要采取合适的方法，分配计入各产品的生产成本。

制造费用分配计入产品成本的方法较多，一般有生产工人工时比例分配法、生产工人工资比例分配法、机器工时比例分配法、按年度计划分配率分配法等。

1. 生产工人工时比例分配法

生产工人工时比例分配法按照各种产品所用生产工人实际工时（或定额工时）的比例分配制造费用的方法，适用于机械化程度较低或生产的各产品工艺过程机械化程度大致相同的企业。其计算公式为：

$$制造费用分配率 = \frac{制造费用总额}{各种产品生产工时总数}$$

某产品应负担的制造费用=该产品的生产工时数×制造费用分配率

【例3-22】华强工厂基本生产车间3月的制造费用总额为25830元（见表3-20）。该车间生产甲、乙、丙三种产品，本月实际生产工时为90000小时，三种产品生产总工时分别为20000小时、30000小时和40000小时。对制造费用采用生产工人工时比例分配法分配如表3-21所示。

表3-21 制造费用分配表

生产车间：基本生产车间　　　　　　　　　2014年3月

产品名称	生产总工时（小时）	分配率（元/小时）	分配金额（元）
甲产品	20000		5740
乙产品	30000	25830÷90000 = 0.287	8610
丙产品	40000		11480
合　计	90000		25830

根据上述分配结果，编制结转制造费用的会计分录如下：

借：生产成本——基本生产成本——甲产品　　　　5740

　　　　　　　　　　　——乙产品　　　　8610

　　　　　　　　　　　——丙产品　　　　11480

　　贷：制造费用　　　　　　　　　　　　　　25830

这种分配方法能将产品负担制造费用的多少与劳动生产率结合起来，在实际工作中使用得也较多。由于生产工时是分配间接费用常用的分配标准之一，因此，必须组织好产品生产工时的记录等基础工作。

2. 生产工人工资比例分配法

生产工人工资比例分配法是以直接计入各种产品成本的生产工人实际工资的比例作为分配标准分配制造费用的一种方法，适用于各种产品机械化程度基本相同的企业。其计算公式为：

$$制造费用分配率=\frac{制造费用总额}{各种产品生产工人工资总额}$$

某产品应负担的制造费用=该产品的生产工人工资数×制造费用分配率

采用这种分配方法，生产工人工资资料在工资分配表中是现成的，因而核算工作很简便。但要注意，采用此法的前提是各种产品机械化程度基本相同。否则，会形成机械化程度高的产品因所用的工资费用少从而负担的制造费用也少的现象，这就会影响费用分配的合理性。因为制造费用中包括与机器设备使用有关的折旧费，产品生产的机械化程度高，应多负担这部分费用。

3. 机器工时比例分配法

机器工时比例分配法是以各种产品生产所用机器设备的运转工作时间的比例作为分配标准分配制造费用的一种方法，适用于机械化、自动化程度较高的企业或车间。其计算公式为：

$$制造费用分配率 = \frac{制造费用总额}{各种产品耗用机器工时之和}$$

$$某种产品应负担的制造费用 = 该产品的生产耗用机器工时数 \times 制造费用分配率$$

采用这种方法，必须具备各种产品耗用的机器工时的原始记录。

4. 按年度计划分配率分配法

按年度计划分配率分配法是指无论各月实际发生的制造费用多少，各月各种产品成本中的制造费用均按年度计划确定的计划分配率分配的一种方法。其计算公式为：

$$制造费用计划分配率 = \frac{年度制造费用计划总额}{年度各种产品计划产量的定额总工时}$$

$$某月某产品应负担的制造费用 = 该月该产品实际产量的定额工时数 \times 制造费用计划分配率$$

采用这种分配方法时，制造费用的实际发生额和按计划分配率转出额之间会存在差异，这样，"制造费用"总账科目及其明细账一般有月末余额，可能是借方余额也可能是贷方余额。为简化工作，对"制造费用"账户期末余额平时不作处理，逐月累计至年末时再进行调整。"制造费用"科目的年末余额就是全年制造费用的实际数与计划分配额之间的差额，一般应在年末调整计入12月份的产品成本中，如为借方余额，表示全年制造费用的实际数大于计划分配额，应借记"生产成本——基本生产成本"科目，贷记"制造费用"科目；反之，则作相反会计分录或用红字冲减生产成本。

【例3-23】华强工厂基本生产车间生产甲、乙、丙三种产品，本年度制造费用计划额为297000元，三种产品本年计划产量分别为2500件、2000件、4000件，单件产品的定额工时分别为80小时、150小时、100小时。3月份三种产品的产量分别为200件、100件、500件，该月基本生产车间实际发生制造费用总额为25830元（见表3-20）。对制造费用采用按年度计划分配率分配法分配，如表3-22所示。

表 3-22　　　　　　　　　　　**制造费用分配表**

生产车间：基本生产车间　　　　　　　　　2014 年 3 月

产品名称	产量 （件）	工时定额 （小时）	定额总工时 （小时）	计划分配率 （元/小时）	计划分配金额 （元）
甲产品	200	80	16000		5280
乙产品	100	150	15000	0.33	4950
丙产品	500	100	50000		16500
合　计			81000		26730

本年度计划分配率 = 297000÷(2500×80+2000×150+4000×100) = 0.33（元/小时）

根据上述分配结果，编制结转制造费用的会计分录如下：

借：生产成本——基本生产成本——甲产品　　　　5280

　　　　　　　　　　　　　——乙产品　　　　4950

　　　　　　　　　　　　　——丙产品　　　　16500

　　贷：制造费用　　　　　　　　　　　　　　　　26730

从计算可知，本月按计划转出制造费用 26730 元，而实际发生 25830 元，发生了 900 元的节约差异，但为简化工作，对这个差异额在平时一般不作调整，只是登记在制造费用总账中。假设该车间本月初制造费用为借方余额 500 元，登记制造费用总分类账如表 3-23 所示。

表 3-23　　　　　　　　　　　**制造费用总分类账**

生产车间：基本生产车间　　　　　　　　　　　　　　　　　　单位：元

2014 年		凭证号数	摘　要	借方	贷方	借或贷	余额
月	日						
3	1	略	上月结存			借	500
3	30		本月发生	25830		借	26330
3	30		本月分配转出		26730	贷	400
3	30		本月发生额及余额	25830	26730	贷	400

从表 3-23 中可以看出，尽管制造费用截至 2 月末为借方余额 900 元，但由于本月发生了 900 元的节约差异，因而截至 3 月末却为贷方余额 400 元。

企业年末调整年度制造费用总差异时，可将余额按各产品的累计实际工时比例或全年已按计划分配率负担的制造费用比例进行分配，超支用蓝字，节约用红字。

【例3-24】华强工厂基本生产车间生产甲、乙、丙三种产品，采用计划分配率分配制造费用。本年度按计划分配率分配的制造费用为364000元，本年实际发生制造费用为366000元。12月末，将超支额2000元（366000－364000）按照甲、乙、丙三种产品的累计实际工时比例进行分配，甲、乙、丙三种产品分别应负担560元、480元、960元。根据分配结果编制会计分录如下：

借：生产成本——基本生产成本——甲产品   560
　　　　　　　　　　　　——乙产品   480
　　　　　　　　　　　　——丙产品   960
　　贷：制造费用   2000

假设本年度按计划分配率分配的制造费用为368000元，全年节约2000元。按照甲、乙、丙三种产品的累计实际工时比例进行分配，甲、乙、丙三种产品分别应冲减560元、480元、960元，则会计分录为：

借：生产成本——基本生产成本——甲产品   560
　　　　　　　　　　　　——乙产品   480
　　　　　　　　　　　　——丙产品   960
　　贷：制造费用   2000

这种分配方法核算工作简便，特别适用于季节性生产的车间，因它不受淡月和旺月产量相差悬殊的影响，从而不会使各月产品成本中制造费用忽高忽低，便于进行成本计算。但是采用这种方法要求计划工作水平高，否则会影响成本计算的正确性。

企业可以根据实际情况自行选择制造费用的分配方法，但分配方法一经确定，不得随意变更。无论采用哪一种方法，企业都应根据分配计算的结果来编制制造费用分配表，据以进行制造费用的总分类核算和明细分类核算。制造费用分配后，除采用按年度计划分配率分配法企业在12月前有余额外，"制造费用"科目月末都没有余额。

特别说明

在手工记账的环境下，企业一般只采用某一种分配方法来分配制造费用，其目的是为了简化核算。但是，由于制造费用包括的内容多，费用项目差别大，单独采用某一种分配方法分配制造费用的结果不是很合理的。在电算化广泛应用的时代，计算已不再是阻碍选择制造费用分配方法的"瓶颈"，因此，企业应将制造费用各个项目按照一定的标准归类，同时选择不同的分配方法来分配制造费用。一般情况下，选择制造费用的分配标准需要考虑制造费用与产品、产量的关系，遵循关联性、简便性、相对稳定性的原则。

第三节　生产损失的归集和分配

本章第一节、第二节对生产过程中各项要素费用和制造费用的核算，都以这些费用是合格产品的生产耗费为假定。实际上，生产过程中由于生产工艺、生产外部条件、原材料的质量、工人的技术水平、生产管理水平等诸多因素的影响，常常会发生各种各样的损失，即生产损失，主要包括废品损失和停工损失。生产损失一旦发生，与之相关的费用就要由合格品来负担，因而会使产品成本提高，从而降低企业经济效益。为了考核和分析产品成本的升降原因，不断降低成本，企业必须加强对生产损失的控制和防范，同时要正确核算生产中的各种损失额，采用合理的方法将其转入生产成本。

一、废品损失的归集和分配

（一）废品损失概述

1. 废品的概念

废品是指不符合规定的技术标准，不能按照原定用途使用，或者需要加工修理才能使用的在产品、半成品或产成品。它包括生产过程中发现的废品和入库后发现（由于生产加工过程造成）的废品。

2. 废品的种类

（1）按能否修复（即消除废品缺陷在技术上的可能性和经济上的合理性）分为可修复废品和不可修复废品。而能否修复包括两层含义：修复技术上的可行性和修复费用上的合算性。可修复废品指技术上可修复，而且所支付的修复费用在经济上合算的废品。不可修复废品指技术上不可修复或者所支付的修复费用在经济上不合算的废品。

（2）按废品产生的原因分为工废品和料废品。工废品指由于生产工人操作上的过失而产生的废品。料废品指由于被加工的原材料、半成品和零部件质量不符合要求而产生的废品。

3. 废品损失的含义

废品损失是指企业因生产废品而造成的损失，包括可修复废品的修复费用和不可修复废品的生产成本（扣除回收的废品残料价值和应由过失单位或个人承担的赔款）。

质量检验部门或生产单位发现废品时，应该填制"废品通知单"，列明废品的种类、数量、生产废品的原因和过失人等。成本会计人员应该会同检验人员对"废品通知单"所列废品生产的原因和过失人等项目加强审核。只有经过审核的"废品通知单"，才能作为废品损失核算的根据。因此，以下几种情况都不应作为废品损失处理：

（1）经过质量检验部门鉴定不需要返修、可以降价出售的不合格品，应与合格产品同等计算成本，其降价损失体现为销售收入的减少，不应作为废品损失处理。

（2）产成品入库后，由于保管不善、运输不当等原因而造成的损坏变质的损失，应计入当期损益，也不作为废品损失处理。

（3）产品实行包退、包修、包换（三包）的企业，在产品出售后发现的废品所发生的损失，应计入当期损益，也不作为废品损失处理。

（二）废品损失的归集和分配

1. 账户的设置

经常有废品损失的企业，为了考核和控制各生产单位的废品损失，应当增设"废品损失"成本项目。在账户设置上，可以增设"废品损失"总分类账户，按车间设立明细账，账内按产品品种分设专户，并按成本项目分设专栏或专行，进行明细核算。也可以不设"废品损失"总分类账户，而是在"生产成本"总分类账户下设置"废品损失"明细账户来进行核算。

废品损失的归集和分配，与合格产品成本一样，应根据有关凭证或费用分配表计算。核算可修复废品的修复费用和不可修复废品的生产成本时，借记"废品损失"科目，贷记"原材料"、"应付职工薪酬"、"制造费用"等科目；对收回的废品残值和应由过失单位或个人赔款部分，借记"原材料"科目和"其他应收款"科目，贷记"废品损失"科目；月末，对废品净损失，应借记"生产成本"科目，贷记"废品损失"科目，由当月合格产品成本负担。废品净损失结转后，"废品损失"账户应无余额。

2. 可修复废品损失的核算

可修复废品损失是指在修复废品过程中而发生各种修复费用（一般包括材料费用、人工费用和应负担的制造费用等），扣除残值和应收赔偿款后的净损失。计算公式为：

可修复废品损失＝修复废品的材料费用＋修复废品的人工费用＋修复废品的制造费用－残值－应收赔偿款

归集和分配可修复废品返修发生的各种费用时，仍然遵循费用分配基本原则。材料费用可根据有关领料凭证直接计入；人工费用有的可直接计入，有的需要分配计入；制造费用一般需要分配计入。

【例3-25】华强工厂基本生产车间本月投产甲产品200件，本月全部完工，在验收入库时发现有20件出现不同程度的质量问题，这些问题产品经过简单修复后可正常销售，因此确定为可修复废品。修复甲产品另外领用C材料30千克，耗用工时50小时。C材料每千克20元，直接人工每小时10元，应分担的制造费用为每小时4元。按本厂有关规定，对本月产生的20件废品，应由过失人朱某赔偿300元。根据上述资料核算企业废品损失的过程和编制的会计分录如下：

（1）计算可修复废品的废品损失：

材料费用＝30×20＝600（元）

人工费用＝50×10＝500（元）

制造费用＝50×4＝200（元）

废品净损失＝600＋500＋200－300＝1000（元）

（2）编制会计分录：

A. 修复过程中发生的修复费用：

借：废品损失——甲产品　　　　　　　　　　　　　　1300

　　贷：原材料　　　　　　　　　　　　　　　　　　　　600

　　　　应付职工薪酬　　　　　　　　　　　　　　　　　500

　　　　制造费用　　　　　　　　　　　　　　　　　　　200

B. 应由过失人朱某赔偿损失：

借：其他应收款——朱某　　　　　　　　　　　　　　　300

　　贷：废品损失——甲产品　　　　　　　　　　　　　　300

C. 结转废品净损失：

借：生产成本——基本生产成本——甲产品　　　　　　1000

　　贷：废品损失——甲产品　　　　　　　　　　　　　1000

特别提醒

可修复废品返修前发生的生产费用不是废品损失，它属于正常发生的生产费用，体现在"生产成本"及其相关产品的明细账的借方，而修复净损失也是登记在"生产成本"及其相关产品的明细账的借方，表明增加了该种产品的生产成本，进而会影响完工产品的单位成本。如上述甲产品，根据【例3-3】、【例3-5】、【例3-9】、【例3-18】、【例3-21】资料可知，其正常生产费用为71300元（26000+4300+4000+31260+5740），本月200件产品全部完工，若没有发生可修复废品，其单位生产成本应为356.5元，现发生了可修复废品，则单位生产成本为361.5元。

3. 不可修复废品损失的核算

不可修复废品损失是指截至报废时已发生在废品上的生产成本（也包括材料费用、人工费用和应负担的制造费用等），扣除残值和应收赔偿款后的净损失。

由于不可修复废品的生产成本是与同种合格产品的生产成本同时发生、一起归集的，因此，应当采用适当的分配方法，将全部生产成本在废品和合格品之间进行分配，以计算出废品的生产成本。在实际工作中，一般有两种方法：一是按废品所耗实际费用计算，二是按废品所耗定额费用计算。

（1）按废品所耗实际费用计算。由于有的废品是在完工前发现的，有的是在完工后发现的，这样按废品所耗实际费用计算其生产成本时，应以其约当产量（即按其加工程度折合成的相当于完工产品的数量）和合格品产量进行分配。具体计算公式为：

$$某费用分配率 = \frac{某产品某费用总额}{合格品数量 + 废品约当产量}$$

废品应负担的某费用 = 废品约当产量 × 某费用分配率

【例3-26】为了与可修复废品进行比较，仍以华强工厂的甲产品为例。华强工厂基本生产车间本月投产甲产品200件，在生产过程中和验收入库时分别发现了10件产品存在较严重的质量问题，经确定为不可修复废品，予以报废，最后合格产品只有180件。现假设生产过程中发现的10件废品的完工程度平均为50%，原材料随生产过程陆续投入。根据甲产品生产成本明细账得知，甲产品实际生产费用总额71300元。20件废品回收残料价值为400元，已交原材料仓库验收。根据上述资料，按废品所耗实际费用核算废品损失的计算过程和编制的会计分录如下：

（1）计算不可修复废品的废品损失：

A. 不可修复废品的约当产量（相当于完工产品的产量）：

不可修复废品的约当产量 = $10 \times 100\% + 10 \times 50\% = 15$（件）

全部产品的约当总产量 = 合格完工产品数量 + 废品约当产量 = $180 + 15 = 195$（件）

B. 计算不可修复废品生产成本：

全部产品的单位成本 = $71300 \div 195 = 365.64$（元/件）

不可修复废品生产成本 = $15 \times 365.64 = 5484.60$（元）

（2）编制会计分录：

A. 分离不可修复废品应负担的生产成本

借：废品损失——甲产品　　　　　　　　　5484.60

　　贷：生产成本——基本生产成本——甲产品　　　　5484.60

B. 废品残料入库：

借：原材料　　　　　　　　　　　　　　400

　　贷：废品损失——甲产品　　　　　　　　　　400

（3）结转废品净损失：

借：生产成本——基本生产成本——甲产品　5084.60

　　贷：废品损失——甲产品　　　　　　　　　　5084.60

想一想

（1）若生产甲产品的原材料为生产开始时一次性投入，上述不可修复废品的废品损失应如何确定？

（2）可修复废品损失和不可修复废品损失的账务处理过程有何异同？为什么？

（2）按废品所耗定额费用计算。为了简化工作，在消耗定额和费用定额较健全的单位，可按废品的实际数量和各项消耗定额、定额费用计算不可修复废品的生产成本，而不考虑废品实际发生的生产费用。

【例3-27】华强工厂基本生产车间本月投产甲产品200件，在生产过程中和验收入库时分别发现了10件产品存在较严重的质量问题，经确定为不可修复废品，予以报废，最后合格产品只有180件。废品回收残料价值为400元，已交原材料仓库验收。每件甲产品的材料消耗定额为120元，工时消耗定额为15小时，每小时直接人工费用定额为10元，每小时制造费用定额为3元。根据上述资料，按废品所耗定额费用计算废品成本的有关计算过程和编制的会计分录如下：

(1) 按定额计算不可修复废品生产成本。

不可修复废品生产成本 $=20\times(120+15\times10+15\times3)=6300$ （元）

借：废品损失——甲产品　　　　　　　　　　　　6300

　　贷：生产成本——基本生产成本——甲产品　　　　6300

(2) 废品残料入库。

借：原材料　　　　　　　　　　　　　　　　　　400

　　贷：废品损失——甲产品　　　　　　　　　　　400

(3) 结转废品净损失。

借：生产成本——基本生产成本——甲产品　　　　5900

　　贷：废品损失——甲产品　　　　　　　　　　　5900

按废品的定额费用计算废品的定额成本，由于费用定额事先规定，不仅计算工作比较简便，而且还可以使计入产品成本的废品损失数额不受废品实际费用水平高低的影响。但是，采用这一方法计算废品生产成本，必须具备准确的消耗定额和费用定额资料。

试一试

　　用上述两种方法计算的结果计算产生不可修复废品后，合格完工产品的总成本和单位成本各是多少？与可修复废品比较一下，能得出什么结论？

（三）不单独核算废品损失的处理

在废品损失较少的企业，为了简化核算工作，可以不单独核算废品损失，不设立"废品损失"科目和相应的成本项目，发生的废品损失直接包含在当月合格品成本中。

发生不可修复废品后，只在回收废品残料时，借记"原材料"科目，贷记"生产成本——基本生产成本"科目，并从所属有关产品成本明细账的"原材料"成本项目中扣除残值价值。应由过失人赔偿时，一般借记"其他应收款"科目，贷记"生产成本——基本生产成本"科目，并从所属有关产品成本明细账的"直接人工"成本项目中扣除应收赔偿额。"生产成本——基本生产成本"科目和所属有关产品成本明细账归集的完工产品总成本，除以扣除废品数量以后的合格品数量，就是合格品的单位成本。

发生可修复废品增加的修复费用和正常发生的生产费用一样处理。

为了简化核算工作，辅助生产车间一般不单独核算废品损失。

事实上，无论废品可否修复，也无论是否单独核算废品损失，只要产生了废品，其废品损失最后都由同种合格产品负担了。可修复废品导致的结果是产量未增加，生产费用总额增加了；不可修复废品导致的结果是生产费用总额不变时，产量减少了。因此最终都导致该种产品单位成本的增加。

二、停工损失的归集和分配

（一）停工损失概述

1. 停工的概念

停工即停止工作，就制造业企业而言，是指因为各种原因而停止产品生产。

2. 停工的种类

（1）从时间方面看，分长期停工（如因季节性生产而停工）和临时停工（如因停水、停电等停工）。

（2）从范围方面看，分全面停工（如因自然灾害、停业整顿而停工）和局部停工（如因某一条生产线检修而停工）。

（3）从原因方面看，分计划内停工（如计划内大修理停工）和计划外停工（如因原材料供应不足、人工短缺、机械设备故障停工）。

（4）从管理的角度看，可分为正常停工（如计划内停工）和非正常停工（计划外停工）。

3. 停工损失的含义

停工损失是指企业生产单位（分厂、车间或车间内某个班组）在非正常停工期间发生的各项费用，包括停工期间损失的原材料费用、发生的燃料和动力费、应支付的生产工人薪酬和应负担的制造费用等。应由过失单位或保险公司负担的赔款，应从停工损失中扣除。

企业停工并非都会带来损失，如季节性停产、计划内的大修理停工、技术改造及革新停工、固定资产的改建和扩建停工，属于正常停工，期间发生的费用计入制造费用，由开工期的生产成本负担。只有由于原材料供应不足、人工短缺、机器设备发生故障、停电停水以及由于自然灾害和计划产量压缩等原因造成的损失才是停工损失。

另外，为了简化核算工作，停工不满一个工作日的，一般也不计算停工损失。

停工时生产单位应填制"停工报告单"，写明停工时间、范围及原因，报送企业有关部门。只有经过审核的"停工报告单"才能作为停工损失核算的依据。

（二）停工损失的归集和分配

1. 账户的设置

在停工比较频繁的企业，为了考核和控制企业停工期间发生的各项费用，应当增设"停工损失"成本项目。在账户设置上，可以增设"停工损失"总分类账户，按车间设立明细账，账内按成本项目分设专栏或专行，进行明细核算。也可以不设"废品损失"总分类账户，而是在"生产成本"总分类账户下设置"废品损失"明细账户来进行核算。

根据停工报告单、有关凭证及费用分配表等，将停工期间发生、应该计入停工损失的各种费用，借记"停工损失"科目，贷记"原材料"、"应付职工薪酬"和"制造费用"等科目；对其中应由过失人或过失单位赔偿的损失，应借记"其他应收款"科目，贷记"停工损失"科目；对由于自然灾害和计划产量压缩等原因造成的损失计入营业外支出。月末，对停工净损失，应借记"生产成本"科目，贷记"停工损失"科目。停工净损失结转后，"停工损失"账户应无余额。

2. 停工损失的核算

对计入产品成本的停工损失，如果停工的车间只生产一种产品，应直接计入该种产品成本明细账的"停工损失"成本项目；如果停工的车间生产多种产品，则应采用适当的分配方法（如采用类似于分配制造费用的方法），分配计入该车间各种产品成本明细账的"停工损失"成本项目。

【例3-28】云海工厂基本生产车间只生产甲产品，本月由于供电局突然停电导致停工两天，停工期间损失材料费用10000元，应支付生产工人薪酬8200元，应分摊制造费用1800元。市供电局同意赔款5000元。据上述资料，编制有关会计分录如下：

（1）发生停工损失时：

借：停工损失——基本生产车间　　　　　　　　20000
　　贷：原材料　　　　　　　　　　　　　　　10000
　　　　应付职工薪酬　　　　　　　　　　　　 8200
　　　　制造费用　　　　　　　　　　　　　　 1800

（2）应由市供电局赔偿部分：

借：其他应收款——市供电局　　　　　　　　　 5000
　　贷：停工损失　　　　　　　　　　　　　　 5000

（3）结转停工净损失：

借：生产成本——基本生产车间——甲产品　　　15000
　　贷：停工损失——基本生产车间　　　　　　15000

不单独核算停工损失的企业，不设"停工损失"成本项目和"停工损失"科目。停工期间发生的属于停工损失的各种费用，直接计入"制造费用"、"其他应收款"和"营业外支出"等科目。

为了简化核算工作，辅助生产车间一般不单独核算停工损失。

第四节 辅助生产费用的归集和分配

前述内容中，都是假定企业只进行产品的基本生产。而事实上，为了保证基本生产的顺利正常进行，企业还要进行配套的辅助生产。

一、辅助生产费用概述

1. 辅助生产费用的概念

制造业企业的辅助生产，是指主要为基本生产车间、企业行政管理部门等单位提供服务而进行的产品生产和劳务供应。

辅助生产主要有两类：

（1）只生产一种产品或只提供一种劳务，如供水、供电、供气、运输等。

（2）生产多种产品或提供多种劳务，如从事工具、模型、修理用备件的制造等。

辅助生产费用是辅助生产车间为生产产品或提供劳务而发生的费用，包括原材料费用、动力费用、职工薪酬以及辅助生产车间的制造费用等。为生产和提供一定种类和一定数量的产品或劳务所耗用的辅助生产费用之和，就构成了该种产品或劳务的辅助生产成本。

辅助生产提供的产品和劳务，有时也对外销售，但主要是为本企业服务，也应由产品成本负担。辅助生产费用的高低，会影响到企业产品成本的水平，而且容易被人们忽视，因此，正确及时组织对辅助生产费用的归集和分配，对于节约成本、降低产品成本具有重要的意义。

2. 账户设置

对辅助生产车间生产费用的账户设置有两种方法：可以通过在"生产成本"账户下设置"辅助生产成本"二级账户来归集辅助生产费用，也可以将"辅助生产成本"作为一级账户来归集对辅助生产车间发生的生产费用。本书采用前一种账户设置方法。

"生产成本——辅助生产成本"账户一般应按辅助生产车间、车间下再按产品或劳务种类设置明细账，账中按照成本项目（可比照基本生产车间）或费用项目设立专栏进行明细核算。

对辅助生产车间制造费用账户设置也有两种方法：可以设置"制造费用——辅助生产车间"二级账户，也可以不专门设置账户，而是直接计入或分配计入辅助生产成本二级账户及所属的产品生产成本明细账的相关专栏。

对辅助生产成本可比照基本生产成本设置成本项目,也可以根据辅助生产车间的特点设置成本项目。

二、辅助生产费用的归集

同制造费用一样,辅助生产费用的归集也不是一个专门的独立过程,它与前述费用要素的分配也是相伴相随的过程,可认为辅助生产费用归集也是一个自动生成过程,其归集程序类似图 3-1。由于辅助生产车间的制造费用可以单独核算也可以不单独核算,所以辅助生产费用归集的程序可分为两种,其区别在于辅助生产制造费用归集的程序不同:

(1) 在一般情况下,辅助生产车间的制造费用应先通过"制造费用——辅助生产车间"账户进行单独归集,然后将其转入相应的"生产成本——辅助生产成本"明细账,从而计入辅助生产产品或劳务的成本。

(2) 在辅助生产车间规模很小、制造费用很少,而且辅助生产不对外提供商品,因而不需要按照规定的成本项目计算产品成本的情况下,为了简化核算工作,辅助生产的制造费用可以不通过"制造费用——辅助生产车间"明细账单独归集,而是直接计入"生产成本——辅助生产成本"明细账。

上述两情况下的辅助生产费用归集的账务处理程序分别如图 3-2、图 3-3所示。

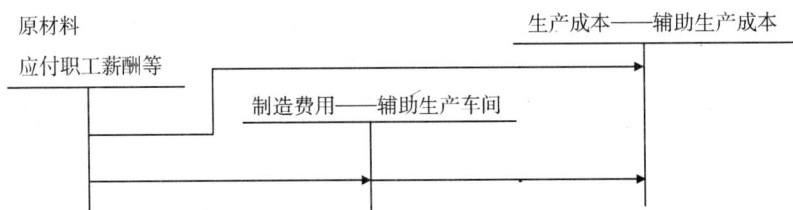

图3-2 设置"制造费用"情况下辅助生产费用归集的账务处理程序

图3-3 不设置"制造费用"情况下辅助生产费用归集的账务处理程序

【例3-29】华强工厂根据本月有关记账凭证（参见本章第一节）登记的运输车间、供电车间辅助生产费用明细账分别如表3-24、表3-25所示。

表3-24　　　　　　　　　　　辅助生产成本明细账

生产单位：运输车间　　　　　　　　2014年3月　　　　　　　　单位：元

凭证号	摘　要	直接材料	燃料和动力	直接人工	制造费用	合计
【例3-3】	分配原材料费用	1600.00				1600.00
【例3-5】	分配燃料费用		546.00			546.00
【例3-9】	分配外购动力费		600.00			600.00
【例3-18】	分配职工薪酬			38762.40	5001.60	43764.00
【例3-19】	计提折旧费				3890.00	3890.00
	本月合计	1600.00	1146.00	38762.40	8891.60	50400.00
【例3-27】	月末结转	1600.00	1146.00	38762.40	8891.60	50400.00

表3-25　　　　　　　　　　　辅助生产成本明细账

生产单位：供电车间　　　　　　　　2014年3月　　　　　　　　单位：元

凭证号	摘　要	直接材料	燃料和动力	直接人工	制造费用	合计
【例3-3】	分配原材料费用	1003.50				1003.50
【例3-5】	分配燃料费用		690.00			690.00
【例3-9】	分配外购动力费		300.00			300.00
【例3-18】	分配职工薪酬			8596.50		8596.50
【例3-19】	计提折旧费				4710.00	4710.00
	本月合计	1003.50	990.00	8596.50	4710.00	15300.00
【例3-27】	月末结转	1003.50	990.00	8596.50	4710.00	15300.00

三、辅助生产费用的分配结转

由于辅助生产分为两类，对归集在"生产成本——辅助生产成本"科目及其明细账借方的辅助生产成本的分配和成本结转方式也分两种。对生产工具、模型、修理用备件的辅助生产成本，其分配方法类比基本生产成本的分配方法，可参见本书第五章，在此不作详述，但要注意在结转完工产品成本时，是从"生产成本——辅助生产成本"账户的贷方转入"原材料"、"周转材料"等账户的借方；对供水、供电、供气、运输等辅助生产成本，一般通过按受益单位耗用的劳务数量在各单位之间进行分配。由于企业可能有两个以上的辅助生产车间,它们之间也存在相互提供劳务的情况,企业可根据生产特点和管理要求选择辅助生产车间之间是否相互分配费用。

企业常用的分配方法有直接分配法、交互分配法、代数分配法、计划成本分配法等,辅助生产费用的分配一般通过"辅助生产费用分配表"进行。

1. 直接分配法

直接分配法,不考虑各辅助生产车间之间相互提供劳务的情况,将辅助生产费用直接分配给辅助生产车间以外的各受益对象的一种分配方法。

在计算某辅助生产车间费用分配率(产品或劳务的单位成本)时,应减去提供给其他辅助生产车间的产品或劳务量。其计算公式如下:

$$费用分配率 = \frac{某辅助生产车间待分配费用总额}{该车间提供给辅助生产车间以外的受益对象的劳务总量}$$

某受益对象应负担的费用 = 该受益对象耗用的劳务总量 × 费用分配率

【例3-30】华强工厂有一个基本生产车间和运输、供电两个辅助生产车间。本月运输车间发生费用50400元(见表3-24),供电车间发生费用15300元(见表3-25)。辅助生产车间供应产品或劳务情况见表3-26。为简便起见,现假设基本生产车间只生产甲产品。

表3-26   辅助生产车间劳务供应量表

2014 年 3 月

受益对象	劳务供应量	
	运输劳务量(吨公里)	供电数量(千瓦时)
运输车间耗用		3000
供电车间耗用	1680	
基本生产车间甲产品直接耗用		14000
基本生产车间管理耗用	2800	2500
专设销售机构耗用	29700	1500
行政管理部门耗用	7820	4500
合 计	42000	25500

采取直接分配法进行分配的有关计算过程如下:

(1)计算费用分配率。

运输费用分配率 = 50400 ÷ (42000 - 1680) = 1.25(元/吨公里)

电费分配率 = 15300 ÷ (25500 - 3000) = 0.68(元/千瓦时)

（2）对辅助车间以外的受益对象分配辅助生产费用。

基本生产车间管理应负担的运输费＝2800×1.25＝3500（元）

专设销售机构应负担的运输费＝29700×1.25＝37125（元）

行政管理部门应负担的运输费＝7820×1.25＝9775（元）

基本生产车间甲产品应负担的电费＝14000×0.68＝9520（元）

基本生产车间管理应负担的电费＝2500×0.68＝1700（元）

专设销售机构应负担的电费＝1500×0.68＝1020（元）

行政管理部门应负担的电费＝4500×0.68＝3060（元）

（3）编制辅助生产费用分配表，如表3-27所示。

表3-27　　　　　　　　**辅助生产费用分配表（直接分配法）**

2014 年 3 月　　　　　　　　　　　　　　　　　　单位：元

项　　目		运输车间	供电车间	合计
待分配费用		50400	15300	65700
劳务供应总量		42000（吨公里）	25500（千瓦时）	
其中：供应辅助生产以外对象		40320（吨公里）	22500（千瓦时）	
费用分配率（单位成本）		1.25（元/吨公里）	0.68（元/千瓦时）	
基本生产——甲产品	耗用数量		14000（千瓦时）	
	负担金额		9520	9520
基本生产车间	耗用数量	2800（吨公里）	2500（千瓦时）	
	负担金额	3500	1700	5200
专设销售机构	耗用数量	29700（吨公里）	1500（千瓦时）	
	负担金额	37125	1020	38145
行政管理部门	耗用数量	7820（吨公里）	4500（千瓦时）	
	负担金额	9775	3060	12835
合　　计		50400	15300	65700

（4）根据辅助生产费用分配表（见表3-27），编制分配结转辅助生产费用的会计分录。

借：生产成本——基本生产成本——甲产品　　　　　　9520

　　制造费用——基本生产车间　　　　　　　　　　5200

　　销售费用　　　　　　　　　　　　　　　　　38145

　　管理费用　　　　　　　　　　　　　　　　　12835

　　　贷：生产成本——辅助生产成本——运输车间　　　　50400

　　　　　　　　　　　　　——供电车间　　　　15300

直接分配法计算简便，但是由于各辅助生产车间相互提供劳务有多有少，不将费用在各辅助生产车间之间进行交互分配，显然不合理。因此，此方法只适用于辅助生产费用较少的企业或辅助生产车间之间相互提供劳务不多的情况。

2. 交互分配法

交互分配法，是先将辅助生产费用在各辅助生产车间进行交互分配，再将交互分配后的费用分配给辅助生产车间以外的各受益对象的一种分配方法。

采用这种方法，辅助生产费用需进行两次分配：交互分配和对外分配。

第一步，交互分配，即只在各辅助生产车间之间交互分配费用，其他受益对象暂不分配费用。其计算公式如下：

$$交互分配费用分配率 = \frac{某辅助生产车间待分配费用总额}{该车间提供的劳务总量}$$

$$\begin{matrix}某辅助生产单位应负担的 \\ 其他辅助生产费用\end{matrix} = \begin{matrix}该辅助生产车间 \\ 接受的劳务量\end{matrix} \times \begin{matrix}交互分配 \\ 费用分配率\end{matrix}$$

第二步，对外分配，即对辅助生产车间以外的受益单位分配。这时应先计算出各辅助生产车间交互分配后的待分配费用（即对外分配费用），再将此费用分配给辅助生产车间以外的各受益对象。其计算公式如下：

$$\begin{matrix}某辅助生产车间交互分 \\ 配后的待分配费用\end{matrix} = \begin{matrix}交互分配 \\ 前的费用\end{matrix} + \begin{matrix}分配转入 \\ 的费用\end{matrix} - \begin{matrix}分配转出 \\ 的费用\end{matrix}$$

$$对外分配费用分配率 = \frac{某辅助生产车间交互分配后的待分配费用}{\begin{matrix}该车间提供给辅助生产车间以外的 \\ 受益对象的劳务总量\end{matrix}}$$

$$\begin{matrix}某受益对象应 \\ 负担的费用\end{matrix} = 该受益对象耗用的劳务总量 \times 对外分配费用分配率$$

【例3-31】据【例3-30】的资料，采用交互分配率分配辅助生产费用，有关计算过程如下：

（1）计算交互分配费用分配率。

运输费用交互分配费用分配率 = 50400÷42000 = 1.2（元/吨公里）

电费交互分配费用分配率 = 15300÷25500 = 0.6（元/千瓦时）

（2）辅助生产车间之间交互分配费用。

运输车间应负担的电费 = 3000×0.6 = 1800（元）

供电车间应负担的运输费 = 1680×1.2 = 2016（元）

（3）计算交互分配后的对外分配费用。

运输车间对外分配费用 = 50400+1800-2016 = 50184（元）

供电车间对外分配费用 = 15300+2016-1800 = 15516（元）

注意：交互分配前后辅助生产车间的待分配费用总额之和应是相等的。

（4）计算对外分配费用分配率。

运输费对外分配费用分配率＝50184÷（42000-1680）≈1.2446（元/吨公里）

电费对外分配费用分配率＝15516÷（25500-3000）＝0.6896（元/千瓦时）

（5）对辅助车间以外的受益对象分配辅助生产费用。

基本生产车间管理应负担的运输费＝2800×1.2446＝3484.88（元）

专设销售机构应负担的运输费＝29700×1.2446＝36964.62（元）

行政管理部门应负担的运输费＝50184-3484.88-36964.62＝9734.50（元）

基本生产车间甲产品应负担的电费＝14000×0.6896＝9654.40（元）

基本生产车间管理应负担的电费＝2500×0.6896＝1724.00（元）

专设销售机构应负担的电费＝1500×0.6896＝1034.40（元）

行政管理部门应负担的电费＝4500×0.6896＝3103.20（元）

（6）编制辅助生产费用分配表，如表3-28所示。

表3-28　　　　　　　　　辅助生产费用分配表（交互分配法）

2014 年 3 月　　　　　　　　　　　　　　　　　　　单位：元

项　目			运输车间	供电车间	金额合计
待分配费用			50400.00	15300.00	65700.00
劳务供应总量			42000（吨公里）	25500（千瓦时）	
交互分配费用分配率			1.2（元/吨公里）	0.6（元/千瓦时）	
交互分配费用	运输车间	耗用数量		3000（千瓦时）	
		负担金额		1800.00	
	供电车间	耗用数量	1680（吨公里）		
		负担金额	2016.00		
交互分配后待分配费用			50184.00	15516.00	65700.00
供应辅助生产以外对象的劳务量			40320（吨公里）	22500（千瓦时）	
对外分配费用分配率			1.2446（元/吨公里）	0.6896（元/千瓦时）	
对外分配	基本生产——甲产品	耗用数量		14000（千瓦时）	
		负担金额		9654.40	9654.40
	基本生产车间	耗用数量	2800（吨公里）	2500（千瓦时）	
		负担金额	3484.88	1724.00	5208.88
	专设销售机构	耗用数量	29700（吨公里）	1500（千瓦时）	
		负担金额	36964.62	1034.40	37999.02
	行政管理部门	耗用数量	7820（吨公里）	4500（千瓦时）	
		负担金额	9734.50	3103.20	12837.70
合　计			50184	15516	65700

（7）根据辅助生产费用分配表（见表 3–28），编制分配结转辅助生产费用的会计分录。

A. 交互分配时：

借：生产成本——辅助生产成本——运输车间　　　　1800

　　　　　　　　　　　　　——供电车间　　　　　　2016

　　贷：生产成本——辅助生产成本——供电车间　　　1800

　　　　　　　　　　　　　　——运输车间　　　　　2016

B. 对外分配时：

借：生产成本——基本生产成本——甲产品　　　　9654.40

　　制造费用——基本生产车间　　　　　　　　　5208.88

　　销售费用　　　　　　　　　　　　　　　　37999.02

　　管理费用　　　　　　　　　　　　　　　　12837.70

　　贷：生产成本——辅助生产成本——运输车间　50184.00

　　　　　　　　　　　　　　——供电车间　　　15516.00

采用交互分配法，由于辅助生产内部相互提供劳务全部进行了交互分配，因而提高了分配结果的正确性；但由于各种辅助生产费用都要计算两个费用分配率，进行两次分配，因而增加了核算工作量。为了减少工作量，在各月辅助生产费用水平相差不大的情况下，可以用上月的辅助生产费用分配率作为交互分配的分配率。

3. 代数分配法

代数分配法，是根据"投入＝产出"的原理建立多元一次联立方程，计算辅助生产车间产品和劳务的单位成本，然后在全部受益对象之间分配辅助生产费用的一种分配方法。

【例 3–32】据【例 3–30】的资料，采用代数分配法分配辅助生产费用，有关计算过程如下：

（1）建立联立方程，计算费用分配率。

设：每吨公里的运输成本为 x，每千瓦时电的成本为 y

则，$\begin{cases} 50400+3000y=42000x \\ 15300+1680x=25500y \end{cases}$

解得：$\begin{cases} x=1.2487 \\ y=0.6823 \end{cases}$

（2）将辅助生产费用分配给全部受益对象。

供电车间应负担的运输费＝1680×1.2487＝2097.82（元）

基本生产车间管理应负担的运输费＝2800×1.2487＝3496.36（元）

专设销售机构应负担的运输费 = 29700×1.2487 = 37086.39（元）

行政管理部门应负担的运输费 = 7820×1.2487 = 9764.83（元）

运输车间应负担的电费 = 3000×0.6823 = 2046.90（元）

基本生产车间甲产品应负担的电费 = 14000×0.6823 = 9552.20（元）

基本生产车间管理应负担的电费 = 2500×0.6823 = 1705.75（元）

专设销售机构应负担的电费 = 1500×0.6823 = 1023.45（元）

行政管理部门应负担的电费 = 4500×0.6823 = 3070.35（元）

（3）编制辅助生产费用分配表，如表3-29所示。

表3-29 辅助生产费用分配表（代数分配法）

2014年3月 单位：元

项　　目		运输车间	供电车间	合计
待分配费用		50400	15300	65700
劳务供应总量		42000（吨公里）	25500（千瓦时）	
费用分配率（单位成本）		1.2487（元/吨公里）	0.6823（元/千瓦时）	
运输车间	耗用数量		3000（千瓦时）	
	负担金额		2046.90	2046.90
供电车间	耗用数量	1680（吨公里）		
	负担金额	2097.82		2097.82
基本生产——甲产品	耗用数量		14000（千瓦时）	
	负担金额		9552.20	9552.20
基本生产车间	耗用数量	2800（吨公里）	2500（千瓦时）	
	负担金额	3496.36	1705.75	5202.11
专设销售机构	耗用数量	29700（吨公里）	1500（千瓦时）	
	负担金额	37086.39	1023.45	38109.84
行政管理部门	耗用数量	7820（吨公里）	4500（千瓦时）	
	负担金额	9764.83	3070.35	12835.18
合　　计		52445.40	17398.65	69844.05

表3-29中，运输车间按分配率分配的费用总额52445.4元（已分配金额）应等于原发生费用50400元与供电车间分配转入费用2046.90元之和52446.9元（应分配金额），经比较，已分配金额比应分配金额少1.5元；供电车间按分配率分配的费用总额17398.65元（已分配金额）应等于原发生费用15300元与机修车间分配转入费用2097.82元之和17397.82元（应分配金

额），经比较，已分配金额比应分配金额多0.83元，这是因为分配率四舍五入的原因。两车间已分配金额比应分配金额总共少0.67元，应予补充分配。对此微小差异，可采取简便的办法，即可以全部通过管理费用进行尾差处理。进行账务处理时，"生产成本——辅助生产成本"的贷方记应分配金额，其与已分配金额之间的差异全部计入管理费用。

（4）根据辅助生产费用分配表（见表3-29），编制分配结转辅助生产费用的会计分录。

借：生产成本——辅助生产成本——运输车间　　　　2046.90
　　　　　　　　　　　　　　　——供电车间　　　　2097.82
　　生产成本——基本生产成本——甲产品　　　　　　9552.20
　　制造费用——基本生产车间　　　　　　　　　　　5202.11
　　销售费用　　　　　　　　　　　　　　　　　　　38109.84
　　管理费用　　　　　　　　（12835.18+0.67）12835.85
　　贷：生产成本——辅助生产成本——运输车间　　52446.90
　　　　　　　　　　　　　　　——供电车间　　　17397.82

采用代数分配法分配费用，分配结果最正确。但在辅助生产车间较多的情况下，未知数较多，计算复杂，因而这种分配方法适宜在已经实现会计电算化的企业采用。

4. 计划成本分配法

计划成本分配法是指按照辅助生产车间产品或劳务的计划单位成本和实际供应量分配辅助生产费用的一种分配方法。

采用这种分配方法，辅助生产为全部受益对象（包括受益的其他辅助生产车间、部门在内）提供的劳务，都按劳务的计划单位成本进行分配；辅助生产车间实际发生的费用（包括辅助生产内部交互分配转入的费用在内）与按计划单位成本分配转出的费用之间的差异，可以再分配给辅助生产以外各受益单位负担，但为了简化计算工作，一般全部计入管理费用。如果是超支差应增加管理费用，如果是节约差应减少管理费用。

【例3-33】据【例3-30】的资料，采用计划成本分配法分配辅助生产费用。假设该企业确定的计划单位成本为每吨公里运输费为1.25元，每千瓦时电费为0.65元。有关计算过程如下：

（1）按计划单位成本在全部受益对象之间分配辅助生产费用，计算过程从略。编制辅助生产费用分配表，如表3-30所示。

表 3-30　　　　　　　　　辅助生产费用分配表（计划成本分配法）

2014 年 3 月　　　　　　　　　　　　　　　　　单位：元

项　目		运输车间	供电车间	合计
待分配费用		50400	15300	65700
劳务供应总量		42000（吨公里）	25500（千瓦时）	
费用分配率（计划单位成本）		1.25（元/吨公里）	0.65（元/千瓦时）	
运输车间	耗用数量		3000（千瓦时）	
	负担金额		1950	1950
供电车间	耗用数量	1680（吨公里）		
	负担金额	2100		2100
基本生产——甲产品	耗用数量		14000（千瓦时）	
	负担金额		9100	9100
基本生产车间	耗用数量	2800（吨公里）	2500（千瓦时）	
	负担金额	3500	1625	5125
专设销售机构	耗用数量	29700（吨公里）	1500（千瓦时）	
	负担金额	37125	975	38100
行政管理部门	耗用数量	7820（吨公里）	4500（千瓦时）	
	负担金额	9775	2925	12700
按计划成本分配合计		52500	16575	69075
辅助生产实际成本		52350	17400	69750
辅助生产成本差异		-150	825	675

表 3-30 中，辅助生产实际成本：

运输车间应负担的费用＝50400+1950＝52350（元）

供电车间应负担的费用＝15300+2100＝17400（元）

（2）根据辅助生产费用分配表（见表 3-30），编制分配结转辅助生产费用及其差异的会计分录。

按计划成本分配时：

借：生产成本——辅助生产成本——运输车间　　　　　1950

　　　　　　　　　　　　　　——供电车间　　　　　2100

　　生产成本——基本生产成本——甲产品　　　　　　9100

制造费用——基本生产车间   5125

销售费用   38100

管理费用   12700

    贷：生产成本——辅助生产成本——运输车间   52500

              ——供电车间   16575

结转成本差异时（超支用蓝字，节约用红字。）

借：管理费用   675

    贷：生产成本——辅助生产成本——运输车间   150

              ——供电车间   825

采用计划成本分配法，各种辅助生产费用只分配一次，且劳务的计划单位成本已事先确定，因而简化和加速了计算分配工作；通过辅助生产成本节约或超支数额的计算，还能反映和考核辅助生产成本计划的执行情况。此外，按照计划单位成本分配，排除了辅助生产实际费用的高低对各受益单位成本费用的影响，便于考核和分析各受益单位的经济责任。但是采用这种分配方法，必须具备比较稳定、准确的计划成本资料。

在实际工作中，除以上分配方法外，还有顺序分配法等其他方法，这里不再介绍。总之，各种分配方法各有优缺点，企业应根据具体情况采用最适宜的方法。

【本章小结】

基本内容：本章主要阐述了产品成本各要素费用、制造费用、生产损失、辅助生产费用的归集与分配的核算，其共同特征都是对费用在不同的受益对象之间进行分配，属于费用的横向分配。

基本生产车间的"制造费用"和"基本生产成本——辅助生产成本"都是料、工、费等各种要素费用构成的综合性费用，它们都要再分配给受益对象。它们之间也存在着先后顺序，一般应先归集和分配辅助生产费用，再归集和分配制造费用。在有辅助生产车间且单独核算制造费用的情况下，企业成本核算账务处理的主干程序如图3-4所示。

如果辅助生产车间的制造费用不单独核算，则图3-4中就没有"制造费用——辅助生产车间"，且分配给辅助生产车间的费用都全部计入"生产成本——辅助生产成本"。

费用归集和分配的基本原则为：谁受益谁负担；直接费用直接计入，间接费用分配计入。

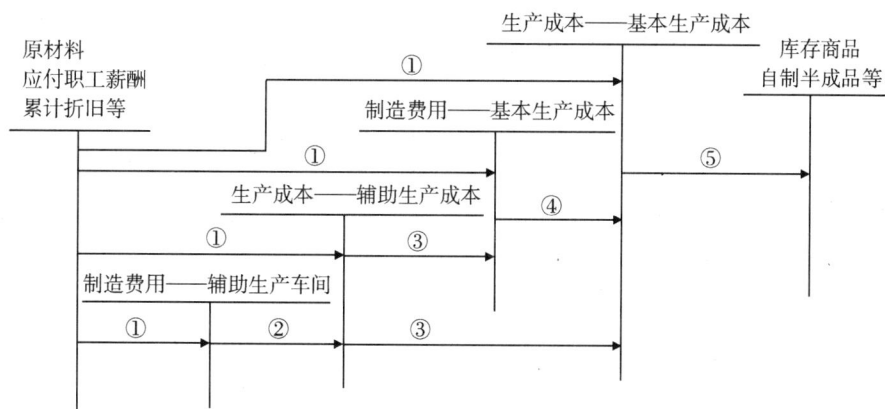

图3-4　产品成本核算主要账务处理主干程序

说明：①分配各项要素费用；②分配辅助生产车间的制造费用；③分配辅助生产成本；④分配基本生产车间的制造费用结转完工产成品及自制半成品成本；⑤结转完工产成品及自制半成品成本。

要素费用的归集和分配具体包括原材料、燃料、外购动力、职工薪酬及其他费用的核算。

制造费用的分配方法一般有生产工人工时比例分配法、生产工人工资比例分配法、机器工时比例分配法、按年度计划分配率分配法等。制造费用分配后，除了采用按年度计划分配率分配法企业在12月前有余额外，"制造费用"科目月末都没有余额。

生产损失的归集和分配主要包括废品损失和停工损失的核算，废品损失又分为可修复废品损失的核算和不可修复废品损失的核算。

辅助生产费用的常用的分配方法有直接分配法、交互分配法、代数分配法、计划成本分配法等。

重点与难点：重点是费用的分配原则、原材料费用的内容和分配、职工薪酬的内容和分配等；难点是制造费用、辅助生产费用的归集和分配等。

【同步练习】

一、单项选择题

1. 下列项目中，不属于产品成本材料费用要素的是(　　)。

A. 产品耗用的原材料　　　　　　　B. 材料保管过程中消耗的物料

C. 维修机器设备消耗的备件　　　　D. 直接装配在产品上的外购半成品

2. 基本生产车间耗用的消耗性材料，应计入(　　)账户。

A. "制造费用" B. "生产成本" C. "管理费用" D. "直接材料"

3. 下列各项中,不能作为周转材料核算而应在"原材料"账户中核算的是(   )。

A. 包装物 B. 包装材料 C. 低值易耗品 D. 库存商品

4. 下列各项中,不包括在直接人工项目中的职工薪酬费用是(   )。

A. 职工福利费 B. 非货币性福利

C. 辞退福利 D. 住房公积金

5. 小李本月生产甲产品2000件,其中合格品1970件,工废品10件,料废品20件。本月小李计算计件工资的甲产品数量是(   )件。

A. 2000 B. 1990 C. 1980 D. 1970

6. 下列制造费用分配方法中,"制造费用"账户可能出现余额的是(   )。

A. 生产工人工时比例分配法 B. 生产工人工资比例分配法

C. 机器工时比例分配法 D. 按年度计划分配率分配法

7. 生产车间发生的固定资产维修费用,应直接计入(   )。

A. 废品损失 B. 工资费用 C. 管理费用 D. 销售费用

8. 不可修复废品已发生的成本,应借记"废品损失"账户,贷记(   )账户。

A. "制造费用" B. "生产成本" C. "库存商品" D. "管理费用"

9. 下列(   )不是成本类分配标准。

A. 产品产值 B. 产品重量 C. 生产工时 D. 产品产量

10. 某企业有供水和供电两个辅助生产车间,供水车间共发生费用4560元,供电车间共发生费用6530元,其中,供水车间耗电580元,供电车间耗水370元。如果该企业的辅助生产费用采用计划成本分配法,则供水车间对外分配的费用是(   )元。

A. 4560 B. 5140 C. 4770 D. 4350

11. 采用交互分配法,各种辅助生产费用(   )。

A. 都要计算一个费用分配率 B. 都要计算两个费用分配率

C. 不需要计算费用分配率 D. 均按相同的费用分配率计算

12. 辅助生产车间完工入库的修理用备件,应借记(   )账户,贷记"生产成本——辅助生产成本"账户。

A. "周转材料" B. "原材料" C. "库存商品" D. "自制半成品"

13. 为了简化辅助生产费用的分配,辅助生产成本差异一般全部计入(   )账户。

A. "制造费用" B. "生产成本" C. "库存商品" D. "管理费用"

14. 企业采用(   )时,分配结果最正确。

A. 直接分配法　　 B. 交互分配法　　 C. 代数分配法　 D. 计划成本分配法

15. 以下不属于综合性费用的是（　　　）。

A. 材料费用　　　 B. 制造费用　　　 C. 停工损失　　　 D. 辅助生产费用

二、多项选择题

1. 下列属于计算职工薪酬原始记录的是（　　　）。

A. 领料单　　　　　　　　　　 B. 工资信息卡

C. 考勤表　　　　　　　　　　 D. 工作班组产量记录

2. 对外购动力费用进行分配的标准是（　　　）。

A. 仪表记录　　 B. 生产工时　　 C. 直接人工费用　 D. 机器工时

3. 对外购动力费用，在成本项目的设置上，根据其所占比重和性质，可作为（　　　）处理。

A. 燃料和动力　　 B. 直接材料　　 C. 生产成本　　 D. 制造费用

4. 下列各项中，属于特殊情况下支付的工资有（　　　）。

A. 职工的加班工资　　　　　　 B. 女职工产假工资

C. 职工因病休假工资　　　　　 D. 职工高温津贴

5. 一般情况下，对计时工资产生影响的因素有（　　　）。

A. 月标准工资　　　　　　　　 B. 当月日历天数

C. 缺勤情况及性质　　　　　　 D. 扣发工资的比例或标准

6. 下列费用中，属于制造费用的有（　　　）。

A. 机器设备折旧费　　　　　　 B. 车间照明用电费

C. 车间日常消耗的材料费用　　 D. 车间主任工资

7. 下列损失中，不属于企业废品损失的是（　　　）。

A. 不合格品的降价损失　　　　 B. 产品出售后发生的"三包"费用

C. 产品保管过程中损毁净损失　 D. 产品运输过程中的意外损失

8. 停工损失不包括（　　　）期间发生的损失。

A. 季节性停工　　　　　　　　 B. 计划内的大修理停工

C. 自然灾害停工　　　　　　　 D. 计划产量压缩停工

9. 在辅助生产费用分配法中，考虑了辅助生产单位之间交互分配费用的方法有（　　　）。

A. 直接分配法　　　　　　　　 B. 交互分配法

C. 代数分配法　　　　　　　　 D. 计划成本分配法

10. 下列关于折旧的说法中，正确的是（　　　）。

A. 当月增加的固定资产，从当月起计提折旧

B. 当月增加的固定资产，从下月起计提折旧

C. 当月减少的固定资产，从当月起停计折旧

D. 当月减少的固定资产，从下月起停计折旧

11. 在辅助生产车间完工产品入库或劳务分配时，可能借记的账户有（   ）。

A. "生产成本"   B. "制造费用"   C. "周转材料"   D. "在建工程"

12. 采用计划费用分配率分配制造费用时，"制造费用"账户（   ）。

A. 平时可能有借方余额   B. 平时可能有贷方余额

C. 只有年末有借方余额   D. 年末差额分配转账结转后无余额

13. 下列账户中归集的费用经分配结转后无余额的有（   ）。

A. "原材料"   B. "生产成本——辅助生产成本"

C. "废品损失"   D. "生产成本——基本生产成本"

14. 下列各项中，属于制造费用分配标准的是（   ）。

A. 完工产品数量   B. 产品生产定额工时

C. 产品生产实际工时   D. 产品生产工人工资

15. 用五五摊销法分配周转材料费用时，应在"周转材料"总账科目下，按周转材料的种类，分别设置（   ）明细科目进行明细核算。

A. 在库周转材料   B. 在用周转材料

C. 周转材料摊销   D. 周转材料报废

三、判断题

1. 生产费用分配方法与生产车间生产产品品种的多少无关。   （   ）

2. 费用的分配公式适用于各种间接费用的分配。   （   ）

3. 直接费用就是直接计入费用。   （   ）

4. 外购动力费用通常是先分配计入有关成本费用后支付价款。   （   ）

5. 凡支付给职工和为职工支付的款项构成企业的职工薪酬费用。 （   ）

6. 基本生产车间和辅助生产车间，都必须设置"制造费用"账户核算制造费用。   （   ）

7. 凡修复后可以正常使用的废品都是可修复废品。   （   ）

8. 本期发生的废品损失应当全部由当月同种合格产品成本负担，月末在产品一般不负担废品损失。   （   ）

9. 采用永续盘存制，消耗材料的数量是根据领用材料的原始凭证确定的。

（   ）

10. 企业对消耗材料计价时，可以采用先进先出法、后进先出法、加权平均法等，但一经选用，不得随意变更。   （   ）

11. 一线生产工人的薪酬费用，可以直接计入所生产产品的成本，不需要在各种产品之间进行分配。   （   ）

12. 发生废品损失后，无论是可修复废品还是不可修复废品，其结果都会导致同种完工产品单位成本的增加。　　　　　　　　　　　　　（　　）

13. 分配辅助生产车间采用交互分配法时，交互分配前后辅助生产车间的待分配费用总额之和有时是不相等的。　　　　　　　　　　　　　（　　）

14. 辅助生产产品和劳务成本的计算方法和基本生产一样，应该按生产特点和管理要求确定。　　　　　　　　　　　　　　　　　　　　（　　）

15. 纵观整个横向分配过程，应先归集分配基本生产车间的制造费用后，再归集和分配辅助生产费用。　　　　　　　　　　　　　　　　　（　　）

四、技能训练题

技能训练 1

目的：原材料费用的计算。

资料：表 3-2 中的资料。

要求：分别采用先进先出法和一次加权平均法计算发出材料的成本。

技能训练 2

目的：材料费用的分配核算。

资料：表 3-2 中的发出材料用于共同生产甲、乙产品，本月甲、乙产品的产量分别为 1000 件、1500 件，单件产品重量分别为 5 千克、2 千克。

要求：采用重量分配法分配，计算甲、乙产品实际消耗原材料费用（用先进先出法下的计算结果），并编制分配本月材料费用的会计分录。

技能训练 3

目的：周转材料的核算。

资料：某企业行政管理部门所领管理用具采用五五摊销法摊销费用。3 月领用管理用具一批，其实际成本为 8500 元；报废在用管理用具一批，其实际成本为 6000 元，回收残料出售得现金 300 元。

要求：编制 3 月领用管理用具和报废管理用具的会计分录。

技能训练 4

目的：外购动力费用的分配核算。

资料：某企业本月用电量为 56000 千瓦时，电费单价为 0.5 元/千瓦时，应付电费为 28000 元。根据独立电表计量，该企业基本生产车间用电 33000 千瓦时，其中车间一般照明用电 3000 千瓦时；企业行政管理部门用电 5000 千瓦时，基建部门耗电 18000 千瓦时。基本生产车间同时生产 A、B 两种产品，所耗生产工时分别为 36000 小时和 24000 小时。

要求：按所耗电量分配电力费用，A、B 产品按生产工时分配电费，并编制分配电费的会计分录。

技能训练 5

目的：计时工资的核算。

资料：某企业职工李红月标准工资为 2860 元，3 月共 31 天，休息日 10 天，李红病假 2 天，事假 2 天，病、事假期间没有休息日。根据李红的工龄，其病假工资按标准工资的 80% 计算，她本月应享受保健津贴 90 元，夜班津贴 86 元，综合奖金 180 元，企业代扣公积金 120 元，水电费 45 元。

要求：计算李红本月应付计时工资和实发工资。

技能训练 6

目的：计件工资的核算。

资料：某企业职工赵伟加工甲产品 500 件，计件单价 6 元；加工乙产品 400 件，计件单价 5 元。经检验，甲产品合格品 400 件，料废品 80 件，工废品 20 件；乙产品合格品 360 件，料废品和工废品各 20 件。

要求：计算本月赵伟的应付计件工资。

技能训练 7

目的：职工薪酬费用的分配核算。

资料：某企业生产甲、乙、丙三种产品，耗用生产工时分别为 25000 小时、30000 小时、35000 小时。根据工资结算凭证汇总的本月工资费用情况为：基本生产车间生产工人工资 10 万元，车间管理人员工资 18500 元，专设销售机构人员工资 13500 元，企业行政管理人员工资 39000 元。

要求：按生产工时分配甲、乙、丙产品应负担的工资费用，并编制分配本月工资费用的会计分录。

技能训练 8

目的：可修复废品损失的核算。

资料：企业某车间生产乙产品，本期投产 100 台，发生的直接材料费用为 90000 元，直接人工费用为 80000 元，制造费用为 16000 元。乙产品完工验收时发现 10 台可修复废品，当即返修，又发生直接材料费用 2000 元，直接人工费用 1000 元，应承担制造费用为 800 元。按企业规定应由过失人张某赔偿

500 元。

要求：编制归集和分配废品损失的会计分录，并计算合格品的总成本和单位成本。

技能训练 9

目的：不可修复废品损失的核算。

资料：企业某车间生产甲产品，原材料在生产开始时一次性投入。本月投产 2500 件，在生产过程中共产生了不可修复废品 40 件，废品完工程度平均为 50%。根据甲产品生产成本明细账得知，甲产品实际生产费用总额 89700 元，其中直接材料费用 52500 元，直接人工费用 24800 元，制造费 12400 元。废品回收残料价值为 400 元。

要求：编制归集和分配废品损失的会计分录，并计算合格品的总成本和单位成本。

技能训练 10

目的：制造费用的分配核算。

资料：某企业基本生产车间生产甲、乙、丙三种产品，全年制造费用计划 25 万元，全年计划产量分别为甲产品 20000 件、乙产品 6000 件、丙产品 8000 件。三种产品单件产品的定额工时分别为 5 小时、7 小时、8 小时。本月三种产品的实际产量分别为 1800 件、700 件、500 件，该月基本生产车间实际发生制造费用总额为 52000 元。

要求：用年度计划分配率法分配制造费用，并编制会计分录。

技能训练 11

目的：辅助生产费用的分配核算。

资料：某企业设有供电和供水两个辅助生产车间，本月归集的费用和提供的劳务数量如表 3-31 所示。

表 3-31　　　　　　　　　　费用和提供的劳务数量

项　　目	供电车间	供水车间
待分配费用	32000 元	10300 元
供应劳务数量	40000 千瓦时	4000 吨
供电车间耗用		1000 吨

续表

项　目		供电车间	供水车间
供水车间耗用		5000 千瓦时	—
基本生产车间	甲产品直接耗用	13000 千瓦时	—
	乙产品直接耗用	10000 千瓦时	—
	管理耗用	4000 千瓦时	1200 吨
行政管理部门耗用		8000 千瓦时	1800 吨

要求:

(1) 请用直接分配法分配辅助生产费用并做出相应的会计分录。

(2) 请用交互分配法分配辅助生产费用并做出相应的会计分录。

(3) 假设该企业用计划成本法分配辅助生产费用,计划单位成本为:水 2.5 元/吨,电 0.75 元/千瓦时。请用计划分配法分配辅助生产费用并做出相应的会计分录。

五、综合训练题

实训目的:训练成本费用归集和分配的基本程序。

实训内容:某企业有一个基本生产车间和一个运输车间。前者生产甲、乙产品,后者提供运输劳务。3月份发生的有关经济业务如下:

(1) 生产耗用原材料 136400 元,其中直接用于甲产品生产 45500 元,用于乙产品生产 32000 元,用于车间一般性消耗 12100 元;直接用于辅助生产 27000 元,用于辅助生产车间一般性消耗 9300 元;用于企业行政管理部门 10500 元。

(2) 发生职工薪酬费用 88920 元,其中基本生产车间工人薪酬 38760 元,管理人员薪酬 14820 元;辅助生产车间生产工人薪酬 12540 元,管理人员薪酬 5700 元;企业行政管理人员薪酬 17100 元。

(3) 计提固定资产折旧费 64300 元,其中基本生产车间 27400 元,辅助生产车间 15300 元,行政管理部门 21600 元。

(4) 用银行存款支付其他费用 59000 元,其中基本生产车间 26000 元,辅助生产车间 14000 元,行政管理部门 19000 元。

该企业基本生产车间单设"制造费用"核算制造费用。基本生产车间甲、乙产品共同耗用的职工薪酬按产品的生产工时比例分配,其工时分别为 2320 小时、2525 小时;辅助生产费用按其提供的运输劳务量比例进行分配,本月运输车间分别为基本生产车间和行政管理部门分别运输 12000 吨公里、3000 吨公里;基本生产车间的制造费用按产品的机器工时比例分配,甲、乙产品的机器工时分别为 1670 小时、1658 小时。

要求:

(1) 为"制造费用——辅助生产车间"、"生产成本——辅助生产成本"、"制造费用——基本生产车间"、"生产成本——基本生产成本"设 T 形账;

(2) 编制各项要素费用发生的会计分录,并对成本、费用类账户的发生额进行登账;

(3) 归集和分配辅助生产车间的制造费用,并对成本、费用类账户的发生额进行登账;

(4) 归集和分配辅助生产成本,并对成本、费用类账户的发生额进行登账;

(5) 归集和分配基本生产车间的制造费用,并对成本、费用类账户的发生额进行登账;

(6) 归集和分配基本生产成本,并对成本、费用类账户的发生额进行登账。

第四章 生产费用的纵向归集和分配

【学习目标】

1. 了解在产品的含义及在产品数量的确定方法；
2. 理解在产品数量与产品成本计算的关系；
3. 掌握产品成本在完工产品与在产品之间的分配方法，尤其是约当产量法、定额成本法和定额比例法。

【案例导读】

王成、陈功、龚利是会计专业的同班同学，他们已系统地学习了基础会计、财务会计和成本会计，2014 年 7 月，他们一同来到王成父亲所开的工厂——超能工厂进行暑期社会实践活动。超能公司主要生产 A 产品，该产品经过三道工序加工完成。A 产品的原材料是在每道工序开始时一次投入的，该产品加工完成的原材料消耗定额是 80 千克，其中：第一道、第二道、第三道工序原材料消耗定额分别是 40 千克、30 千克、10 千克。本月该产品发生的原材料费用为 54600 元，月末完工产品数量和在产品数量情况是：完工品 250 件，三道工序的在产品数量分别是 30 件、40 件、50 件。

王成父亲为了检验他们所学的成本会计知识是否扎实，要求他们各自计算出超能公司 2014 年 7 月完工产品和月末在产品应负担的原材料费用。很快，王成计算出完工产品与月末在产品应负担的原材料费用分别是 39000 元和 15600 元；陈功计算出完工产品与月末在产品应负担的原材料费用分别是 44000 元和 10600 元；龚利计算出完工产品与月末在产品应负担的原材料费用分别是 36890 元和 11710 元。

思考：

1. 王成、陈功、龚利三个同学的计算结果，到底谁的正确呢？
2. 在完工产品和月末在产品之间分配生产费用，可采用哪些方法？

第一节　在产品核算

通过第三章各项要素费用的横向归集和分配，应计入本月各种产品的费用都已计入了各种产品的"生产成本——基本生产成本"明细账户。但这只是各种产品本月发生的生产费用，对于跨月完工的产品，还需用本月生产费用加上月初在产品成本，然后将生产费用的合计数在本月完工产品和月末在产品之间进行分配。

本月发生的生产费用和月初、月末在产品及本月完工产品成本四项费用、成本的关系可用下列公式表达：

月初在产品成本+本月发生生产费用=本月完工产品成本+月末在产品成本

$$(4-1)$$

或者：

本月完工产品成本=月初在产品成本+本月发生生产费用-月末在产品成本

$$(4-2)$$

式（4-1）将前两项之和按一定比例在后两项之间进行分配，从而同时求得完工产品和月末在产品成本；式（4-2）是先确定月末在产品成本，再计算完工产品的成本。但无论采用哪类方法，都必须正确取得在产品数量的核算资料。

一、在产品的含义

在产品是指企业已经投入生产，但尚未最后完工，不能作为商品销售的产品。

在产品有广义和狭义之分。广义的在产品是对整个企业而言的，它是指从材料投入生产开始，到最后制成产品交付验收入库前的一切产品，包括正在加工中的在制品、已经完成一个或几个生产步骤但还需继续加工的半成品、等待验收入库的产成品、正在返修和等待返修的废品。狭义的在产品是对某一个生产车间或某一生产步骤而言的，它仅指本生产车间或本步骤正在加工中的在制品。

> **温馨提示**
>
> 与在产品相对应，完工产品也有广义和狭义之分。狭义完工产品是对整个企业而言的，它是指已经全部完工，可以作为商品销售的产成品，广义

的在产品是对某一个生产车间或某一生产步骤而言的,它指已完成某个或几个生产步骤,可以转入下一生产步骤或入库的产品,包括半成品和产成品。在产品与完工产品的广义、狭义之分正好是相对而言的。

二、在产品数量的确定

要准确核算在产品成本,必须准确地确定在产品数量。在产品数量的确定方式同其他材料物资结存的数量一样,通常有两种:一是通过账面核算资料确定,二是通过月末实地盘点确定。在采用前种确定方式下,要求企业设置"在产品收发存账簿",在实际工作中这种账簿也叫台账。

在产品台账应分别按车间并结合产品的品种和在产品名称设立,以反映车间各种在产品的转入、转出和结存的数量。根据生产的特点和管理要求,有的还应进一步按照加工工序组织在产品的数量核算。各车间应认真做好在产品的计量、验收和交接工作,并在此基础上根据领料凭证、在产品内部转移凭证、产品检验凭证和入库凭证及时登记在产品收发结存账。在产品台账的一般格式如表4-1所示。

表4-1 在产品台账

车间名称: 生产工序: 在产品名称: 计量单位:

年		摘要	收入		转出			结存		备注
月	日		凭证号	数量	凭证号	合格品	废品	完工	未完工	
		合计								

三、在产品清查的核算

为了核实在产品的数量,保证在产品的安全完整,保证在产品的账实相符,企业必须实行在产品的盘点制度,这是加强在产品实物管理的重要措施。对在产品的盘点可以定期进行,也可不定期抽查。但对没有建立在产品台账的车间,每月末必须进行全面盘点,以便取得在产品结存数量,用来正确计算产品的制造成本。在盘点过程中若发现在产品盘盈或盘亏，应填制在产品盈亏报告单，并及时分析盈亏原因和报批处理，财会部门根据在产品盈亏报告和批准后的处理意见进行必要的账务处理。

在产品清查的账务处理：

1. 清查中发现在产品盘盈的会计处理

（1）发生盘盈时：

借：生产成本——基本生产成本——××产品

　　贷：待处理财产损溢——待处理流动资产损溢

（2）经批准后予以转销时：

借：待处理财产损溢——待处理流动资产损溢

　　贷：制造费用

2. 清查中发现在产品盘亏或毁损的会计处理

（1）发生盘亏或毁损时：

借：待处理财产损溢——待处理流动资产损溢

　　贷：生产成本——基本生产成本——××产品

（2）经批准后予以转销时，区分不同原因进行处理：

借：原材料（回收的残值）

　　其他应收款（保险公司或过失人的赔偿）

　　营业外支出（非常损失、扣除残值和赔偿后的净损失）

　　制造费用（正常损耗）

　　贷：待处理财产损溢——待处理流动资产损溢

问题解析

　　问题：在产品发生盘盈时，为什么要借记"生产成本"账户？明明盘盈了，怎么还增加生产成本？

　　解析：只要产品未完工，其生产费用都归集在"生产成本"账户中，完工入库后才从"生产成本"账户转入"库存商品"账户，"生产成本"和"库存商品"账户其实都是核算的产品成本，可认为"生产成本"账户是"库存商品"账户的前身。因此，对盘盈的在产品成本，应计入"生产成本"账户。这样处理后看似增加了生产成本，但经批准转销时，贷记"制造费用"账户，也即减少了制造费用，而制造费用也是成本项目，一增一减之间，产品生产总成本并没增加，但随着盘盈在产品的完工，完工产品数量增加了，所以单位成本应该是下降的。

第二节　生产费用在完工产品和在产品之间的分配

　　本节所指的生产费用，是已归集到每种产品的生产成本明细账中的累计生产费用，也即月初在产品生产成本与本月发生的生产费用之和；本节所指的在产品是月末在产品，本月末在产品是下月初在产品。

　　《企业产品成本核算制度》规定，制造企业产成品和在产品的成本核算，除季节性生产企业等以外，应当以月为成本计算期，因此，后续阐述中都以月代替期间。月末，如果产品全部没有完工，则累计生产费用都是在产品成本；如果产品全部完工，则累计生产费用就是完工产品成本；如果有部分完工、部分未完工的情况，则要将累计的生产费用在完工产品与月末在产品之间采用适当的方法进行分配，以分别计算完工产品和月末在产品的成本。

　　生产费用在完工产品与在产品之间的分配是成本计算工作中的一个重要问题，是在某种产品内部的分配，称为纵向分配。企业应当根据在产品数量的多少、各月在产品数量变化的大小、各项成本比重的大小，以及定额管理基础的好坏等具体条件，采用适当的分配方法将生产成本在完工产品和在产品之间进行分配。常用的分配方法有：①在产品成本忽略不计法。②在产品按固定成本计价法。③在产品按所耗原材料费用计价法。④约当产量比例法。⑤在产品按完工产品成本计价法。⑥在产品按定额成本计价法。⑦定额比例法等。

　　这些方法按特征可归纳为两大类，是对式（4-1）和式（4-2）的具体应用：一类是先确定月末在产品成本，再计算完工产品成本；另一类是将本月生产费用合计数按一定的分配比例进行分配，同时计算出完工产品成本和在产品成本。

一、在产品成本忽略不计法

　　在产品成本忽略不计法，也称不计算在产品成本法，是将某种产品每月归集的生产费用全部计入该种完工产品成本的一种方法。用公式表示为：

　　本月完工产品成本＝本月发生生产费用

　　这种方法适用于各月在产品数量很少，不计算在产品成本对完工产品成本影响很小，管理上也不要求计算在产品成本的企业或产品，如采煤企业。其生产成本明细账格式见表2-1。

二、在产品按固定成本计价法

　　在产品按固定成本计价法也称固定在产品成本法，是指各月不具体计算月末在产品实际成本，而是固定地按年初在产品成本来计价的一种方法。用公式表示为：

$$\frac{本月完工}{产品成本} = \frac{月初在产品成本}{（年初固定数）} + \frac{本月发生}{生产费用} - \frac{月末在产品成本}{（年初固定数）} = \frac{本月发生}{生产费用} \quad (4-3)$$

可见，式（4-3）与在产品成本忽略不计法公式表现形式是一样的，仍是：

本月完工产品成本＝本月发生生产费用

这种方法适用于各月月末在产品数量较少，或者虽然在产品数量较多，但各月月末在产品数量稳定、起伏不大的产品。如化工企业、炼铁企业的产品，由于化学反应装置和高炉容积是固定的，其在产品成本就可按年初数固定。

【例4-1】某企业甲产品在产品成本采用按固定成本计价法计算。本年初在产品成本为：直接材料3800元，直接人工1400元，制造费用1300元，合计为6500元。本月发生的生产费用为：直接材料60000元，直接人工22000元，制造费用18000元，合计100000元。甲产品基本生产成本明细账及完工产品成本如表4-2所示。

表4-2　　　　　　　　　基本生产成本明细账

产品名称：甲产品　　　　　　　2014年3月　　　　　　　单位：元

摘　要	成本项目			合　计
	直接材料	直接人工	制造费用	
月初在产品成本	3800	1400	1300	6500
本月发生生产费用	60000	22000	18000	100000
合　计	63800	23400	19300	106500
本月完工产品成本	60000	22000	18000	100000
月末在产品成本	3800	1400	1300	6500

由表4-2可见，本月完工产品成本等于该月发生生产费用，但它与表2-1是有本质区别的，其区别在于固定在产品成本法下其实是核算了在产品成本的，只是因为各月成本比较固定，为了简化产品成本计算工作，将其按年初数固定下来了。这样，一方面减少了工作量，另一方面也能比较真实地反映在产品资金的占用情况，以利于加强对资金的管理。

采用这种方法时，在每年末需要根据实际盘存资料，采用其他方法计算年末在产品成本，以免在产品以固定不变的成本计价延续时间太长，使在产品成本与实际出入过大而影响产品成本计算的正确性和导致企业存货资产反映失实。

三、在产品按所耗原材料费用计价法

在产品按所耗原材料费用（直接材料费用）计价法是指月末在产品只计算其所耗用的原材料费用，不计算职工薪酬等加工费用的一种方法。这种方法下，产品的职工薪酬等加工费用全部由完工产品成本负担。这种方法适用于各月末在产品数量较多，各月在产品数量变化也较大，但原材料费用在产品成本中所占比重较大的产品。这是因为，各月末在产品数量多，且变化大，已不能采用前述两种方法，而必须具体计算每月末的在产品成本。但由于该种产品的原材料费用比重较大，而职工薪酬等加工费用所占的比重较小，这样，根据重要性原则，在产品只负担所耗原材料费用，不负担职工薪酬等加工费用，对成本计算的准确性影响不大，因此，为了简化成本计算工作，就可以采用在产品按所耗原材料费用计价法。酿酒、造纸和纺织等企业的产品就可以采用这种方法。用公式表示为：

$$\begin{matrix}\text{本月完工}\\\text{产品成本}\end{matrix}=\begin{matrix}\text{月初在产品}\\\text{材料成本}\end{matrix}+\begin{matrix}\text{本月发生}\\\text{生产费用}\end{matrix}-\begin{matrix}\text{月末在产品}\\\text{材料成本}\end{matrix} \qquad (4-4)$$

【例 4-2】某企业生产乙产品，该产品原材料费用在产品所占比重较大，企业对乙产品在产品采用按原材料成本计价法。该企业 3 月基本生产成本明细账如表 4-3 所示，原材料在生产开始时一次性投入，月初在产品 200 件，本月投产 800 件，本月完工产品 600 件，月末在产品 400 件。计算过程如下：

直接材料费用分配率 = （89000+336000）÷（600+400）= 425（元/件）

完工产品直接材料费用 = 600×425 = 255000（元）

月末在产品直接材料费用 = 400×425 = 170000（元）

完工产品成本 = 255000+8000+12000 = 275000（元）

或完工产品成本 = 89000+356000−170000 = 275000（元）

表 4-3　　基本生产成本明细账

产品名称：乙产品　　2014 年 3 月　　单位：元

摘　要	成本项目			合　计
	直接材料	直接人工	制造费用	
月初在产品	89000			89000
本月发生生产费用	336000	8000	12000	356000
合　计	425000	8000	12000	445000
本月完工产品成本	255000	8000	12000	275000
月末在产品成本	170000			170000

四、约当产量比例法

约当产量比例法是将月末在产品数量按其完工程度折算为相当于完工产品的产量（约当产量），然后将累计生产费用按照完工产品产量与月末在产品约当产量的比例，来分配计算完工产品成本与月末在产品成本的一种方法。这种方法的本质就是将在产品折算为相当于完工产品的数量，以同完工产品平等的身份进行分配。这种方法适用于月末在产品数量较多、各月末在产品数量变化大、产品成本中直接材料费用和直接人工等加工费用的比重也相差不多的产品。这是因为，在这种情况下的月末在产品成本，一不能忽略不计，二不能固定不变，三不能只计算原材料费用，而必须按照月末在产品数量，具体、全面地计算各成本项目的费用。

采用约当产量比例法分配生产费用，关键在于月末在产品约当产量的确定，而要确定在产品的约当产量，就要合理确定其完工程度。在产品完工程度的确定主要有两种方法：一是平均计算法；二是各工序分别测定完工程度法。

1. 平均计算法

平均计算法是对各工序在产品均按一个平均完工程度计算。这又分为两种情况：一是平均完工程度能用技术办法确定；二是平均完工程度没法用技术办法确定，就设定为50%。这是基于这样一个原理：在各工序在产品数量和单位产品在各工序的加工量都相差不多的情况下，后面工序的在产品多加工的量可以抵补前面各工序少加工的量。这样，全部在产品完工程度均可按50%平均计算。一般情况下，若没特别指出平均完工程度时，都默认为50%。

2. 各工序分别测定完工程度法

如果各工序的在产品数量和各工序的加工量相差悬殊，就不能采用平均计算法，而应该按各工序分别测定完工程度。

各工序分别测定完工程度是指根据各工序累计工时定额占完工产品工时定额数的比例，事先确定各工序产品的完工程度。计算公式如下：

$$\frac{某工序在产品}{完工率} = \frac{前面各工序工时定额之和+本工序工时定额\times50\%}{产品工时定额}\times100\%$$

$$(4-5)$$

在式（4-5）中，本工序的工时定额之所以乘以50%，是对在产品在本工序的完工程度采用了平均计算法。而对前面各工序的工时定额之所以按100%计算，是因为该在产品对本工序而言是在产品，而对前面工序而言已是完工产品，否则不可能转入下一道工序。

与完工程度测定方法相适应，在产品约当产量的确定方法也有两种：一是用全部在产品原始数量乘以平均完工程度；二是用处于各工序的在产品原始数量乘以相应工序的完工程度后，再予以汇总。

【例4-3】某企业丙产品单位工时定额为100小时，经过三道工序加工而成，各工序工时定额分别为50小时、30小时、20小时。各工序在产品数量分别为200件、300件、400件。要求按工序确定在产品完工程度，并计算在产品约当产量。

计算结果如下：

第一道工序完工程度＝（0+50×50%）÷100×100%＝25%

第二道工序完工程度＝（50+30×50%）÷100×100%＝65%

第三道工序完工程度＝（50+30+20×50%）÷100×100%＝90%

在产品约当产量＝200×25%＋300×65%＋400×90%＝605（件）

若丙产品完工程度用平均计算法，且平均完工程度为60%，则：

在产品约当产量＝（200+300+400）×60%＝540（件）

由于产品成本项目有直接材料、燃料和动力、直接人工和制造费用等内容，大多数费用的发生方式和直接人工费用一样，是逐步陆续投入的，但直接材料费用并不都是逐步陆续投入的，其投料方式通常有三种，即在生产开始时一次投入、在生产过程中陆续投入以及生产过程中分工序一次性投入。由于投料方式不同，在产品中原材料完工程度（此处称投料程度或投料率）与人工费用的完工程度并不是同步的，因此，对累计生产费用在完工产品和在产品之间的分配就应按成本项目分别确定，不能用一个完工程度来计算。有关计算公式如下：

月末在产品某项费用约当产量＝月末在产品数量×在产品该项费用完工程度

$$(4-6)$$

某项费用分配率＝该项费用总额÷（完工产品产量+在产品约当量）　　(4-7)

完工产品应负担某项费用＝完工产品产量×该项费用分配率　　(4-8)

在产品应负担某项费用＝在产品约当产量×该项费用分配率　　(4-9)
＝该项费用总额-完工产品该项费用

由于投料方式不同，在产品的投料程度也不一样，分配结果也是不一样的。下面通过举例分别加以说明。

1. 原材料在生产开始时一次投入

原材料在生产开始时一次投入时，在产品无论其加工程度多少，它和完工产品所耗材料数量相同，因而在产品的投料程度为100%。

【例4-4】接【例4-3】，该企业生产丙产品的原材料是生产开始时一次性投入的，本月完工产品1000件，月初在产品成本和本月发生生产费用为：直接材料费用40125元、直接人工费用12000元、制造费用9000元。要求按约当产量法在完工产品和月末在产品之间分配生产费用。

计算过程和结果如下：

(1) 分成本项目计算在产品各项费用的完工程度和在产品约当产量：

在产品投料程度为100%

在产品直接材料约当产量=（200+300+400）×100%=900（件）

由【例4-3】已知在产品各工序完工程度分别为25%、65%和90%

在产品直接人工等加工费用约当产量=605（件）

(2) 分成本项目计算各项费用的分配率：

直接材料费用分配率=40125÷（1000+900）≈21.12（元/件）

直接人工费用分配率=12000÷（1000+605）≈7.48（元/件）

制造费用分配率=9000÷（1000+605）≈5.61（元/件）

(3) 分成本项目分配费用：

完工产品应负担直接材料费用=1000×21.12=21120（元）

在产品应负担直接材料费用=40125-21120=19005（元）

完工产品应负担直接人工费用=1000×7.48=7480（元）

在产品应负担直接人工费用=12000-7480=4520（元）

完工产品应负担制造费用=1000×5.61=5610（元）

在产品应负担制造费用=9000-5610=3390（元）

(4) 确定完工产品成本和在产品成本：

完工产品成本=21120+7480+5610=34210（元）

在产品成本=19005+4520+3390=26915（元）

2. 原材料在生产开始后陆续投入

原材料在生产开始后陆续投入时，需和人工一样测定其投料度，因其投料进度与加工程度是同步的，因此在产品各成本项目的完工程度和投料率是相同的，所以无须分成本项目确定完工程度及分配费用。

【例4-5】接【例4-4】，现假设原材料是生产开始后陆续投入的，则计

算过程和结果如下:

(1) 计算在产品完工程度和在产品约当产量:

由【例4-3】已知在产品各工序完工程度分别为25%、65%和90%

由【例4-3】已知在产品约当产量=605(件)

(2) 计算各项费用的分配率:

费用分配率=(40125+12000+9000)÷(1000+605)≈38.08(元/件)

(3) 分配费用:

完工产品成本=1000×38.08=38080(元)

在产品成本=61125-38080=23045(元)

3. 原材料在生产开始后分工序一次性投入

原材料在生产开始后分工序一次性投入时,需分工序测定其投料率,与分工序测定完工程度的方法类似,但稍有不同,计算公式如下:

$$\text{某工序原材料投料率} = \frac{\text{前面各工序料耗定额之和}+\text{本工序料耗定额}\times100\%}{\text{产品工时定额}}\times100\%$$

$$(4-10)$$

式(4-10)中,本工序的料耗定额之所以乘以100%,是因为材料是分工序一次性投入的,本工序的在产品无论其加工程度多少,它已消耗了本工序的全部材料。

【例4-6】接【例4-4】,现假设原材料是生产开始后分工序一次性投入的,丙产品三道工序直接材料定额分别为:100千克、60千克、40千克,则计算过程和结果如下:

(1) 分成本项目计算在产品各项费用的完工程度和在产品约当产量:

第一道工序投料率=(0+100)÷200×100%=50%

第二道工序投料率=(100+60)÷200×100%=80%

第三道工序投料率=(100+60+40)÷200×100%=100%

月末在产品约当产量=200×50%+300×80%+400×100%=740(件)

由【例4-3】已知在产品各工序完工程度分别为25%、65%和90%

在产品直接人工等加工费用约当产量=605(件)

(2) 分成本项目计算各项费用的分配率:

直接材料费用分配率=40125÷(1000+740)≈23.06(元/件)

直接人工费用分配率=12000÷(1000+605)≈7.48(元/件)

制造费用分配率=9000÷(1000+605)≈5.61(元/件)

(3) 分成本项目分配费用:

完工产品应负担直接材料费用=1000×23.06=23060(元)

在产品应负担直接材料费用＝40125－23060＝17065（元）

完工产品应负担直接费用＝1000×7.48＝7480（元）

在产品应负担直接费用＝12000－7480＝4520（元）

完工产品应负担制造费用＝1000×5.61＝5610（元）

在产品应负担制造费用＝9000－5610＝3390（元）

（4）确定完工产品成本和在产品成本：

完工产品成本＝23060＋7480＋5610＝36150（元）

在产品成本＝17065＋4520＋3390＝24975（元）

五、在产品成本按完工产品成本计算法

在产品成本按完工产品成本计算法是将在产品视同完工产品分配生产费用和一种方法。它适用于在产品已接近完工，只是尚未包装或尚未验收入库的产品。因为这种情况下的在产品已基本加工完毕或已加工完毕，在产品的成本也就已经接近或等于完工产品成本。为了简化成本计算工作，可以把在产品视同完工产品，按两者的数量比例分配各项费用。

该法实际为约当产量比例法的一个特例，即在计算在产品约当产量时，其完工程度为100%。

六、在产品成本按定额成本计价法

在产品按定额成本计价法是根据月末在产品成本按定额成本计算，其余生产费用全由完工产品负担的一种方法。该法下，月末在产品实际生产费用脱离定额的差异全部计入当月完工产品成本。其计算公式为：

月末在产品成本＝月末在产品数量×在产品单位定额成本 （4-11）

完工产品成本＝（月初在产品成本＋本月发生生产费用）－月末在产品成本

这种方法适用于定额管理基础好，各项消耗定额或费用定额比较准确、稳定，各月月末在产品数量变化不大的产品。因为如果产品各项定额准确，月初和月末单位在产品实际费用脱离定额的差异就不会大；各月月末在产品数量变化不大，月初在产品费用总额脱离月末在产品定额费用总额的差异也就不会大。所以，月末在产品成本不计算成本差异，对完工产品成本影响不大。另外，如果消耗定额不稳定，那么在修订定额的月份，月末在产品成本就按新的定额计算，这样完工产品成本中就包括了月末在产品按新的定额成本计算所发生的差额，从而不利于完工产品成本的分析与考核。因此，采用此法，产品的各项消耗定额必须比较稳定。

【例4-7】某企业丁产品，本月完工700件，月末在产品300件，原材料在生产开始时一次投入，单位在产品直接材料费用定额为60元，单位在产品定额工时7小时，每小时费用定额为：直接人工2.5元，制造费用2元，月初在产品成本和本月生产费用合计如表4-4所示。

表4-4   产品成本计算表

单位：元

摘 要	成本项目			合 计
	直接材料	直接人工	制造费用	
生产费用合计	40000	12000	9000	61000
在产品成本（定额成本）	18000	5250	4200	27450
完工产品成本	22000	6750	4800	33550

在产品直接材料：300×60＝18000（元）

在产品直接人工：300×7×2.5＝5250（元）

在产品制造费用：300×7×2＝4200（元）

七、定额比例法

定额比例法是将生产费用按照完工产品与在产品定额消耗量或定额费用比例进行分配的一种方法。采用该种方法时，对于直接材料成本，可按直接材料定额消耗用量比例或定额费用比例进行分配；对于直接人工、制造费用，可按定额工时比例或定额费用比例分配。这种方法适用于定额管理基础好、各项消耗定额或费用定额比较准确、稳定，但各月末在产品数量变动较大的产品。

定额比例法的计算公式如下（按定额费用比例）：

$$直接材料费用分配率 = \frac{月初在产品材料费用 + 本月发生材料费用}{完工产品定额材料费用 + 月末在产品定额材料费用}$$

(4-12)

完工产品应负担直接材料费用=完工产品定额材料费用×直接材料费用分配率

在产品应负担直接材料费用=月末在产品定额材料费用×直接材料费用分配率

$$直接人工费用分配率 = \frac{月初在产品直接人工费用 + 本月发生直接人工费用}{完工产品定额工时 + 月末在产品定额工时}$$

(4-13)

完工产品应负担直接人工费用=完工品定额工时×直接人工费用分配率

月末在产品应负担直接人工费用=月末在产品定额工时×直接人工费用分配率

制造费用等费用的分配同直接人工费用的分配方法。

【例4-8】某企业生产A产品,月末完工产品和在产品成本采用定额比例计算,月初在产品和本月发生的费用如表4-5所示;A产品的有关产量和消耗定额如表4-6所示。

表4-5   **基本生产成本明细账**

产品名称:A产品   2014年3月   单位:元

2014年		摘 要	成本项目				合计
月	日		直接材料	直接人工	燃料动力	制造费用	
3	1	月初余额	7000	1140	810	850	9800
	*	分配材料费用	88000				88000
	*	分配工资		9000			9000
	*	分配福利费		1260			1260
	*	分配动力费			6750		6750
	*	分配制造费用				17990	17990
	30	合 计	95000	11400	7560	18840	132800

表4-6   **产品产量和定额资料**

产品	完工产品(件)	在产品(件)	单位材料费用定额(元)		单位工时定额(小时)	
			完工产品	在产品	完工产品	在产品
A产品	1000	400	60	40	10	5

根据上述资料A产品完工产品和在产品成本计算如下:

直接材料分配率 = 95000÷(1000×60+400×40) = 1.25(元/件)

直接人工分配率 = 11400÷(1000×10+400×5) = 0.95(元/小时)

燃料动力分配率 = 7560÷(1000×10+400×5) = 0.63(元/小时)

制造费用分配率 = 18840÷(1000×10+400×5) = 1.57(元/小时)

完工产品成本:

直接材料成本 = 1000×60×1.25 = 75000(元)

直接人工成本 = 1000×10×0.95 = 9500(元)

燃料动力成本 = 1000×10×0.63 = 6300(元)

制造费用成本 = 1000×10×1.57 = 15700(元)

月末在产品成本:

直接材料成本＝95000－75000＝20000（元）

直接人工成本＝11400－9500＝1900（元）

燃料动力成本＝7560－6300＝1260（元）

制造费用成本＝18840－15700＝3140（元）

上述计算结果如表4-7所示：

表4-7 　　　　　　　　**产品成本计算单**

产品名称：A 产品 　　　　　　　2014 年 3 月 　　　　　　　　单位：元

成本项目		直接材料	直接人工	燃料动力	制造费用	合 计
月初在产品费用		7000	1040	810	850	9700
本月生产费用		88000	10260	6750	17990	123000
生产费用合计		95000	11300	7560	18840	132700
费用分配率		1.25	0.95	0.63	1.57	
完工产品成本	定额	60000	10000（小时）	10000（小时）	10000（小时）	
	实际	75000	9500	6300	15700	106500
月末在产品成本	定额	16000	2000（小时）	2000（小时）	2000（小时）	
	实际	20000	1900	1260	3140	26300

生产费用在完工产品与在产品之间分配的方法较多，企业可根据所生产不同产品的特点及管理条件合理选用其中一种或几种，但选定后，没有特殊情况不能随意变更，以便不同时期的在产品成本具有可比性。

第三节　完工产品成本的结转

一、账户设置

完工产品是指完成全部生产过程，符合技术与质量要求，已验收入库，具备对外销售条件的产品。随着完工产品的入库，完工产品所负担的生产成本应随之结转。为了反映完工产品入库和成本结转情况，需要设置"库存商品"账户进行核算。"库存商品"账户是资产类账户，用来核算企业自行生产完工入库的完工产品和从外部购进直接用于对外销售的商品的增减变化及其结存情况。在制造企业中，该账户的借方登记验收入库的完工产品或外购商品的实际成本，贷方登记结转的商品销售成本和其他原因付出商品的实际成本，余额在借方，表示企业在库商品的实际成本。

二、账务处理

企业无论采用何种方法确定月末在产品成本，在计算出本月完工产品成本和单位成本后，都要根据产品成本明细账或成本计算单编制产成品（完工产品）成本汇总表，再结合产品入库单进行会计处理。

【例4-9】某企业月终根据各种产品成本计算单编制的产成品成本汇总如表4-8所示。

表4-8

完工产品成本汇总表

2014 年 3 月

单位：元

产品	产量	完工产品总成本				完工产品单位成本
		直接材料	直接人工	制造费用	合计	
甲产品	6500（件）	162500	91000	84500	338000	52
乙产品	3200（件）	102400	76800	64000	243200	76
合　计		264900	167800	148500	581200	

结转完工产成品成本的会计分录如下：
借：库存商品——甲产品　　　　　　　　338000
　　　　　　　——乙产品　　　　　　　　243200
　　贷：生产成本——基本生产成本——甲产品　　338000
　　　　　　　　　　　　　　　　　——乙产品　　243200

【本章小结】

基本内容：企业在实际生产过程中，往往存在大量的在产品，所以如何将各类成本费用正确地在完工产品和在产品之间进行分配，以及分配方法选择得正确与否，对以后产品的成本及售价的确定就显得至关重要。本章首先阐述了在产品的含义、在产品数量的确定和清查及盘亏的核算，以便正确地判断在产品的数量，为后面进行分配收集正确的数据；其次重点讲述了几种常见的分配方法。

月末在产品成本忽略不计法适用于各月末在产品数量很少，算不算在产品成本对于完工产品成本的影响较小，管理上不要求计算在产品成本的产品；月末在产品按年初固定成本计算法适用于在产品数量较少，或者在产品数量虽多但各月之间在产品数量变动不大，月初、月末在产品成本的差额不大的产品；月末在产品成本按所耗原材料费用计算法适用于各月末在产品数量较多，各月之间在产品数量变化也较大，同时原材料费用在成本中所占比重较大的产品；月末在产品成本按完工产品成本计算法适用于月末在产品已经接近完工，或者已经加工完毕，但尚未验收入库的产品。以上几种方法在一些特殊行业中使用较多。

在企业的成本核算中，应用最为广泛的是约当产量法。采用这种方法，必须正确地判断出在产品的约当量，从而将成本费用在在产品和完工产品之间进行分配，而要计算出约当产量，必须采用正确的方法，判断出在产品的完工程度，这些内容在本章都做了详细介绍。

对于定额管理基础较好的企业，可以采取本章中介绍的另外两种方法，即定额比例法和定额成本法。

重点与难点：重点是约当产量法，难点是约当产量法和定额比例法。

【同步练习】

一、单项选择题

1. 月末在产品按固定成本计价法适用的范围是(　　)。

A. 月末在产品数量比较稳定　　　B. 每期生产费用发生均衡

C. 加工费用所占的比重较大　　　D. 材料费用在产品成本中所占比重较大

2. 在计算完工产品成本时，如果不计算在产品成本，必须具备的条件是(　　)。

A. 各月末在产品数量很少　　　B. 各月末在产品数量比较稳定

C. 定额管理基础较好　　　D. 各月末在产品数量较多

3. 假定某企业生产甲产品的工时定额为 100 小时，由两道工序组成，每道工序的定额工时分别为 80 小时和 20 小时，则第二道工序的完工程度是(　　)。

A. 60%　　　B. 80%　　　C. 90%　　　D. 100%

4. 某产品月末在产品采用在产品成本忽略不计法，上月末在产品 10 件，本月投产 990 件，完工 980 件，月末在产品 20 件。本月生产费用 50000 元，月末在产品成本为(　　)元。

A. 0　　　B. 500　　　C. 1000　　　D. 1500

5. 生产费用在完工产品和月末在产品之间的分配应分项目核算，在产品计算完工率时，可以采用同一完工率的是(　　)。

A. 直接材料项目与直接人工项目

B. 直接人工项目与制造费用项目

C. 直接材料项目与制造费用项目

D. 直接材料项目、直接人工项目与制造费用项目

6. 假定某企业生产甲产品，本月完工 300 件，月末在产品 200 件，在产品完工程度为 50%；月初和本月发生的原材料费用共 40000 元，原材料在生产开始时一次性投入，则完工产品与月末在产品的原材料费用分别为（ ）。

A. 16000 元和 24000 元   B. 24000 元和 16000 元

C. 30000 元和 10000 元   D. 10000 元和 30000 元

7. 采用约当产量比例法，当各工序在产品数量和单位产品在各工序的加工量都相差不多的情况下，全部在产品完工程度可按（ ）平均计算。

A. 80%   B. 25%   C. 50%   D. 75%

8. 约当产量比例法适用于（ ）的产品。

A. 月末在产品数量较大   B. 各月间在产品数量变化较大

C. 产品成本中各项费用比重相差不多   D. 以上三项条件同时具备

9. 某产品经三道工序加工而成，每道工序的工时定额分别为 15 小时、25 小时、10 小时。各道工序在产品本道工序的加工程度按工时定额的 50% 计算。第三道工序的累计工时定额为（ ）小时。

A. 10   B. 50   C. 45   D. 40

10. 采用在产品成本按固定成本计价，1～11 月各月完工产品成本等于（ ）。

A. 月初在产品成本   B. 本月生产费用

C. 完工产品成本   D. 月末在产品成本

二、多项选择题

1. 以下正确的计算公式有（ ）。

A. 月初在产品成本+本月生产费用-完工产品成本=月末在产品成本

B. 月初在产品成本+本月生产费用=完工产品成本+月末在产品成本

C. 月初在产品成本-月末在产品成本=完工产品成本-本月生产费用

D. 完工产品成本-月初在产品成本=月末在产品成本-本月生产费用

2. 本月发生的人工费用，不计入在产品成本的方法有（ ）。

A. 月末在产品成本忽略不计法   B. 月末在产品只计算原材料费用法

C. 约当产量比例法   D. 定额比例法

3. 基本生产车间完工产品转出时，可能借记的账户有（ ）。

A. 周转材料——低值易耗品   B. 原材料

C. 生产成本——辅助生产成本　　　D. 产成品

4. 以下属于在完工产品和在产品之间分配费用的方法有(　　)。

A. 定额比例法　　　　　　　　　B. 约当产量比例法

C. 直接分配法　　　　　　　　　D. 交互分配法

5. 在产品盘亏时,已查清原因并经批准可能计入借方的有(　　)。

A. 制造费用　　　B. 营业外支出　　C. 营业外收入　　D. 其他应收款

6. 广义的在产品包括(　　)。

A. 正在各个车间加工中的在制品　　B. 加工完毕已入库存的产成品

C. 已完工但尚未验收入库的产成品　　D. 等待返修的可修复废品

7. 定额成本法的适用范围是(　　)。

A. 消耗定额比较准确　　　　　　B. 消耗定额比较稳定

C. 月末在产品数量比较稳定　　　D. 定额管理基础较好

8. 在产品按完工品成本计算法的适用范围是(　　)。

A. 月末在产品已经接近完工

B. 在产品已完工 50% ,但为了简化产品成本计算工作

C. 产品已经完工但只是未验收入库

D. 在产品已完成半成品加工只是尚未验收入库

9. 约当产量比例法适用于分配(　　)。

A. 直接材料费用　　　　　　　　B. 直接人工费用

C. 制造费用　　　　　　　　　　D. 管理费用

10. 定额管理基础较好,各项消耗额定比较准确,月末在产品数量变化也较大,生产费用在完工产品与月末在产品之间的分配应采用(　　)。

A. 定额比例法　　　　　　　　　B. 只计算原材料费用法

C. 定额成本法　　　　　　　　　D. 约当产量比例法

三、判断题

1. 定额比例法又简称定额成本法。　　　　　　　　　　　　　　(　　)

2. 月末在产品数量变化大,直接材料费用在产品成本中所占比重较大,可采用固定在产品成本法。　　　　　　　　　　　　　　　　　　(　　)

3. 在产品的盘亏无论是何种原因,只能增加制造费用的账面价值。

(　　)

4. 任何企业都可以采用定额成本法在完工产品和在产品之间分配生产费用。

(　　)

5. 在产品按完工产品成本计价法时,在产品数量不需计算约当产量。

(　　)

6. 在产品约当产量是指将期末在产品数量折合成完工产品的数量。

（　　）

7. 原材料分工序陆续投料，各工序在产品原材料完工率可按50%平均计算。

（　　）

8. 生产已经完工但未验收入库的产品属于在产品。（　　）

9. 在产品分别采用定额成本法与定额比例法计算的在产品成本是不相同的。

（　　）

10. 各月末在产品数量变化不大的产品，月末在产品成本可以忽略不计。

（　　）

11. 所有产品都需要经过生产费用在完工产品与月末在产品之间分配后，才能计算出完工产品的成本。（　　）

12. 经批准核销在产品盘盈时，应借记"待处理财产损溢"账户，贷记"制造费用"账户，冲减制造费用。（　　）

13. 完工产品与月末在产品之间分配费用，采用在产品按定额成本计价法，定额成本与实际成本的差异，由完工产品和在产品共同负担。（　　）

14. 不计算在产品成本法和固定在产品成本法下，本月完工产品成本都等于本月发生生产费用，且都不需要计算在产品成本。（　　）

15. 在产品按所耗用直接材料成本计价法下，完工产品除负担与在产品分配的材料费用外，还负担全部的人工费用和制造费用。（　　）

四、技能训练题

技能训练1

目的：训练月末在产品成本忽略不计法。

资料：某企业生产的A产品由于月末在产品数量很少，因此不需要计算月末在产品成本。本月发生的生产费用为：原材料25000元，工资及福利费用等5800元，制造费用3600元。本月完工产品1400件，月末在产品9件。

要求：

（1）计算A产品的完工产品总成本和单位成本。

（2）填制产品成本计算单（见表4-9）。

（3）编制结转完工产品入库的会计分录。

表4-9　　　　　　　　　　　　**产品成本计算单**

产品名称：　　　　　　　　　　　　　　年　　月　　　　　　　　　　　　单位：元

摘　要	成本项目			合　计
	直接材料	直接人工	制造费用	
月初在产品成本				
本月发生生产费用				
生产费用合计				
完工产品数量				
完工产品单位成本				
本月完工产品成本				
月末在产品成本				

技能训练2

目的：训练在产品按固定成本计价法。

资料：某企业生产的甲产品，月初在产品18件，本月投产2002件，本月完工2000件，月末在产品20件，月初在产品成本为35000元，其中直接材料15000元，直接人工10000元，制造费用10000元；本月生产费用345000元，其中直接材料145000元，直接人工110000元，制造费用90000元。月末在产品数量稳定。

要求：

（1）计算月末在产品成本和完工产品成本。

（2）填制产品成本计算单（见表4-10）。

（3）编制结转完工产品入库的会计分录。

表4-10　　　　　　　　　　　　**产品成本计算单**

产品名称：　　　　　　　　　　　　　　年　　月　　　　　　　　　　　　单位：元

摘　要	成本项目			合　计
	直接材料	直接人工	制造费用	
月初在产品成本				
本月发生生产费用				
生产费用合计				
完工产品数量				
完工产品单位成本				
本月完工产品成本				
月末在产品成本				

技能训练3

目的：训练按原材料费用法分配完工产品与在产品成本。

资料：某企业生产的乙产品的原材料费用在产品成本中所占比重较大，在产品按所耗原材料费用计算。材料在生产开始一次性投入，月初在产品材料成本为80000元。本月发生的费用为：原材料120000元，燃料及动力7000元，工资及福利费8000元，制造费用5000元。本月完工产品350件，月末在产品150件。

要求：

（1）计算乙产品的完工品和在产品成本。

（2）填制产品成本计算单（见表4–11）。

（3）编制结转完工产品入库的会计分录。

表4–11 　　　　　　　　　　　**产品成本计算单**

产品名称：　　　　　　　　　　　　　年　　月　　　　　　　　　　　　单位：元

摘　要	成本项目			合　计
	直接材料	直接人工	制造费用	
月初在产品成本				
本月发生生产费用				
生产费用合计				
完工产品数量				
完工产品单位成本				
本月完工产品成本				
月末在产品成本				

技能训练4

目的：训练在产品完工率与约当产量的计算。

资料：某企业生产的B产品分三道工序完成，单位产品工时定额为40小时，其中第一道工序为24小时，第二道工序为8小时，第三道工序为8小时。各工序月末在产品人工费用消耗为50%。月末在产品1800件，其中第一道工序1000件，第二道工序500件，第三道工序300件。

要求：

（1）计算B产品在各工序的完工率。

（2）计算各工序在产品的约当产量。

技能训练5

目的：训练约当产量比例法。

资料：某企业生产 C 产品，需经过两道工序，本月完工 3000 件，月末在产品第一道工序 2000 件，第二道工序 1000 件。月初在产品成本 973000 元，其中直接材料 720000 元，直接人工 143000 元，制造费用 110000 元。本月生产费用 1827000 元，其中直接材料 1200000 元，直接人工 385000 元，制造费用 242000 元。原材料是一次投料。单件产品工时定额为 5 小时，其中第一道工序 3 小时，第二道工序 2 小时。

要求：

（1）计算在产品约当产量。

（2）填制产品成本计算单（见表 4-12）。

（3）编制结转完工产品入库的会计分录。

表 4-12 产品成本计算单

产品名称：　　　　　　　　　年　月　　　　　　　　　单位：元

摘 要	成本项目			合 计
	直接材料	直接人工	制造费用	
月初在产品成本				
本月发生生产费用				
生产费用合计				
完工产品数量				
完工产品单位成本				
本月完工产品成本				
月末在产品成本				

技能训练6

目的：训练定额成本法。

资料：某厂生产 D 产品，该产品月初和本月生产费用累计为：原材料 120000 元，工资及福利费 35000 元，制造费用 18000 元。原材料在生产开始时一次投料。单位产品原材料费用定额为 500 元，月末在产品 100 件，定额工时共计 2500 小时，每小时费用定额为：工资及福利费 2.5 元，制造费用 1.5 元。

要求：采用定额成本法计算 D 产品的完工产品与月末在产品成本。

技能训练 7

目的：训练定额比例法。

资料：某厂生产 E 产品，该产品本月初在产品成本为：原材料 2200 元，工资及福利费 1800 元，制造费用 1000 元；本月的生产费用为：原材料 26800 元，工资和福利费用 10400 元，制造费用为 4600 元；本月完工产品 500 件，月末在产品 200 件，单位材料定额完工产品和在产品均为 3 元，完工产品单位工时定额为 2.5 元，在产品单位工时定额为 2 元。

要求：采用定额比例法计算 E 产品的完工产品与月末在产品成本。

五、综合训练题

实训目的：掌握生产费用在完工产品与月末在产品之间的分配方法。

实训内容：2014 年 3 月，新星公司甲车间月初及本月发生的甲产品生产费用为 315000 元，其中材料费用 185000 元，人工费用 55000 元，制造费用 75000 元；乙产品生产费用为 180000 元，其中材料费用 98000 元，人工费用 32000 元，制造费用 50000 元。甲、乙两种产品的原材料均在生产开始时一次投入。甲产品需要经过三道工序，乙产品需要一道工序。

其他有关资料如下：

（1）各工序的工时定额如表 4-13 所示。

表 4-13 产品工时定额表

单位：小时

产品名称	工时定额			
	一工序	二工序	三工序	合 计
甲产品	5	7	10	22
乙产品		7		7

（2）月末，对甲、乙产品的月末在产品进行实地盘点。盘点结果如表 4-14 所示。

表 4-14 月末在产品盘存表

单位：件

产品名称	数 量			
	一工序	二工序	三工序	合 计
甲产品	20	40	40	100
乙产品		80		80

（3）本月产品入库情况如表 4-15 所示。

表 4-15   产品入库单

产品名称	单位	入库数量
甲产品	件	900
乙产品	件	1920

实训要求：

（1）采用约当产量比例法确定月末在产品的材料费用约当产量和其他费用约当产量，编制"月末在产品约当产量计算表"。

（2）在本月完工产品与月末在产品之间分配生产费用，确定月末在产品成本与完工产品成本，编制甲、乙产品的"生产费用分配表"。

（3）根据甲、乙产品的"生产费用分配表"及产品入库单，编制完工产品入库的记账凭证。

（4）根据记账凭证登记"基本生产成本明细账"。

第五章 产品成本计算的基本方法

【学习目标】

1. 了解企业生产特点和管理要求对成本计算方法的影响；
2. 掌握产品成本计算各种基本方法的主要特点；
3. 熟悉产品成本计算各种基本方法的适用范围和优缺点；
4. 掌握产品成本计算各种基本方法的计算程序，重点掌握品种法。

【案例导读】

郭涛和张亮到灵泉啤酒厂实习，该啤酒厂生产规模较大，为此他们特别关注啤酒厂的成本核算工作。通过一段时间的实习，总结出该厂啤酒生产过程为：制麦工序、糖化工序、发酵工序、包装工序四个工序。制麦工序的一部分半成品对外销售，一部分转入下一道工序继续加工；其余工序生产的半成品直接转入下一工序使用，不经过半成品仓库，也不需要计算各工序半成品成本。根据掌握的资料，郭涛认为该啤酒生产企业是典型的多步骤生产，因此将其成本核算方法设计为分步法；而张亮认为郭涛的想法虽有一定道理，但也不一定完全正确，张亮认为应结合该企业的实际情况，将品种法和分步法结合使用。

思考：

选择成本计算方法时应该考虑哪些因素？那么郭涛和张亮产生分歧的原因是什么？他们的分析设计是否科学合理？是否还有其他方法可供选择？实际核算工作中又应该怎样去实施呢？

第一节　产品成本计算方法概述

一、影响成本计算方法的因素

成本计算，就是对实际发生的各种费用的信息进行处理的过程。成本计算方法是指按一定的成本对象归集生产费用，以便计算出各种产品总成本和单位成本的方法。成本计算方法也称成本核算方法。

由于产品成本是在生产过程中形成的，计算何种成本和采用什么方法计算成本，在很大程度上取决于生产的特点（包括工艺过程特点和生产组织特点）；而成本计算主要是为成本管理提供资料的，既要考虑采用什么方法，提供哪些资料，又要考虑成本管理的要求。当然，成本管理的要求也脱离不开生产的特点。以上关系说明，影响成本计算方法的主要因素是企业的生产特点和成本管理要求，生产特点是首要因素。

问题解析

问题： 成本计算方法到底是指什么？第三、第四章已大量介绍费用的归集分配方法、生产费用在完工产品和在产品之间的分配方法，为何本章又专门介绍成本计算方法？难道前面诸多方法不是成本计算方法？

解析： 应该说凡是用于核算成本的方法都是成本计算方法，只是第三、第四章所介绍的费用的归集分配方法、生产费用在完工产品和在产品之间的分配方法都是相对某一种费用成本而言的，是具体的、微观的方法，且基本上每种费用、成本的分配都介绍了两种以上的方法，企业根据自身特点可从中选择某一种方法。而本章所说的成本计算方法是指企业从要素费用的核算开始直到计算出完工产品成本这一过程中应用和组织前面所介绍的具体方法时所采取的方案，是一种宏观的统领方法，它一旦确定了成本计算对象（品种或批次等）后，就可从具体费用成本的诸多归集分配方法中选择某一种，而且一经选定，不得随意更改。

成本计算方法不是独立于费用成本归集和分配方法之外的特定方法，是由企业选择的每一种费用成本归集和分配方法组合起来的，可认为费用成本的归集分配方法和成本计算方法之间是点和线的关系。

二、制造企业的主要生产类型

企业生产的类型决定了企业产品的生产特点。企业产品的生产特点不同，成本核算的组织方式和成本计算的方法也不相同。因此，要做好成本核算工作，就必须要研究生产的分类，按照企业生产的一般特点，可以将企业生产进行如下分类。

（一）按生产工艺过程的特点分类

产品生产工艺过程是指产品从投料到完工的生产工艺、加工制造过程。按生产工艺过程是否可以间断，产品生产可以分为单步骤生产和多步骤生产。

1. 单步骤生产

单步骤生产又称简单生产，即产品的生产工艺过程不能间断，或不能分散在不同地点进行的生产。此类生产的生产周期较短，工艺较简单。如发电、采掘、化肥、玻璃等的生产。

2. 多步骤生产

多步骤生产又称复杂生产，即产品的生产工艺过程由若干可以间断、可以分散在不同时间和地点进行的生产步骤所组成的生产。此类生产的生产周期较长，工艺较复杂。这种生产可以由一个企业独立完成，也可以由几个企业协作进行。在一个企业内，这种生产可以由一个车间来完成，也可以由几个车间协作完成。

多步骤生产按其产品的加工方式不同，又可分为连续式多步骤生产和装配式多步骤生产。

（1）连续式多步骤生产是指从原材料投入生产到产品完工，要依次经过各生产步骤的连续加工的生产，即前一步骤完工的半成品为后一步骤加工的对象。如纺织、冶金、造纸等企业的生产。

（2）装配式多步骤生产是指各个步骤可以在不同的地点和时间同时进行，即先将原材料平行加工成零件、部件，然后再将零件、部件装配成产成品。如机械、仪表、服装、汽车、造船、家用电器等企业的生产。

（二）按生产组织方式的特点分类

生产组织方式是指企业在一定时期内组织生产的特点，如产品品种的多少、同种类产品的数量以及生产的重复程度和专业化程度等。按生产组织方式，产品生产可以分为大量生产、成批生产和单件生产三种类型。

1. 大量生产

大量生产指不断地大量重复生产相同产品的生产。此类生产的特点是产品品种较少、产量很大，如纺织、面粉、酿酒、发电、采掘等的生产。

2. 成批生产

成批生产指按照事先规定的产品批别和数量进行的生产。此类生产的特点是产品品种较多、产量较大，生产具有重复性，各种产品的生产往往成批轮番进行，如服装、鞋帽、家用电器等的生产。

根据批量的大小，成批生产又可分为大批生产和小批生产，大批生产的性质接近于大量生产，小批生产的性质接近于单件生产。

3. 单件生产

单件生产指根据订货单位的要求，仅制造个别的、性质特殊的产品的生产，如船舶、飞机、重型机械、专用设备制造等的生产。

制造企业生产的类型如图 5-1 所示。

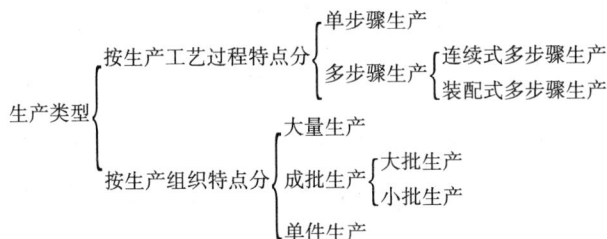

图 5-1　制造企业生产的类型

上述生产工艺过程的特点和生产组织的特点结合起来，可以进一步形成不同的生产企业类型。如大量大批单步骤生产、大量大批连续式多步骤生产、大量大批装配式多步骤生产、单件小批装配式多步骤生产等。

三、生产特点和成本管理要求对产品成本计算方法的影响

企业采用哪种成本计算方法，主要取决于产品的生产特点和不同的成本管理要求。不同的生产特点和成本管理要求对产品成本计算方法的影响也不同。主要体现在对成本计算对象、成本计算期以及生产费用在完工产品和在产品之间分配三个方面的不同影响。

（一）对成本计算对象的影响

计算产品成本，首先要确定成本计算对象。成本计算对象是指企业为了计算产品成本而确定的归集和分配生产费用的各个对象，即成本费用的承担者，也称成本核算对象。总的来说，某种产品、某批产品、某类产品、某步骤产品、某项作业，都可作为成本计算对象。具体来说，还要从生产工艺特点和产品生产组织特点来进行分析确定。

（1）对于单步骤连续式大量生产企业，由于生产工艺过程不能间断，不能分散在不同地点进行生产，又由于大量重复无法分批，成本管理既不能分步计算产品成本，也不能分批计算产品成本，而只能以最终产品品种作为成本计算对象来分别计算产品成本，即成本计算对象为产品品种。

（2）对于多步骤连续式大量生产企业，由于生产工艺过程由若干个分散在不同地点、不同时间的连续式加工过程组成，其品种相同，产品无法分批，但工艺过程可以划分为若干个生产步骤，成本计算对象可以为每个生产步骤。

（3）对于多步骤装配式生产企业，由于产品品种少而且稳定，在较长时间内生产同种产品，其产品的零件、部件可以在不同地点同时进行加工，然后装配成最终产品，而零件、部件半成品没有独立的经济意义，不需要按步骤计算半成品成本。另外，由于零件、部件生产的批别与订货产品生产的批别不一定一致，也不能按产品批别计算成本，所以，该种生产应以产品品种为成本计算对象。

（4）对于多步骤装配式单件小批生产企业，由于生产的产品批量小，产品按照单件或批别组织，一批产品一般在较短时间内完工，因此，以单件或每批产品作为成本计算对象，采用分批法计算成本，即成本计算对象为批别或订单。

（二）对成本计算期的影响

成本计算期是指计算产品成本时，对产品费用计入产品成本的起讫日期，也就是每次计算产品成本的期间。成本计算期的确定主要取决于生产组织的特点。

对于大量、大批生产，由于生产连续不断地进行，企业不断地投入原材料，同时又不断地有完工产品，产品成本计算很难等某件或某批产品完工以后进行，因而产品成本通常要定期在每月末进行计算。成本计算周期与生产周期不一致，而与会计报告期一致。

对于小批、单件生产，由于生产一般不重复进行，各批产品的生产周期不同，其产品成本可以等到某件或某批产品完工以后计算，因此，成本计算是不定期的，成本计算期与生产周期一致，而与会计报告期不一致。

（三）对生产费用在完工产品和在产品之间分配的影响

企业生产费用是否需要在完工产品和月末在产品之间进行分配，也主要取决于生产组织的特点和成本管理要求。

（1）对于单步骤大量、大批生产的产品，由于生产过程不间断，生产周期短，一般没有在产品或在产品数量很少。因此，在计算产品成本时，生产费用不需要在完工产品和月末在产品之间进行分配。

（2）对于多步骤大量、大批生产的产品，由于生产连续不断地进行，并不断地投入和产出，投料和完工同时存在，各生产步骤必然保持一定数量的不同完工程度的在产品，而且各期在产品数量及完工程度经常不一样。因此，在计算产品成本时，生产费用必须在完工产品和月末在产品之间进行分配。

（3）对于单件小批生产的产品，由于成本计算期与产品生产周期一致，在产品尚未完工时，该批（或件）产品成本计算单所归集的生产费用，就是在产品的成本；当产品全部完工时，该批（或件）产品成本计算单所归集的生产费用，就是完工产品的成本。因此，都不存在计算在产品成本的问题，即生产费用不需要在完工产品和月末在产品之间进行分配。

综上所述，由于企业生产特点和成本管理要求不同，决定了成本计算方法也不尽相同。在影响成本计算的三个因素中，成本计算对象是最主要的，它决定了其他两个因素。因此，成本计算对象的确定，是正确计算产品成本的前提，是区别各种成本计算方法的主要标志，也是命名成本计算方法的依据。

四、产品成本计算的方法

产品成本计算的方法主要取决于企业的生产类型，不同生产类型所采用的成本计算方法是不同的。成本计算方法包括基本方法和辅助方法，企业在选用方法时，可以根据生产特点选择其中的一种或几种方法，也可以将这些方法结合应用。

（一）产品成本计算的基本方法

产品成本计算的基本方法是在成本计算中能够独立运用的计算方法。成本计算的基本方法有三种：品种法、分批法和分步法。

1. 品种法

品种法是指以产品品种为成本计算对象的成本计算方法。品种法适用于大量、大批的单步骤生产或管理上不要求分步骤计算成本的多步骤生产。如发电、采掘、供水、水泥厂等生产企业。

2. 分批法

分批法是以产品的批别或订单为成本计算对象的成本计算方法。分批法适用于单件的、小批的单步骤生产或管理上不要求按步骤计算成本的多步骤生产。如重型机械、船舶制造、修理作业等企业。

3. 分步法

分步法是以产品生产步骤为成本计算对象的成本计算方法。分步法适用于大量、大批生产且管理上要求分步骤计算成本的多步骤生产。如纺织、冶金、钢铁等企业。分步法按各步骤生产成本的结转方式不同又可以分为逐步结转分步法和平行结转分步法。

以上基本成本计算方法的特点如表5-1所示。

表5-1　　　　　　　　　　　　　基本成本计算方法的特点

成本计算方法	成本计算对象	成本计算期	生产费用在完工产品和在产品之间的分配问题
品种法	每种产品	定期于月末计算	是否需要分配视情况而定
分步法	每种产品及其所经过的加工步骤	定期于月末计算	一般需要进行分配
分批法	每批产品	不定期计算	一般不需要进行分配

生产特点和成本管理要求对成本计算方法的影响如表5-2所示。

表5-2　　　　　　　　　生产特点对成本计算基本方法的影响

成本计算方法	生产组织方式	生产工艺过程和成本管理要求
品种法	大量大批生产	单步骤生产或管理上不要求分步骤计算成本的多步骤生产
分步法	大量大批生产	管理上要求分步骤计算成本的多步骤生产
分批法	小批单件生产	单步骤生产或管理上不要求分步骤计算成本的多步骤生产

（二）产品成本计算的辅助方法

成本计算除了上述三种基本方法外，在产品品种、规格繁多的企业，为了简化成本计算工作，或者为了加强成本管理，还可采用几种简便的成本计算方法，即辅助方法。产品成本计算的辅助方法主要包括分类法和定额法。一般来说，作为辅助方法，这两种方法并不是企业成本计算必不可少的方法，而且在使用这些方法时，必须要结合前面介绍的三种基本方法。

1. 分类法

分类法是以产品的类别作为成本计算对象来归集费用，计算出各类产品实际成本，再在类内产品之间进行成本分配，计算出类内各种产品生产成本的方法。它是品种法的延伸，产品的品种和规格繁多的企业采用分类法比较简便。

2. 定额法

定额法是以产品的定额成本为基础，加减实际脱离现行定额的差异、材料成本差异和定额变动差异，计算产品实际成本的一种方法。它主要适宜于定额管理基础较好、产品生产定型、消耗定额合理且稳定的企业。

第二节　产品成本计算的品种法

一、品种法的概念、适用范围及特点

1. 品种法的概念

产品成本计算的品种法就是以产品品种作为成本计算对象，归集生产费用，计算产品成本的一种基本方法。不论是哪种生产类型、采用哪种生产工艺、有哪些成本管理要求，最终都得计算出每种产品的成本，所以，按产品品种计算产品成本是成本核算最基本的要求，品种法是企业产品成本计算最基本的方法。

按照品种法成本计算的繁简程度和企业生产产品品种的不同，还可将其分为单一品种的品种法和多品种的品种法。

（1）单一品种的品种法，是指企业最终只生产一种产品，发生的生产费用全部直接计入该产品费用，并可以直接根据有关原始凭证及费用汇总表登记产品成本明细账。这种方法的成本计算过程简单，故又称简单法。

（2）多品种的品种法，是指企业最终生产的产品有多种，发生的生产费用应直接计入各产品成本计算单，间接费用则需要采用适当的分配方法，在各产品成本对象之间进行分配，然后计入各产品成本计算单。

2. 品种法的适用范围

（1）主要适用于大量大批单步骤生产的产品，如粮食加工、供水、发电、采掘等企业。

（2）在大量大批多步骤生产的企业中，如果企业生产规模较小，或者车间是封闭式的，而且成本管理上不要求提供各步骤的成本资料时，也可以采用品种法计算产品成本，如小型造纸厂、砖瓦厂、水泥厂等。

（3）企业的辅助生产（如供水、供电、供汽等）车间也可以采用品种法计算其产品（或劳务）的成本。

3. 品种法的特点

（1）以产品品种作为成本计算对象。品种法以产品品种作为成本计算对象，并据此设置产品成本明细账，归集生产费用和计算产品成本。如果企业生产的产品有多个品种，就需要以每一种产品作为成本计算对象，分别设置产品成本明细账。如华新水泥厂生产硅酸盐水泥和粉煤灰水泥，就应按这两个品种分别开设产品成本明细账，账户名称表现形式为"生产成本——基本生产成本——硅酸盐水泥"和"生产成本——基本生产成本——粉煤灰水泥"。

（2）成本计算一般定期按月进行。品种法下成本计算期与会计报告期一致，但与产品生产周期不一致。因为，采用品种法计算产品成本的企业多数是大量、大批生产，并且是不间断地连续生产，无法按照产品的生产周期来归集生产费用，计算产品成本，只能定期按月计算产品成本。所以，产品成本计算期与会计报告期一致，但与产品生产周期不一致。

（3）生产费用是否需要在完工产品和在产品之间分配视情况而定。在单步骤生产中，月末计算成本时，为了简化计算，可以不计算在产品成本。在一些规模较小，而且管理上又不要求按照生产步骤计算成本的大量、大批的多步骤生产中，月末一般都有在产品，这时则需要采用适当的方法将费用在完工产品和在产品之间进行分配，即需要计算月末在产品成本。

二、品种法的成本计算程序

采用品种法计算产品成本时，可按以下几个步骤进行。

1. 按产品品种设置生产成本明细账

在"生产成本"总分类账户下，设置"基本生产成本"和"辅助生产成本"二级账，同时，按产品品种开设产品成本明细账（或产品成本计算单），并按成本项目设置专栏。还应开设"辅助生产成本明细账"（按生产车间或品种）和"制造费用明细账"（按生产车间），账内按成本项目或费用项目设置专栏。

2. 归集和分配本月发生的各种费用

根据生产过程中发生的各项费用的原始凭证和相关资料，编制各种费用汇总表和分配表，进行账务处理后，登记"产品成本明细账"、"辅助生产成本明细账"、"制造费用明细账"及"期间费用明细账"。具体程序如下：

（1）归集和分配材料费用。根据领用材料的凭证、退料凭证及有关分配标准，汇总和分配材料费用，并登记有关明细账。

（2）归集和分配人工费用。根据各车间、部门薪酬结算凭证及有关分配标准，汇总和分配人工费用，并登记有关明细账。

（3）归集和分配外购动力费用。根据各车间、部门耗电数量、电价和有关分配标准，编制外购动力费用分配表，并登记有关明细账。

（4）归集和分配折旧费用。根据各车间、部门计提固定资产折旧的方法，编制折旧费用计算表，分配折旧费用，并登记有关明细账。

（5）归集和分配其他费用。根据其他费用原始凭证编制记账凭证，登记有关明细账。

（6）对应直接计入当期损益的管理费用、销售费用和财务费用，应分别计入有关期间费用明细账。

（7）归集和分配辅助生产费用。在设有辅助生产车间的企业，应根据有关付款凭证和费用分配表归集辅助生产费用，编制辅助生产成本明细账，对本期辅助生产费用总额，采用适当的方法分配给各受益对象，编制辅助生产费用分配表，进行账务处理，并据以登记有关明细账。

辅助生产车间如果单独核算制造费用，则应在分配辅助生产费用前先归集和分配辅助生产车间的制造费用，分别转入各辅助生产成本明细账。

（8）分配制造费用。根据有关费用分配表和付款凭证归集基本生产车间制造费用明细账，对本期制造费用总额，采用一定的方法在各种产品之间进行分配，编制制造费用分配表，进行账务处理，并据以登记产品成本明细账（或产品成本计算单）。

3. 分配计算各种完工产品成本和在产品成本

根据各种费用分配表和其他有关资料，登记产品成本明细账（或产品成本计算单），对归集的生产费用合计数，采用适当的方法，分配计算各种完工产品成本和在产品成本。如果月末没有在产品，则本月发生的生产费用就全都是完工产品成本。

4. 结转完工产品成本

根据各成本计算单中计算出来的本月完工产品成本，汇总编制"完工产品成本汇总表"，计算出完工产品总成本和单位成本，并进行结转。

具体计算流程如图5-2所示。

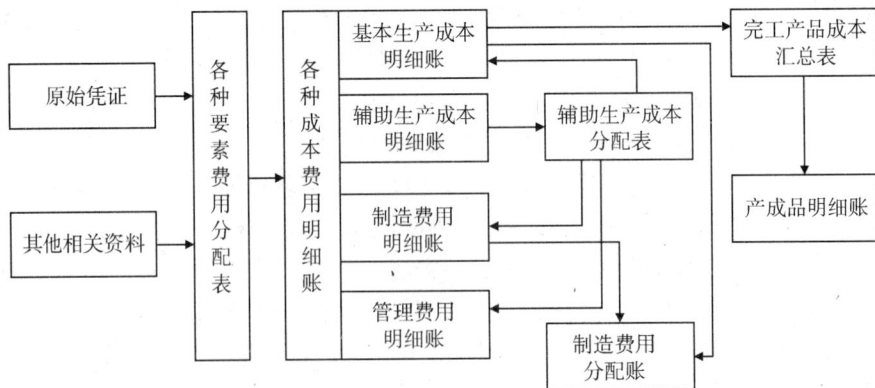

图5-2　品种法成本计算流程

三、品种法应用实例

【例5-1】昌兴工厂设有一个基本生产车间和供电、供汽两个辅助生产车间。该厂2014年3月生产甲、乙两种产品。根据该企业的生产特点和管理要求，采用品种法计算产品成本。有关成本核算资料如下：

（1）月初在产品成本如表5-3所示。

表5-3　　　　　　　　　　　　月初在产品成本资料

2014年3月　　　　　　　　　　　　单位：元

产品名称	直接材料	燃料和动力	直接人工	制造费用	合计
甲产品	5700	4200	9300	5600	24800
乙产品	2120	2600	4900	4200	13820

（2）本月生产数量及有关资料。

甲产品本月完工100件，月末在产品60件；乙产品本月完工200件，月末在产品40件。两种产品耗用的原材料均在开始生产时一次投入。

（3）该厂所选用的有关费用分配方法。

①甲产品的在产品按约当产量比例法计算，在产品完工程度40%；

②乙产品按定额成本法在完工产品和在产品之间进行费用分配，在产品单位材料定额为85元/件，定额工时为600小时，燃料动力、直接人工、制造费用的工时单价分别为6元、10元和7元；

③辅助生产费用采用直接分配法进行分配；

④基本生产车间的制造费用和承担的辅助生产费用，在甲、乙产品之间分配时采用机器工时比例法分配，甲、乙产品的机器工时分别为44500工时、32650工时。

根据以上资料，采用品种法核算产品成本的程序和相关账务处理如下：

1. 确定成本核算对象，设置账户

以甲、乙产品为成本核算对象，在"生产成本"总账下设"基本生产成本"和"辅助生产成本"两个二级账，"基本生产成本"二级账按甲、乙产品设置成本计算单，"辅助生产成本"二级账分设供电车间和供汽车间明细账。设置"制造费用"核算基本生产车间发生的间接费用，本例中供电和供汽车间由于提供产品或服务单一，发生的制造费用直接计入"生产成本——辅助生产成本"所属明细账。基本生产成本明细账下设"直接材料"、"直接人工"、"燃料和动力"和"制造费用"四个成本项目。

2. 生产费用在各成本核算对象之间的归集和分配

（1）分配材料费用。根据按材料用途归类的领、退料凭证和有关费用分配标准，编制"材料费用分配表"，如表5-4所示。

表5-4　　　　　　　　　　材料费用分配表（分配表1）

2014 年 3 月　　　　　　　　　　单位：元

会计科目		原料及主要材料	辅助材料	燃料	合计
生产成本——基本生产成本	甲产品	50800	5100	14600	70500
	乙产品	35000	7240	11500	53740
	小计	85800	12340	26100	124240
生产成本——辅助生产成本	供电车间	3200	1500	18000	22700
	供汽车间	2400	1200	9600	13200
	小计	5600	2700	27600	35900
制造费用	基本生产车间	3300	2600		5900
	小计	3300	2600		5900
管理费用			2500	1400	3900
合　计		94700	20140	55100	169940

根据表5-4，编制以下会计分录：

借：生产成本——基本生产成本——甲产品　　　　70500

　　　　　　　　　　　　　　——乙产品　　　　53740

　　　　　——辅助生产成本——供电车间　　　　22700

　　　　　　　　　　　　　　——供汽车间　　　　13200

　　制造费用　　　　　　　　　　　　　　　　5900

　　管理费用　　　　　　　　　　　　　　　　3900

　　贷：原材料——原料及主要材料　　　　　　94700

　　　　　　——辅助材料　　　　　　　　　　20140

　　　　　　——燃料　　　　　　　　　　　　55100

（2）分配职工薪酬费用。根据各车间、部门的工资结算凭证和职工福利费、社保费等（此略）的计提办法，编制职工薪酬费用分配表，如表5-5所示。

表5-5　　　　　　　　　　职工薪酬分配表（分配表2）

2014年3月　　　　　　　　　　　　单位：元

会计科目		工　资	福利费	合　　计
生产成本——基本生产成本	甲产品	89600	12544	102144
	乙产品	68200	9548	77748
	小计	157800	22092	179892
生产成本——辅助生产成本	供电车间	18400	2576	20976
	供汽车间	12900	1806	14706
	小计	31300	4382	35682
制造费用	基本生产车间	15000	2100	17100
	小计	15000	2100	17100
管理费用		30000	4200	34200
合　　计		234100	32774	266874

根据表5-5，编制以下会计分录：

借：生产成本——基本生产成本——甲产品　　　　102144

　　　　　　　　　　　　　——乙产品　　　　　77748

　　　　　　——辅助生产成本——供电车间　　　20976

　　　　　　　　　　　　　——供汽车间　　　　14706

　　制造费用　　　　　　　　　　　　　　　　17100

　　管理费用　　　　　　　　　　　　　　　　34200

　　贷：应付职工薪酬——工资　　　　　　　　　　　234100

　　　　　　　　　——福利费　　　　　　　　　　　32774

（3）计提固定资产折旧。根据各车间、部门的固定资产使用情况，编制"固定资产折旧计算表"，如表5-6所示。

表5-6　　　　　　　　　固定资产折旧计算表（分配表3）

2014年3月　　　　　　　　　　　　单位：元

会计科目		上月折旧	本月应增减折旧额	本月折旧额
生产成本——辅助生产成本	供电车间	12000	+4200	16200
	供汽车间	7200	−180	7020
	小计	19200	+4020	23220

续表

会计科目		上月折旧	本月应增减折旧额	本月折旧额
制造费用	基本生产车间	35000	+6060	41060
	小计	35000	+6060	41060
管理费用		9000		9000
合　计		63200	10080	73280

根据表5-6，编制以下会计分录：

借：生产成本——辅助生产成本——供电车间　　16200

　　　　　　　　　　　　　——供汽车间　　　7020

　　制造费用　　　　　　　　　　　　　41060

　　管理费用　　　　　　　　　　　　　9000

　　贷：累计折旧　　　　　　　　　　　　　　73280

（4）分配其他费用。根据各车间、部门本月所发生的其他费用，编制"其他费用分配表"，如表5-7所示。

表5-7　　　　　　　　　　**其他费用分配表（分配表4）**

2014年3月　　　　　　　　　　单位：元

会计科目		办公费	差旅费	劳保费	保险费	其　他	合　计
生产成本——辅助生产成本	供电车间	1800	4600	1000	4100	3300	14800
	供汽车间	500	6700	1200	3150	3300	14850
	小计	2300	11300	2200	7250	6600	29650
制造费用	基本生产车间	800	11000	8900	12000	14300	47000
	小计	800	11000	8900	12000	14300	47000
管理费用		4500	32000	1600	9600	10760	58460
合　计		7600	54300	12700	28850	31660	135110

根据表5-7，编制以下会计分录：

借：生产成本——辅助生产成本——供电车间　　14800

　　　　　　　　　　　　　——供汽车间　　　14850

　　制造费用　　　　　　　　　　　　　47000

　　管理费用　　　　　　　　　　　　　58460

　　贷：银行存款　　　　　　　　　　　　　　135110

3. 归集和分配辅助生产费用

（1）根据以上各种费用分配表，登记辅助生产成本明细账。辅助生产成本明细账如表5-8、表5-9所示。

表5-8 **辅助生产成本明细账**

车间名称：供电车间 单位：元

2014 年		摘 要	材料费	燃料及动力	工资	福利费	折旧费	其他	合计
月	日								
3	31	分配表1	4700	18000					22700
		分配表2			18400	2576			20976
		分配表3					16200		16200
		分配表4						14800	14800
		本月合计	4700	18000	18400	2576	16200	14800	74676
		本月转出	4700	18000	18400	2576	16200	14800	74676

表5-9 **辅助生产成本明细账**

车间名称：供汽车间 单位：元

2014 年		摘 要	材料费	燃料及动力	工资	福利费	折旧费	其他	合计
月	日								
3	31	分配表1	3600	9600					13200
		分配表2			12900	1806			14706
		分配表3					7020		7020
		分配表4						14850	14850
		本月合计	3600	9600	12900	1806	7020	14850	49776
		本月转出	3600	9600	12900	1806	7020	14850	49776

（2）分配辅助生产成本。该厂本月供电车间供电86269千瓦时，其中为供汽车间供电3296千瓦时；供汽车间提供蒸汽8796吨，其中为供电车间供汽500吨，该企业采用直接分配法分配辅助生产费用。辅助生产车间劳务量如表5-10所示。

表 5-10　　　　　　　　　　　　**辅助生产车间劳务量表**

2014 年 3 月

受益部门	供电（千瓦时）	供汽（吨）
供电车间		500
供汽车间	3296	
基本生产车间	80060	7296
产品生产	61850	5046
一般耗费	18210	2250
管理部门	2913	1000
合　　计	86269	8796

直接分配法下计算各车间费用分配率如下：

供电单位成本（分配率）＝74676÷（86269-3296）＝0.9（元/千瓦时）

供汽单位成本（分配率）＝49776÷（8796-500）＝6（元/吨）

辅助生产费用分配如表 5-11 所示。

表 5-11　　　　　　　　　　　**辅助生产费用分配表（分配表 5）**

2014 年 3 月　　　　　　　　　　　　　　　　单位：元

车间	分配费用额	分配数量	分配率	分配额					
				基本生产成本		制造费用		管理费用	
				数量	金额	数量	金额	数量	金额
供电	74676	82973	0.9	61850	55665	18210	16389	2913	2622
供汽	49776	8296	6	5046	30276	2250	13500	1000	6000
合计	124452				85941		29889		8622

分配给基本生产车间的辅助生产费用，还应在其所生产的各种产品之间进行分配。该企业是按工时比例来分配动力费用，已知甲、乙产品的机器工时分别为 44500 工时、32650 工时。据此编制的动力费用分配表如表 5-12 所示。

表5-12　　　　　　　　　　　**动力费用分配表**

2014 年 3 月　　　　　　　　　　　　　　　　　单位：元

产品名称	分配标准（机器工时）	分配率	分配金额
甲产品	44500		49395
乙产品	32650		36546 *
合　计	77150	1.11	85941

注：*尾差调整。

根据表5-11、表5-12，编制以下会计分录：

借：生产成本——基本生产成本——甲产品　　　49395

　　　　　　　　　　　　　　——乙产品　　　36546

　　制造费用　　　　　　　　　　　　　　　　29889

　　管理费用　　　　　　　　　　　　　　　　8622

　　贷：生产成本——辅助生产成本——供电车间　　74676

　　　　　　　　　　　　　　——供汽车间　　49776

4. 归集和分配制造费用

根据上述各项费用的计算分配，制造费用明细账如表5-13所示。

表5-13　　　　　　　　　　　**制造费用明细账**

单位：元

2014 年		摘要	材料费	燃料及动力	工资	福利费	折旧费	办公费	差旅费	劳保费	保险费	其他	合计
月	日												
3	31	分配表1	5900										5900
		分配表2			15000	2100							17100
		分配表3					41060						41060
		分配表4						800	11000	8900	12000	14300	47000
		分配表5		29889									29889
		本月合计	5900	29889	15000	2100	41060	800	11000	8900	12000	14300	140949
		本月转出	5900	29889	15000	2100	41060	800	11000	8900	12000	14300	140949

按机器工时比例将制造费用按产品进行分配，编制"制造费用分配表"如表5-14所示。

表 5-14 **制造费用分配表**

2014 年 3 月 单位：元

分配对象	分配标准（机器工时）	分配率	分配金额
甲产品	44500		81435
乙产品	32650		59514 *
合计	77150	1.83	140949

注：* 尾差调整。

根据表 5-14，编制以下会计分录：

借：生产成本——基本生产成本——甲产品　　　　81435

　　　　　　　　　　　　——乙产品　　　　59514

　　贷：制造费用　　　　　　　　　　　　　　　　140949

5. 归集并分配计算完工产品成本和在产品成本

根据上述各费用分配表和有关生产数量记录，登记基本生产成本明细账，分别按甲、乙产品在完工产品和月末在产品之间分配生产费用，并据以结转各类产品的完工产品成本。

（1）计算甲产品成本。甲产品在产品约当量计算表如表 5-15 所示。

表 5-15 **在产品约当量计算表**

产品名称：甲产品 2014 年 3 月 单位：件

成本项目	在产品数量	投料程度（完工程度）（%）	约当产量
直接材料	60	100	60
燃料及动力	60	40	24
直接人工	60	40	24
制造费用	60	40	24

甲产品基本生产成本明细账如表 5-16 所示。

表 5-16 **基本生产成本明细账**

产品名称：甲产品 生产车间：基本生产车间 单位：元

2014 年 月	2014 年 日	摘　要	直接材料	燃料及动力	直接人工	制造费用	合计
3	1	月初在产品成本	5700	4200	9300	5600	24800
	31	分配材料费用	55900	14600			70500

续表

2014年 月	日	摘 要	直接材料	燃料及动力	直接人工	制造费用	合 计
	31	分配职工薪酬			102144		102144
	31	分配动力费用		49395			49395
	31	分配制造费用				81435	81435
	31	生产费用合计	61600	68195	111444	87035	328274
	31	结转完工产品成本	38500	54996	89874	70190	253560
	31	月末在产品成本	23100	13199	21570	16845	74714

甲产品成本计算单如表5-17所示。

表5-17 产品成本计算单

产品名称：甲产品　　　　　2014年3月　　　　　单位：元

摘 要	直接材料	燃料及动力	直接人工	制造费用	合 计
月初在产品成本	5700	4200	9300	5600	24800
本月发生生产费用	55900	63995	102144	81435	303474
生产费用合计	61600	68195	111444	87035	328274
完工产品数量	100	100	100	100	
在产品约当量	60	24	24	24	
总约当产量	160	124	124	124	
分配率（单位成本）	385	549.96	898.74	701.90	2535.60
完工产品总成本	38500	54996	89874	70190	253560
月末在产品成本	23100	13199	21570	16845	74714

（2）计算乙产品成本。乙产品在产品成本按定额成本法计算，计算结果如表5-18所示。

表5-18 在产品定额成本计算表

在产品名称：乙产品

在产品数量：40件　　　　　2014年3月　　　　　单位：元

在产品数量（件）	直接材料		定额工时（小时）	燃料及动力		直接人工		制造费用		定额成本合计
	单位定额	定额费用		工时单价	定额费用	工时单价	定额费用	工时单价	定额费用	
40	85	3400	600	6	3600	10	6000	7	4200	17200

乙产品成本明细账如表 5-19 所示。

表 5-19　　　　　　　　　　**基本生产成本明细账**

产品：乙产品　　　　　　生产车间：基本生产车间　　　　　　单位：元

2014 年		摘　要	直接材料	燃料及动力	直接人工	制造费用	合　计
月	日						
3	1	月初在产品成本	2120	2600	4900	4200	13820
	31	分配材料费用	42240	11500			53740
	31	分配职工薪酬			77748		77748
	31	分配动力费用		36546			36546
	31	分配制造费用				59514	59514
	31	本月小计	42240	48046	77748	59514	227548
	31	生产费用合计	44360	50646	82648	63714	241368
	31	月末在产品成本	3400	3600	6000	4200	17200
	31	结转完工产品成本	40960	47046	76648	59514	224168

乙产品成本计算单如表 5-20 所示。

表 5-20　　　　　　　　　　**产品成本计算单**

车间：基本生产车间　　　　完工数量：200 件　　　　在产品数量：40 件

产品名称：乙产品　　　　　　2014 年 3 月　　　　　　　　　单位：元

摘　要	直接材料	燃料及动力	直接人工	制造费用	合　计
月初在产品成本	2120	2600	4900	4200	13820
本月发生生产费用	42240	48046	77748	59514	227548
生产费用合计	44360	50646	82648	63714	241368
月末在产品成本	3400	3600	6000	4200	17200
完工产品总成本	40960	47046	76648	59514	224168
单位成本	204.80	235.23	383.24	297.57	1120.84

6. 结转完工产品成本

根据表 5-17 和表 5-20 的成本计算结果，编制完工产品成本汇总表，如表 5-21 所示。

表 5-21　　　　　　　　　　完工产品成本汇总表

2014 年 3 月　　　　　　　　　　　单位：元

成本项目	甲产品（100 件）		乙产品（200 件）	
	总成本	单位成本	总成本	单位成本
直接材料	38500.00	385.00	40960.00	204.80
燃料及动力	54996.00	549.96	47046.00	235.23
直接人工	89874.00	898.74	76648.00	383.24
制造费用	70190.00	701.90	59514.00	297.57
合　计	253560.00	2535.60	224168.00	1120.84

根据表 5-21 结转完工产品成本，编制以下会计分录：

借：库存商品——甲产品　　　　　　　　　　253560.00

　　　　　　——乙产品　　　　　　　　　　224168.00

　　贷：生产成本——基本生产成本——甲产品　　253560.00

　　　　　　　　　　　　　　　　——乙产品　　224168.00

第三节　产品成本计算的分步法

一、分步法的概念、适用范围、特点

1. 分步法的概念

产品成本计算的分步法是指以产品品种及其所经过的生产步骤为成本计算对象来归集生产费用，计算产品成本的一种基本方法。

温馨提示

　　分步法中作为成本计算对象的生产步骤是按照企业成本管理的要求来划分的，它与产品实际生产步骤可能一致，也可能不一致。在大量大批多步骤生产企业中，企业生产单位（分厂、车间）一般是按照生产步骤设立的，为了加强生产单位的成本管理，也要求按生产单位来归集生产费用，计算产品成本。因此，分步法计算成本一般也就是分生产单位计算成本。这时一个生产单位就是一个计算步骤。

　　当生产单位的规模比较大，生产单位内包含几个生产步骤，而企业成

本管理上又要求在生产单位内部再分生产步骤计算成本时，成本计算对象中的生产步骤就不是生产单位，而应当是生产单位内部的生产步骤，这时一个生产单位内就有多个生产步骤。反过来，为了简化成本核算工作，按照企业成本管理的要求，也可以将几个生产步骤或几个生产车间合并为一个成本计算对象中的生产步骤。

2. 分步法的适用范围

分步法主要适用于大量、大批、多步骤，且管理上又要求提供各步骤成本资料的生产企业，如冶金（分为炼铁、炼钢、轧钢等步骤）、纺织（分为纺纱、织布、印染等步骤）、机械制造（可分为铸造、加工、装配等步骤）等企业。在这些企业中产品生产工艺过程是由若干个在技术上可以间断的生产步骤组成，每个生产步骤都有生产出的半成品（最后一个步骤生产出完工产品）。这些半成品既可以用于下一个步骤继续进行加工或装配，又可以对外销售。为了加强对各生产步骤的成本管理，不但要求按照产品品种计算成本，而且还要求按照产品的生产步骤计算各步骤耗费的成本，以此考核完工产品及其所经过的生产步骤对成本计划的执行情况。

3. 分步法的特点

（1）以产品生产步骤作为成本计算对象。分步法以产品的品种和生产步骤为成本计算对象设立产品成本明细账。如果只生产一种产品，成本计算对象就是该种产品及其所经过的各生产步骤，产品成本明细账应该按照该产品的生产步骤开设；如果生产多种产品，成本计算对象则应是各种产品及其所经过的生产步骤，产品成本明细账则应按照各种产品的各个步骤设立。如丽锦织布厂生产的粗斜纹棉布要经过纺纱、织布、印染三大生产步骤，纺纱、织布环节生产的半成品分别为棉纱和坯布，现应按三个步骤开设产品成本明细账，账户名称表现形式为"生产成本——基本生产车间——纺纱车间（粗斜纹棉布用棉纱）"、"生产成本——基本生产车间——织布车间（粗斜纹棉布用坯布）"和"生产成本——基本生产车间——印染车间（粗斜纹棉布）"。

（2）成本计算一般定期按月进行。在大量、大批、多步骤生产的企业中，产品是按照一定的流水线进行生产的，随着原材料的不断投入，各个生产步骤中不断有完工半成品产出，并流向下一个生产步骤，最后一个步骤的产成品也不断地产出，各步骤始终有一定数量的在产品存在，所以各步骤不能也不可能等到全部产品完工以后再计算，只能按月定期（一般在月末）计算完工产品成本、各步骤完工半成品和在产品成本。因此，产品的计算期与生产周期不一致，而与会计的报告期一致。

（3）生产费用通常需要在完工产品和月末在产品之间分配。在大量、大批、多步骤生产的企业中，绝大部分的产品是跨月陆续完工的，在月末计算产品成本时，各个步骤一般都存在着完工半成品和未完工在产品。这就要求采取一定的方法把发生的生产费用在完工产品与月末在产品之间进行分配。

二、分步法的分类

由于多步骤生产企业按其产品加工方式的不同，分为连续式多步骤生产和装配式多步骤生产两类，相应地，产品成本计算的分步法也就分为逐步结转分步法和平行结转分步法。

1. 逐步结转分步法

逐步结转分步法是指按生产步骤逐步计算并结转半成品成本，直到最后计算出产成品成本的方法。这种方法必须逐步计算每一步骤的半成品成本，因此也称计算半成品成本的分步法。

逐步结转分步法主要适用于大批量连续式多步骤生产企业，企业每步骤生产的半成品具有独立经济意义或半成品可以对外销售，管理上也要求提供半成品成本资料。如纺织企业主要包括纺纱、织布、印染三个步骤，其第一个生产步骤生产的棉纱既可以继续加工成毛坯布，也可以对外出售，同样，其第二个生产步骤生产的毛坯布既可以继续加工成印花布，也可以对外出售。为了考核和控制半成品成本或计算半成品销售成本，就需要计算半成品成本。

逐步结转分步法实际为品种法的多次连续使用，每一步骤都需要将该步骤的生产费用在半成品和本步骤的在产品之间进行分配，因此，月末在产品是指停留在每一生产步骤上正在加工的在制品，即狭义的在产品。

逐步结转分步法的半成品实物逐步转移，成本也随之逐步转移。

逐步结转分步法按照半成品成本在下一步骤成本计算单中反映的方式不同，又可分为逐步综合结转分步法和逐步分项结转分步法。

（1）逐步综合结转分步法。可简称为综合结转法，是指将上一生产步骤的半成品成本转入下一生产步骤时，不分成本项目，全部计入下一生产步骤生产成本明细账中的"直接材料"成本项目或专设的"半成品"成本项目中，综合反映各步骤所耗上一步骤所产半成品成本。

半成品成本的综合结转可以按照上一步骤所产半成品的实际成本结转，也可以按照企业确定的半成品计划成本或定额成本结转。半成品成本按实际成本综合结转时，由于各月所产半成品的实际单位成本不同，因而所耗半成品实际单位成本可根据企业的实际情况，采用先进先出法或加权平均法确定。

（2）逐步分项结转分步法。可简称为分项结转法，是指将上一生产步骤的半成品成本转入下一生产步骤时，按其原始成本项目，分别计入下一生产步骤生产成本明细账中对应的成本项目中，分项反映各步骤所耗上一步骤所产半成品成本。如果半成品通过半成品库收发，自制半成品明细账也要按照成本项目分别登记。

半成品成本的分项结转一般按照上一步骤所产半成品的实际成本结转。

2. 平行结转分步法

平行结转分步法是指将各生产步骤自身发生的生产费用按应计入相同产成品成本的费用份额平行汇总，以求得产成品成本的方法。这种方法按生产步骤归集费用时，只计算各步骤应计入产成品成本的份额，不计算和结转半成品成本，因此也称不计算半成品成本的分步法。

平行结转分步法主要适用于大批大量装配式多步骤生产企业，如电子产品制造企业。这类企业的生产过程基本是先将各种原材料平行地加工为各种零部件，然后再组装成产成品。由于在这类企业中，各生产步骤所生产的半成品的种类很多，半成品出售的情况较少，在管理上也不需要计算半成品成本，为了简化成本核算工作，可以采用平行结转分步法。在某些连续式多步骤生产企业，如果各生产步骤所产半成品仅供本企业下一步骤继续加工，不准备对外出售，也可以采用平行结转分步法。

平行结转分步法下的月末在产品为广义的在产品，既包括本步骤正在加工的在产品（狭义的在产品），又包括本步骤已经加工完成，已经转入后续各生产步骤，但尚未最终制成产成品的半成品。

平行结转分步法的半成品实物转移而其成本不转移，仍保留在产出步骤的成本明细账中，各步骤的生产费用，只是各步骤本身发生的费用，没有上一步骤转入的费用。如当材料是一次投料时，除第一步骤生产费用中包括所耗用的直接材料、直接人工和制造费用外，其他各步骤只有本步骤发生的直接人工和制造费用。

如何正确确定各步骤生产费用应计入产成品成本的份额，即每一步骤的生产费用如何在完工产成品和广义在产品之间进行分配，是采用这一方法的关键所在。在实际工作中，通常是采用在产品按约当产量法或定额比例法来计算分配。

三、分步法的计算程序

采用分步法计算产品成本，一般先应按照产品品种及其生产步骤设置基本生产明细账，然后按照直接费用直接计入、间接费用分配计入的原则归集和分配各生产步骤的成本，再计算最终完工产品成本。但由于各生产步骤成本计算和结转方式的不同，逐步结转分步法和平行结转分步法的成本计算具体程序是不相同的。

1. 逐步结转分步法的计算程序

（1）归集第一生产步骤发生的各种生产费用，采用一定的方法在第一生产步骤的半成品和在产品之间进行分配，计算出本生产步骤半成品成本和在产品成本，并将半成品成本转入第二生产步骤或半成品仓库。

（2）归集第二生产步骤发生的各种费用，加上第一生产步骤转入的半成品成本，计算第二生产步骤半成品成本和在产品成本，并将半成品成本转入第三生产步骤或半成品仓库。

（3）重复第（2）步方法，依次计算后续各生产步骤半成品成本和在产品成本，直至最后生产步骤计算出完工产品成本和在产品成本。

逐步结转分步法的成本计算程序如图5-3所示。

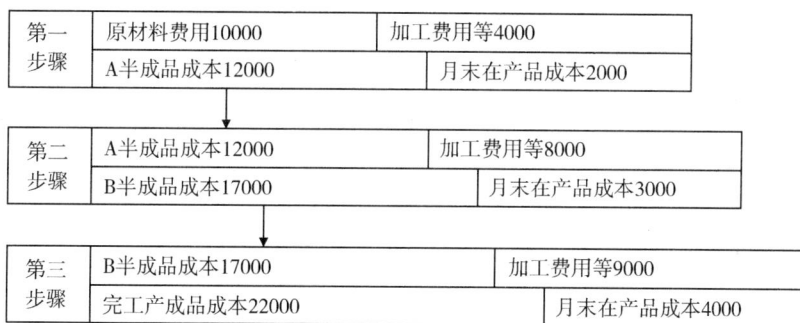

图5-3　逐步结转分步法成本计算程序

2. 平行结转分步法的计算程序

（1）归集各生产步骤本身发生的各种生产费用，不得包括上一步骤转入的半成品成本。

（2）将各生产步骤所发生的费用在本月最终完工产成品（狭义完工产品）与月末在产品（广义在产品）之间进行分配，确定各生产步骤的生产费用中应计入产成品成本的份额。

（3）将各生产步骤应计入产成品成本的份额直接相加，计算出产成品成本。

平行结转分步法的成本计算程序如图5-4所示。

第一步骤	原材料费用、加工费用等14000	
	月末在产品成本2000	应计入产成品份额12000

第二步骤	加工费用等8000	
	月末在产品成本3000	应计入产成品份额5000

第三步骤	加工费用等9000	
	月末在产品成本4000	应计入产成品份额5000

产成品成本
=12000+5000+5000
=22000

图5-4 平行结转分步法成本计算程序

四、逐步结转分步法应用实例

(一) 逐步综合结转分步法应用实例

逐步综合结转分步法的重要特点就是按生产步骤逐步计算并结转半成品成本，除第一步骤外，其他生产步骤的生产费用都包括上一步骤转来的半成品的成本。

【例5-2】大地工厂大量生产C产品，设有三个基本生产车间，第一车间为第二车间提供A半成品，第二车间为第三车间提供B半成品，第三车间生产C产成品。半成品通过半成品库收发，半成品成本按实际成本综合结转，各步骤所耗半成品单位成本按加权平均法计算。各车间完工半成品（或产成品）和月末在产品成本采用约当产量法计算。在产品的完工程度均按本车间的50%计算，原材料在生产开始时一次性投入，企业根据需要增设了"自制半成品"科目。

2014年3月，大地工厂产量及有关成本费用资料如表5-22和表5-23所示。

表5-22 产品产量记录

2014年3月
单位：台

车 间	月初在产品	本月投入或上步转入	本月完工转入下步或交库	月末在产品
第一车间（A半成品）	50	200	220	30
第二车间（B半成品）	40	160	140	60
第三车间（C产品）	20	180	170	30

表5-23   **费用资料**

单位: 元

成本项目	月初在产品成本			本月生产费用		
	第一车间	第二车间	第三车间	第一车间	第二车间	第三车间
自制半成品		4680	6800			
直接材料	7500			30000		
直接人工	1400	410	2250	8000	3500	14400
制造费用	500	300	1460	1850	2250	8900
合 计	9400	5390	10510	39850	5750	23300

根据以上资料，采用品种法核算产品成本的程序和相关账务处理如下：

1. 确定成本核算对象，设置明细账

以C产品及其所经过的生产步骤为成本核算对象，设置第一车间A半成品、第二车间B半成品、第三车间C产品三个产品生产成本明细账（或成本计算单）。

2. 计算第一车间本月所产A半成品的实际成本

第一车间为生产C产品的第一生产步骤，没有上步骤转入费用，只需将A半成品月初在产品成本和本月发生生产费用计入第一车间产品生产成本明细账后（或成本计算单），即可采用约当产量法分配A半成品成本和在产品成本，计算出A半成品的实际总成本。

根据各种费用分配表登记第一车间产品成本明细账，并计算A半成品的成本如表5-24所示。

表5-24   **第一车间产品成本明细账**

产品名称: A半成品

单位: 元

项 目	直接材料	直接人工	制造费用	合 计
月初在产品成本	7500	1400	500	9400
本月生产费用	30000	8000	1850	39850
生产费用合计	37500	9400	2350	49250
本月完工产品数量（台）	220	220	220	
月末在产品约当产量（台）	30	15	15	
约当总产量（台）	250	235	235	
费用分配率（元/台）	150	40	10	

续表

项 目	直接材料	直接人工	制造费用	合 计
完工半成品成本	33000	8800	2200	44000
月末在产品成本	4500	600	150	5250

表 5-24 中，在产品材料费用约当产量 = 220+30×100% = 250（台）

在产品直接人工、制造费用约当产量 = 220+30×50% = 235（台）

（注：后续表中关于约当产量的计算过程略）

根据第一车间半成品入库单和产品成本明细账资料，编制结转半成品成本的会计分录如下：

借：自制半成品——A 半成品　　　　　　　　　　　44000

　　贷：生产成本——基本生产成本——第一步骤（A 半成品）　44000

3. 计算第二车间本月所产 B 半成品的实际成本

第二车间为生产 C 产品的第二生产步骤，该步骤通过对 A 半成品继续加工为 B 半成品，因此，在归集本步骤生产费用时，应加上所耗上一步骤转入的 A 半成品的成本。

（1）根据第一车间产品成本明细账、半成品入库单、第二车间半成品领用单登记自制半成品明细账如表 5-25 所示。

表 5-25　　　　　　　　自制半成品明细账（A 半成品）

产品名称：A 半成品　　　　　　　　　　　　　　　　　单位：元，台

2014 年		摘 要	收 入		发 出			结 存	
月	日		数量	金额	数量	单位成本	金额	数量	金额
3	1	月初结存						20	4480
	30	本月收入	220	44000				240	48480
	30	生产领用			160	202	32320	80	16160

表 5-25 中，A 半成品收入 220 台，来自表 5-22 第一车间完工入库数；生产领用 160 台，来自表 5-22 本月投入数。

A 半成品加权平均单位成本 = $\frac{4480+44000}{20+220}$ = 202（元/台）

生产领用 160 台总成本 = 160×202 = 32320（元）

（注：后续表中领用半成品成本计算过程略）

根据第二车间半成品领用单，编制结转半成品成本的会计分录如下：

借：生产成本——基本生产成——第二步骤（B半成品）32320

    贷：自制半成品——A半成品 32320

（2）根据各种费用分配表、半成品A领用单等资料，登记第二车间产品成本明细账如表5-26所示。

表5-26   第二车间产品成本明细账

产品名称：B半成品   单位：元

项目	自制半成品	直接人工	制造费用	合计
月初在产品成本	4680	410	300	5390
本月本步骤生产费用		3500	2250	5750
本月上步骤转入生产费用	32320			32320
生产费用合计	37000	3910	2550	43460
本月完工产品数量（台）	140	140	140	
月末在产品约当产量（台）	60	30	30	
约当总产量（台）	200	170	170	
费用分配率（元/台）	185	23	15	
完工半成品成本	25900	3220	2100	31220
月末在产品成本	11100	690	450	12240

根据第二车间半成品交库单和产品成本明细账资料，编制结转半成品成本的会计分录如下：

借：自制半成品——B半成品 31220

    贷：生产成本——基本生产成本——第二步骤（B半成品）31220

4. 计算第三车间本月所产C产品的实际成本

第三车间为生产C产品的第二生产步骤，也是整个生产过程中的最后步骤，该步骤通过对B半成品继续加工为C产品，因此，在归集本步骤生产费用时，应加上所耗上一步骤转入的B半成品的成本。

（1）根据第二车间产品成本明细账、半成品入库单、第二车间半成品领用单登记自制半成品明细账如表5-27所示。

表5-27 　　　　　　　**自制半成品明细账（B半成品）**

产品名称：B半成品　　　　　　　　　　　　　　　　　　　　　单位：元，台

2014年		摘　要	收　入		发　出			结　存	
月	日		数量	金额	数量	单位成本	金额	数量	金额
3	1	月初结存						80	21580
	30	本月收入	140	31220				220	52800
	30	生产领用			180	240	43200	40	9600

根据第三车间半成品领用单，编制结转半成品成本的会计分录如下：

借：生产成本——基本生产成本——第三步骤（C产品）　　43200

　　贷：自制半成品——B半成品　　　　　　　　　　　　　　　43200

（2）根据各种费用分配表、半成品领用单等资料，登记第三车间产品成本明细账如表5-28所示。

表5-28 　　　　　　　　　**第三车间产品成本明细账**

产品名称：C产品　　　　　　　　　　　　　　　　　　　　　　　单位：元

项　目	自制半成品	直接人工	制造费用	合　计
月初在产品成本	6800	2250	1460	10510
本月本步骤生产费用		14400	8900	23300
本月上步骤转入生产费用	43200			43200
生产费用合计	50000	16650	10360	77010
本月完工产品数量（台）	170	170	170	
月末在产品约当产量（台）	30	15	15	
约当总产量（台）	200	185	185	
费用分配率（元/台）	250	90	56	
完工产品成本	42500	15300	9520	67320
月末在产品成本	7500	1350	840	9690

根据第三车间产成品入库单和产品成本明细账资料，编制结转产成品成本的会计分录如下：

借：库存商品——C产品　　　　　　　　　　　　　　　　67320

　　贷：生产成本——基本生产成本——第三步骤（C产品）　67320

（二）成本还原

1. 成本还原的含义

从【例5-2】成本计算程序可以看出，采用结转分步法，各步骤所耗上一步骤半成品的成本是通过"自制半成品"或"原材料"项目综合反映的，结转半成品成本时比较简便，且可以提供各步骤所耗半成品的综合指标，但不能提供按原始成本项目反映的成本资料，成本计算步骤越多，最后一个步骤产品成本明细账上"自制半成品"或"原材料"项目成本在产品成本中所占比重就越大。这显然不符合产品成本结构的实际情况，不能据以从整个企业的角度来考核和分析产品成本的构成和水平。为了改变成本结构被扭曲的状况，必须进行成本还原。

成本还原是将产成品成本中以综合项目反映的自制半成品成本，按照反工艺顺序逐步分解为原始的直接材料、燃料动力、直接人工和制造费用等成本项目的过程。

2. 成本还原的方法及步骤

第一步：从最后一步骤开始，把产成品成本中各步骤所耗上一步骤半成品的综合成本，按上一步骤所产半成品的成本结构，逐步分解、还原成按原始成本项目反映的成本。这一步其实包含了若干小步，若计算成本时有n步，还原成本时就有 n-1 步。

第二步：将各步骤还原后的相同成本项目加以汇总，即可求得按原始成本项目反映的产品成本。

3. 成本还原实例

【例5-3】以例【5-2】的资料为例，第三车间本月完工 C 产品 170 台，实际总成本 67320 元，其中半成品成本 42500 元（见表 5-28），这并非单纯的直接材料费用，而是包含了上几步骤中直接人工和制造费用等的综合费用，需要进行成本还原。计算过程如下：

（1）第一次成本还原，对 C 产品所耗 B 半成品进行成本项目还原。

根据第二车间所产 B 半成品的成本构成，对第三车间本月完工 C 产品所耗 B 半成品成本 42500 元进行成本项目还原，还原结果如表 5-29 所示。

表5-29 　　　　　　　　　半成品成本还原计算表

产品名称：B半成品　　　　　　　　　　2014 年 3 月　　　　　　　　　单位：元

项　目	B半成品	A半成品	直接人工	制造费用	合计
本月所耗 B 半成品成本（表5-28）	42500.00				
本月所产 B 半成品成本（表5-26）		25900.00	3220.00	2100.00	31220.00

项　目	B半成品	A半成品	直接人工	制造费用	合计
本月所产B半成品成本结构（%）		82.96	10.31	6.73	100.00
本月所耗B半成品的还原成本	−42500.00	35258.00	4381.75	2860.25	

注：82.96%＝25900÷31220，35280＝42500×82.96%，其他略。

（2）第二次成本还原，对C产品所耗A半成品进行成本项目还原。

从表5-29可知，对C产品所耗B半成品进行成本项目还原后，仍有A半成品成本35258元为综合成本，需要按本月所产A半成品的成本构成进行成本还原，还原结果如表5-30所示。

表5-30　　　　　　　　　半成品成本还原计算表

产品名称：A半成品　　　　　　2014年3月　　　　　　单位：元

项　目	B半成品	直接材料	直接人工	制造费用	合计
本月所耗A半成品成本（表5-29）	35258.00				
本月所产A半成品成本（表5-24）		33000.00	8800.00	2200.00	44000.00
本月所产A半成品成本构成（%）		75.00	20.00	5.00	100.00
本月所耗A半成品的还原成本	−35258.00	26443.50	7051.60	1762.90	

至此，C产品中所耗成品已全部还原成了原始成本项目。

（3）汇总还原后的各成本项目。成本还原后，将最后计算步骤和各还原步骤的相同成本项目相加，就可求得C产品按成本项目反映的总成本和单位成本。汇总结果如表5-31所示。

表5-31　　　　　　　　　成本还原汇总表

产成品名称：C产品　产量：170件　　2014年3月　　　　　　单位：元

成本项目	还原前成本	还原前成本构成（%）	还原后成本	还原后成本构成（%）
B半成品	42500.00	63.13		
直接材料			0+0+26443.50＝26443.50	39.28
直接人工	15300.00	22.73	15300+4381.75+7051.60＝26733.35	39.71
制造费用	9520.00	14.14	9520+2860.25+1762.90＝14143.15	21.02
合计	67320.00	100.00	67320.00	100.00

应该指出，【例5-3】中本月产成品所耗半成品成本为42500元，而本月所产半成品成本只有31220元，其中差额部分11280元是以前月份所产的半成品成本。以前月份所产半成品与本月所产半成品的成本结构可能会不一致。按照以上方法进行成本还原，没有考虑以前月份所产半成品成本结构的影响，所以在各月半成品成本构成变化较大的情况下，会在一定程度上影响还原结果的准确性。

综上所述，综合结转分步法的优点是：可以在各生产步骤的产品成本明细账中反映各该步骤完工产品所耗半成品费用的水平和本步骤加工费用的水平，有利于各个生产步骤的成本管理。缺点是：为了从整个企业的角度反映产品成本的构成，加强企业综合的成本管理，必须进行成本还原，从而会增加核算工作量。因此，这种结转方法只适宜在半成品具有独立经济意义，管理上要求计算各步骤完工产品所耗半成品费用，但不要求进行成本还原的情况下采用。

（三）逐步分项结转分步法应用实例

与逐步综合结转分步法相比，逐步分项结转分步法的重要特点是将各步骤所耗上步骤半成品成本，按照成本项目分项转入各该步骤基本生产成本明细账的各个成本项目，即在领用步骤的成本明细账中体现为"直接材料"、"直接工资"、"制造费用"等原始的成本项目，而不直接反映为自制半成品或原材料。如果半成品通过半成品库收发，在自制半成品明细账中登记半成品成本时，也要按照成本项目分别登记。

【例5-4】长青工厂设有两个基本生产车间，第一车间生产出A半成品，半成品不通过半成品库收发，直接转交第二车间继续加工，第二车间生产出B产品。半成品成本按逐步结转分步法分项结转，各步骤所耗半成品单位成本按加权平均法计算。各车间完工半成品（或产成品）和月末在产品成本采用约当产量法计算。在产品的完工程度均按本车间的50%计算，原材料在生产开始时一次性投入。

2014年3月，该厂产量及有关成本费用资料如表5-32和表5-33所示。

表5-32　　　　　　　　　　产品产量记录

2014年3月　　　　　　　　　单位：台

车　间	月初在产品	本月投入	本月完工	月末在产品
第一车间	50	200	220	30
第二车间	40	160	140	60

表 5-33   费用成本资料

单位：元

成本项目	月初在产品成本			本月发生生产费用		
	第一车间	第二车间		第一车间	第二车间	
		上步转来	本步发生		上步转来	本步发生
直接材料	7500	2680		30000		
直接人工	1400	900	410	8000		3500
制造费用	500	1100	300	1850		2250
合 计	9400	4680	710	39850		5750

根据以上资料，分项结转计算程序如下：

（1）开设产品生产成本明细账（或成本计算单）。

产品生产成本明细账（或成本计算单）的开设同综合结转法。

（2）计算第一车间本月所产 A 半成品的实际成本。

因是第一生产步骤，没有上一步骤转入费用，其计算过程与综合结转法计算过程完全相同，不同的只是需分项结转到下一生产步骤。第一车间产品生产成本计算单，如表 5-34 所示。

表 5-34   第一车间产品成本计算单

产品名称：A 半成品   2014 年 3 月   单位：元

项 目	直接材料	直接人工	制造费用	合 计
月初在产品成本	7500	1400	500	9400
本月发生生产费用	30000	8000	1850	39850
生产费用合计	37500	9400	2350	49250
本月完工产品数量	220	220	220	
月末在产品约当产量	30	15	15	
约当总产量	250	235	235	
费用分配率（元/台）	150	40	10	
本月完工 A 半成品成本	33000	8800	2200	44000
月末在产品成本	4500	600	150	5250

第一车间编制会计分录如下：

借：生产成本——基本生产成本——第二步骤（B 产品）   44000

贷：生产成本——基本生产成本——第一步骤（A 半成品） 44000

（3）计算第二车间本月所产 B 产品的实际成本。

采用逐步分项结转分步法时，从上一步骤转入的直接人工费用、制造费用，对本步骤而言是已全部投入的，月末在产品应与本月完工产品同等分配，不需按在产品完工程度折合约当产量。因此，应对每一个成本项目都区分为上步骤转入和本步骤发生，以利于正确计算月末在产品成本。第二车间产品生产成本计算单如表 5-35 所示。

表 5-35　　　　　　　　　　　　第二车间产品成本计算单

产品名称：B 产品　　　　　　　　　　2014 年 3 月　　　　　　　　　　单位：元

项　　目	A 半成品		直接人工		制造费用		合计	
	上步骤	本步骤	上步骤	本步骤	上步骤	本步骤	上步骤	本步骤
月初在产品成本	2680.00		900.00	410.00	1100.00	300.00	4680.00	710.00
本月发生生产费用	33000.00		8800.00	3500.00	2200.00	2250.00	44000.00	5750.00
生产费用合计	35680.00		9700.00	3910.00	3300.00	2550.00	48680.00	6460.00
本月完工产品数量	140.00		140.00	140.00	140.00	140.00		
月末在产品约当产量	60.00		60.00	30.00	60.00	60.00		
约当总产量	200.00		200.00	170.00	200.00	170.00		
费用分配率（元/件）	178.40		48.50	23.00	16.50	15.00		
本月完工 B 产品成本	24976.00		6790.00	3220.00	2310.00	2100.00	34076.00	5320.00
月末在产品成本	10704.00		2910.00	690.00	990.00	450.00	14604.00	1140.00

第二车间编制会计分录如下：

借：库存商品——B 产品　　　　　　　　　　　　　　　　39396.00

　　贷：生产成本——基本生产成本——第二步骤（B 产品）　　39396.00

从【例 5-4】可以看出，半成品按成本项目分项结转，可以直接提供按原始成本项目反映的产成品成本，便于从整个企业的角度考核和分析产品成本计划的执行情况，不需要进行成本还原。但是这一方法的成本结转工作较为复杂，而且从各步骤完工产品成本中看不出所耗上一步骤半成品的费用和本步骤的加工费用，不便于进行各步骤完工产品的成本分析。

五、平行结转分步法应用实例

运用平行结转分步法的关键就是要确定各步骤生产费用中应计入产成品成本的份额，在装配式多步骤生产企业和连续式多步骤生产企业中，都采用约当产量法计算应计入产成品成本的份额，但计算方法略有不同。

（一）装配式多步骤生产实例

在装配式多步骤生产企业中，采用约当产量法计算应计入产成品成本的份额的计算公式为：

$$\text{某步骤应计入产成品成本的份额} = \text{产成品的产量} \times \frac{\text{单位产成品耗用该步骤半成品数量}}{} \times \text{该步骤半成品单位成本}$$

上式中"该步骤半成品单位成本"，按下列公式计算：

$$\text{某步骤半成品单位成本（费用分配率）} = \frac{\text{该步骤月初在产品成本} + \text{该步骤本月发生费用}}{\text{该步骤完工半成品数量} + \text{该步骤月末在产品约当产量}}$$

注意：在原材料投料率与加工程度不相同时，某步骤半成品单位成本（费用分配率）应按成本项目分别计算。

【例5-5】星海工厂属于装配式多步骤生产企业，其生产的甲产品由一件A部件和两件B部件装配而成。A、B部件分别由第一、第二车间生产，然后由第三车间装配成产成品。第一、第二、第三车间分别为第一、第二、第三步骤，第一、第二生产车间的原材料均在生产开始时一次投放。企业根据生产特点，采用平行结转分步法计算甲产品成本，并采用约当产量法分配每步骤应计入完工产品（半成品）和在产品成本。本月三个车间的月初在产品成本和本月发生的生产费用如表5-36所示，本月各步骤产量记录如表5-37所示。

表5-36　　　　　　　　　　　　生产费用资料

产品：甲产品　　　　　　　　　　　　2014年3月　　　　　　　　　　　　单位：元

项　　目	第一车间 （A部件）	第二车间 （B部件）	第三车间 （甲产品）
月初在产品成本	16300	18200	9000
其中：直接材料	7400	8500	
直接人工	5900	5700	6500
制造费用	3000	4000	2500
本月发生生产费用	69000	64300	38600
其中：直接材料	35000	39500	
直接人工	24000	15000	24100
制造费用	10000	9800	14500

表 5-37　　　　　　　　　　　　**产量记录**

产品：甲产品　　　　　　　　　　　2014 年 3 月　　　　　　　　　　　单位：件

项　　目	第一车间 （A 部件）	第二车间 （B 部件）	第三车间 （甲产品）
月初在产品	150	250	150
本月投产	650	1250	550
本月完工	550	1200	600
月末在产品	250	300	100
月末在产品完工程度（%）	40	60	80

根据上述资料，产品成本计算程序如下：

（1）开设产品生产成本明细账（或成本计算单）。

以甲产品及其所经过的生产步骤为成本核算对象设置第一步骤 A 部件、第二步骤 B 部件、第三步骤甲产品的产品生产成本明细账（或成本计算单）。

（2）计算第一、第二、第三步骤生产成本应计入产成品的份额。

第一、第二、第三步骤生产成本计算单分别如表 5-38、表 5-39、表 5-40 所示。

表 5-38　　　　　　　　　　　**第一车间产品成本计算单**

产品名称：A 部件　　　　　　　　　2014 年 3 月　　　　　　　　　　　单位：元

项　　目	直接材料	直接人工	制造费用	合计
月初在产品成本	7400	5900	3000	16300
本月发生生产费用	35000	24000	10000	69000
生产费用合计	42400	29900	13000	85300
本月完工半成品数量	550	550	550	
月末在产品数量	250	250	250	
月末在产品完工程度（%）	100	40	40	
月末在产品约当产量	250	100	100	
约当总产量	800	650	650	
费用分配率（元/件）	53	46	20	
应计入产成品成本的份额	31800	27600	12000	71400
月末在产品成本	10600	2300	1000	13900

表 5-38 中，应计入产成品成本的份额计算如下：

应计入产成品的直接材料费用 $= 600 \times 1 \times 53 = 31800$（元）

应计入产成品的直接人工费用 $= 600 \times 1 \times 46 = 27600$（元）

应计入产成品的制造费用 $= 600 \times 1 \times 20 = 12000$（元）

表 5-39　　　　　　　　　**第二车间产品成本计算单**

产品名称：B 部件　　　　　　　　　2014 年 3 月　　　　　　　　　单位：元

项　　目	直接材料	直接人工	制造费用	合计
月初在产品成本	8500	5700	4000	18200
本月发生生产费用	39500	15000	9800	64300
生产费用合计	48000	20700	13800	82500
本月完工半成品数量	1200	1200	1200	
月末在产品数量	300	300	300	
月末在产品完工程度（%）	100	60	60	
月末在产品约当产量	300	180	180	
约当总产量	1500	1380	1380	
费用分配率（元/件）	32	15	10	
应计入产成品成本的份额	38400	18000	12000	68400
月末在产品成本	9600	2700	1800	14100

表 5-39 中，应计入产成品成本的份额计算如下：

应计入产成品的直接材料费用 $= 600 \times 2 \times 32 = 38400$（元）

应计入产成品的直接人工费用 $= 600 \times 2 \times 15 = 18000$（元）

应计入产成品的制造费用 $= 600 \times 2 \times 10 = 12000$（元）

表 5-40　　　　　　　　　**第三车间产品成本计算单**

产品名称：甲产品　　　　　　　　　2014 年 3 月　　　　　　　　　单位：元

项　　目	直接材料	直接人工	制造费用	合计
月初在产品成本		6500	2500	9000
本月发生生产费用		24100	14500	38600
生产费用合计		30600	17000	47600
本月完工产品数量		600	600	
月末在产品数量		100	100	
月末在产品完工程度（%）		80	80	

续表

项　目	直接材料	直接人工	制造费用	合计
月末在产品约当产量		80	80	
约当总产量		680	680	
费用分配率（元/件）		45	25	
应计入产成品成本的份额		27000	15000	42000
月末在产品成本		3600	2000	5600

表 5-40 中，应计入产成品成本的份额计算如下：

应计入产成品的直接人工费用 $= 600 \times 1 \times 45 = 27000$（元）

应计入产成品的制造费用 $= 600 \times 1 \times 25 = 15000$（元）

想一想

上述第一、第二、第三三个步骤的成本计算顺序可不可以变换？为什么？

（3）编制产品成本计算汇总表。

根据上述各步骤成本计算结果，编制产品成本计算汇总表，如表 5-41 所示。

表 5-41　　　　　　　　　　　**产品成本汇总计算表**

产品名称：甲产品　产量：600 件　　　　2014 年 3 月　　　　　　　　单位：元

项　目	直接材料	直接人工	制造费用	合　计
第一步骤计入产成品成本的份额	31800	27600	12000	71400
第二步骤计入产成品成本的份额	38400	18000	12000	68400
第三步骤计入产成品成本的份额		27000	15000	42000
总成本	70200	72600	39000	181800
单位成本（元/件）	117	121	65	303

根据产品成本计算汇总表和产成品入库单，结转完工产品成本，会计分录如下：

借：库存商品——甲产品　　　　　　　　　　　　　　　181800

　　贷：生产成本——基本生产成本——第一步骤（A 半成品）71400

　　　　　　　　　　　　　　　　　——第二步骤（B 半成品）68400

　　　　　　　　　　　　　　　　　——第三步骤（甲产品）42000

（二）连续式多步骤生产例

连续式多步骤生产企业一般采用逐步结转分步法，若采用平行结转分步法，采用约当产量法时，在每步骤中的在产品是狭义在产品，完工产品是广义完工产品，也即计算费用分配时的完工产品数量不仅包括本步骤的半成品，也包括后续步骤中半成品。计算公式为：

某步骤约当总产量=该步骤广义完工产品+该步骤狭义在产品约当产量

=产成品数量+本步骤后续步骤半成品数量之和+

本步骤狭义在产品数量约当产量

$$某步骤半成品单位成本（费用分配率）=\frac{该步骤月初在产品成本+该步骤本月发生费用}{该步骤约当总产量}$$

某步骤应计入产成品成本的份额=产成品的产量×单位产成品耗用该步骤半成品数量×该步骤半成品单位成本

注意：在原材料投料率与加工程度不相同时，某步骤半成品单位成本（费用分配率）应按成本项目分别计算。

【例5-6】通达企业生产甲产品，经过三个生产步骤，其中，第一步骤生产的产品为甲产品的A半成品，A半成品完工后全部直接交给第二车间继续加工为甲产品的B半成品，B半成品完工后全部直接交给第三车间继续加工为甲产品产成品，甲产品完工后全部交产成品仓库。原材料在生产开始时一次投入，一件产成品耗用一件B半成品，一件B半成品耗用一件A半成品。该厂根据实际情况，采用平行结转分步法计算甲产品成本，并采用约当产量法分配每步骤应计入完工产品（半成品）和在产品成本，各生产步骤狭义在产品的完工程度均为50%。3月有关产量和成本资料如表5-42、表5-43所示。

表5-42 　　　　　　　　　　　**产品产量情况表**

单位：件

项　　目	第一步骤	第二步骤	第三步骤	产成品
月初在产品数量	30	50	20	
本月投产或上步骤转入数量	80	90	110	
本月完工或转入下步骤数量	90	110	70	70
月末各步骤在产品数量	20	30	60	
期末在产品加工程度（%）	50	50	50	

表5-43　　　　　　　　　　　**生产费用表**

单位：元

项　　目		直接材料	直接人工	制造费用	合计
第一步骤	月初在产品成本	6000	3800	2700	12500
（A半成品）	本月生产费用	21000	9800	7500	38300
第二步骤	月初在产品成本		4070	2125	6195
（B半成品）	本月生产费用		5500	4400	9900
第三步骤	月初在产品成本		1500	800	2300
（甲产品）	本月生产费用		3600	2700	6300

根据上述资料，产品成本计算程序如下：

（1）开设产品生产成本明细账（或成本计算单）。

以甲产品及其所经过的生产步骤为成本核算对象设置第一步骤A半成品、第二步骤B半成品、第三步骤甲产品的产品生产成本明细账（或成本计算单）。

（2）计算第一、第二、第三步骤生产成本应计入产成品的份额。

第一、第二、第三步骤生产成本计算单分别如表5-44、表5-45、表5-46所示。

表5-44　　　　　　　　　　**第一步骤成本计算单**

产品名称：A半成品　　　　　　　2014年3月　　　　　　　　单位：元

月	日	摘　要	直接材料	直接人工	制造费用	合计
3	1	月初在产品成本	6000	3800	2700	12500
	31	本月生产费用	21000	9800	7500	38300
	31	费用合计	27000	13600	10200	50800
	31	约当总产量（件）	180	170	170	
	31	单位费用分配率	150	80	60	290
	31	应计入产成品成本份额	10500	5600	4200	20300
	31	月末在产品成本	16500	8000	6000	30500

表5-44中，直接材料费用广义约当总产量＝70+60+30+20＝180（件）

直接人工、制造费用广义约当总产量＝70+60+30+20×50%＝170（件）

表5-45 　　　　　　　　　　　　**第二步骤成本计算单**

产品名称：B半成品 　　　　　　　　　　2014年3月 　　　　　　　　　　单位：元

月	日	摘　要	直接材料	直接人工	制造费用	合　计
3	1	月初在产品成本		4070	2125	6195
	31	本月生产费用		5500	4400	9900
	31	费用合计		9570	6525	16095
	31	约当产量（件）		145	145	
	31	单位费用分配率		66	45	111
	31	应计入产成品成本份额		4620	3150	7770
	31	月末在产品成本		4950	3375	8325

表5-45中，直接人工、制造费用广义约当产量=70+60+30×50%=145（件）

表5-46 　　　　　　　　　　　　**第三步骤成本计算单**

产品名称：甲产品 　　　　　　　　　　2014年3月 　　　　　　　　　　单位：元

月	日	摘　要	直接材料	直接人工	制造费用	合　计
3	1	月初在产品成本		1500	800	2300
	31	本月生产费用		3600	2700	6300
	31	费用合计		5100	3500	8600
	31	约当产量（件）		100	100	
	31	单位费用分配率		51	35	86
	31	应计入产成品成本份额		3570	2450	6020
	31	月末在产品成本		1530	1050	2580

（3）编制产品成本计算汇总表。

根据上述各步骤成本计算结果，编制产品成本计算汇总表，如表5-47所示。

表5-47 　　　　　　　　　　　　**产品成本汇总计算表**

产品名称：甲产品　产量：70件 　　　　　2014年3月 　　　　　　　　　　单位：元

项　目	直接材料	直接人工	制造费用	合　计
第一步骤计入成品成本的份额	10500	5600	4200	20300
第二步骤计入成品成本的份额		4620	3150	7770
第三步骤计入成品成本的份额		3570	2450	6020
产品总成本	10500	13790	9800	34090
单位成本	150	197	140	487

根据产品成本计算汇总表和产成品入库单，结转完工产品成本，会计分录如下：

借：库存商品——甲产品   34090

贷：生产成本——基本生产成本——第一步骤（A半成品）20300

　　　　　　　　　　　　　——第二步骤（B半成品）7770

　　　　　　　　　　　　　——第三步骤（甲产品）6020

由【例5-6】可以看出，平行结转分步法由于不计算各步骤半成品成本，只是平行汇总各步骤应计入产成品成本的份额，因而能加速成本计算。另外，由于产成品成本是按原始成本项目直接平行汇总计算的，直接反映了产成品的原始成本构成，因此不需要成本还原，大大简化了成本计算工作。但由于各步骤不计算和结转半成品成本，所以，不能提供各步骤耗用前一步骤半成品成本资料，也不能正确反映各步骤在产品成本状况。这样，即不利于在产品的资金管理和实物管理，也不利于各步骤成本耗费水平的分析和考核工作。因而这种方法适用于半成品种类较多，管理上又不要求提供各步骤半成品成本资料的产品。

第四节　产品成本计算的分批法

一、分批法的概念、适用范围和特点

1. 分批法的概念

分批法是以产品批别作为成本计算对象，计算产品成本的一种方法。由于每批产品的品种、数量一般都是按客户的订单确定，并下达生产通知单的，所以，分批法也称订单法。

温馨提示

　　分批法中作为成本计算对象的产品批别虽然大多是按照客户订单来确定的，但是，如果一张订单中有几种产品，或虽然只有一种产品，但其数量较大时，企业可将这几种产品分为几批，或将数量较大的一种产品按照最优批量将其划分为数批来组织生产、计算成本；如果在一张订单中只有一件产品，但其属于大型复杂的产品，价值较大，生产周期长，也可按照产品的组成部分分批组织生产、计算成本。反过来，如果在同一时期内，企业接到的几张订单都有同一种产品，且数量都不多，为了经济合理地组织

生产，企业可将其合并为一批来组织生产、计算成本。因此，分批法的成本计算对象就不单纯是购买者订单，而主要是企业生产部门下达的生产任务通知单（又称内部订单或工作令号）。

2. 分批法的适用范围

主要适用于小批、单件，管理上不要求分步骤计算成本的多步骤生产，如精密仪器、专用设备、重型机械和船舶的制造，新产品的试制、机器设备修理、来料加工和辅助生产的工具模具制造等。分批法具体可适用于以下几种情形：

（1）根据购买者订单生产的企业。这类企业要根据购买者的要求，生产特殊规格和特定数量的产品。购买者的订单可能是单件的大型产品，如船舶、大型锅炉、重型机器；也可能是多件同样规格的产品，如特种仪器、制服等。

（2）产品种类经常变动的小规模生产企业。这类企业规模小、要不断根据市场需要变动产品的数量和品种，不可能按产品设置流水线大量生产，必须按每批产品的投产来计算成本，如生产门窗把手、插销等的小五金工厂。

（3）承担修理业务的企业或企业生产单位（车间、分厂）。修理业务多种多样，这种企业往往要根据合同规定，在生产成本上加约定利润。这种约定利润可以是在成本的基础上加一定百分比的利润或一定数额的利润，向客户收取货款，所以要报每次修理业务的成本，按每次修理业务归集费用，如修船等业务。

（4）从事新产品试制、自制设备、自制工具等生产任务的生产单位。这类生产多是一次性的，可以按批次计算成本。

3. 分批法的特点

（1）以产品批别作为成本计算对象。分批法以产品批别（单件产品为件别）为成本计算对象，开设基本生产成本明细账或产品成本计算单。对能按批次划分的直接费用，可直接计入各该基本生产成本明细账的有关成本项目；对不能明确批次的间接费用，先按发生地点归集，然后采用当月分配法或累计分配法，按一定的标准在各受益对象之间进行分配。

（2）成本计算期是每批或每件产品的生产周期。分批组织生产时，批内产品一般都能同时完工，因此，在进行成本计算时，可逐月归集各批产品的实际生产费用，在该批产品全部完工以后再计算其实际成本。因此，成本计算期是不定期的，与生产周期一致，与会计报告期不一致。

（3）一般不存在生产费用在完工产品与月末在产品之间分配的问题。采用分批法计算产品成本时，由于成本计算期与产品的生产周期一致，只有在某批次产品完工时才计算产品实际成本，成本费用一般不需要在完工产品与在产品之间进行分配。月末时，如某批产品尚未完工，基本生产成本明细账上归集的成本费用就全部是在产品成本；如该批产品全部完工，则基本生产成本明细账上所归集的成本费用全部是完工产品成本。

当然，如果批内产品跨月陆续完工，且需要分批陆续交付购货单位，仍需采用适当的方法，将生产费用在完工产品和在产品之间进行分配。

二、分批法的计算程序

1. 按批别开设生产成本明细账

要根据生产部门签发的生产任务通知单中规定的产品批号，为每批产品开设基本生产成本明细账。在明细账页上既要注明批号，也要列明产品名称。

2. 按产品批别归集和分配生产费用

在月份内，需将各批次产品的直接费用，按批号直接汇总计入各批产品成本明细账内；而将多批产品共同发生的间接费用采用一定的方法在各批次之间进行分配，分别计入有关批次的产品成本明细账。

3. 归集和分配辅助生产费用

在设有辅助生产车间的企业，应根据有关付款凭证和费用分配表归集辅助生产费用，编制辅助生产成本明细账，对本期辅助生产费用总额，采用适当的方法分配给各受益对象，编制辅助生产费用分配表，进行账务处理，并据以登记有关明细账。

4. 分配基本生产车间制造费用

根据有关付款凭证和费用分配表归集基本生产车间制造费用明细账，对本期制造费用总额，采用一定的方法在各批产品之间进行分配，编制制造费用分配表，并据以登记产品生产成本明细账（或产品成本计算单）。

5. 计算完工产品成本

采用分批法一般不需要在完工产品和月末在产品之间分配生产费用，某批产品全部完工，则该批别产品生产成本明细账（或产品成本计算单）归集的生产费用合计数就是该批产品的实际总成本。

但如果批内产品跨月陆续完工，且需要分批陆续交付购货单位，仍需采用适当的方法，将成本费用在完工产品和在产品之间进行分配：

（1）若批内产品跨月陆续完工的情况不多，可以采用计划成本、定额成本或近期同种产品实际成本计算完工产品成本，从产品成本明细账中转出，剩余即为在产品成本。为了正确考核与分析该批产品成本计划执行情况，待该批产品完工时，还应计算该批产品的实际总成本和单位成本，但对已完工并已转账的完工产品成本，不作账面调整。

（2）当批内跨月陆续完工情况较多，为了提高成本计算的准确性，则应采用约当产量法、定额成本法等方法，在完工产品和月末在产品之间分配费用，计算完工产品成本和月末在产品成本。

分批法产品成本计算程序如图 5-5 所示。

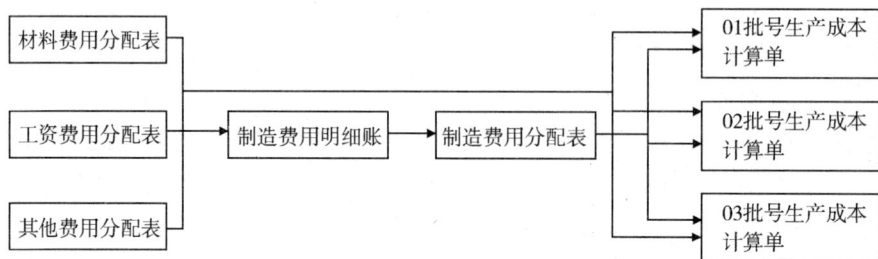

图 5-5　分批法成本计算程序

三、分批法应用实例

【例 5-7】楚天工厂一车间属小批生产，产品批数多，产品成本计算采用分批法。企业原材料在生产开始时一次投入，对各批产品共同耗用的直接人工和制造费用均按工时比例分配。该厂 2013 年 12 月的产品批号资料如下：

301 批，甲产品 10 台，11 月投产，12 月完工；

302 批，乙产品 5 台，12 月投产，12 月未完工；

303 批，丙产品 5 台，12 月投产，12 月完工。

该厂 11 月、12 月的生产费用和生产工时资料如表 5-48、表 5-49 所示。

为了与后面简化的分批法相对比阐述，下面将 11 月有关费用、工时及费用的分配过程也进行了相关列示。

表 5-48　　　　　　　　　各批产品的生产情况

产品批号	产品名称	开工日期	批量	完工产量		耗用工时（小时）	
				11 月	12 月	11 月	12 月
301	甲	11 月	10（台）		10（件）	5400	7600
302	乙	11 月	5（台）			3500	5600
303	丙	12 月	5（台）		5（台）		7400
合计						8900	20600

表5-49 生产费用资料

单位：元

产品批号	产品名称	直接材料			直接人工		制造费用	
		11月	12月	合计	11月	12月	11月	12月
301	甲	13500	8000	21500	10680	24720	8010	18540
302	乙	7600	4200	11800				
303	丙		21000	21000				
合计		21100	33200		10680	24720	8010	18540

根据以上资料，采用分批法的成本计算程序如下：

（1）设置生产成本明细账。

企业以产品的批别作为成本核算对象，需按批号设置产品生产成本明细账（产品成本计算单），楚天工厂本月只需为303号丙产品设置产品生产成本明细账（产品成本计算单），因301号甲产品和302号乙产品的生产成本明细账已在11月设置。

（2）按产品批别归集和分配本月发生的费用。

从表5-49可知，材料费用是直接费用，可直接计入各批产品明细账中。直接人工和制造费用为间接费用，需按各批产品耗用工时比例分配后再计入各批产品明细账中。分配过程为：

11月（分配表略）：

直接人工费用分配率 = 10680 ÷ （5400 + 3500） = 1.2（元/小时）

甲产品应承担直接人工费 = 5400 × 1.2 = 6480（元）

乙产品应承担直接人工费 = 3500 × 1.2 = 4200（元）

制造费用分配率 = 8010 ÷ （5400 + 3500） = 0.9（元/小时）

甲产品应承担制造费用 = 5400 × 0.9 = 4860（元）

乙产品应承担制造费用 = 3500 × 0.9 = 3150（元）

12月（分配表略）：

直接人工费用分配率 = 24720 ÷ （7600 + 5600 + 7400） = 1.2（元/小时）

甲产品应承担直接人工费 = 7600 × 1.2 = 9120（元）

乙产品应承担直接人工费 = 5600 × 1.2 = 6720（元）

丙产品应承担直接人工费 = 7400 × 1.2 = 8880（元）

制造费用分配率 = 18540 ÷ （7600 + 5600 + 7400） = 0.9（元/小时）

甲产品应承担制造费用 = 7600 × 0.9 = 6840（元）

乙产品应承担制造费用 = 5600 × 0.9 = 5040（元）

丙产品应承担制造费用=7400×0.9=6660（元）

根据以上计算结果归集生产成本，编制会计分录，并据以登记各批产品成本明细账：

11 月：

借：生产成本——基本生产成本——301 批（甲产品）24840

                     ——302 批（乙产品）14950

   贷：原材料   21100

       应付职工薪酬   10680

       制造费用   8010

12 月：

借：生产成本——基本生产成本——301 批（甲产品）23960

                     ——302 批（乙产品）15960

                     ——303 批（丙产品）36540

   贷：原材料   33200

       应付职工薪酬   24720

       制造费用   18540

301、302、303 批产品的成本明细账（计算单）分别如表 5-50、表 5-51、表 5-52 所示。

表 5-50　　　　　　　　　　**生产成本计算单**

批　号：301　　　　　　　　产品名称：甲产品　　　　　　　　产品指量：10 台

开工日期：2013 年 11 月 3 日　　完工日期：2013 年 12 月 15 日　　完工数量：10 台

2013 年 12 月

单位：元

2013 年		摘　要	直接材料	直接人工	制造费用	合计
月	日					
11	30	本月发生生产费用	13500	6480	4860	24840
12	31	本月发生生产费用	8000	9120	6840	23960
		累计生产费用	21500	15600	11700	48800
		完工产品成本	21500	15600	11700	48800
		单位产品成本	2150	1560	1170	4880

表 5-51　　　　　　　　　　　　**生产成本计算单**

批　号：302　　　　　　　　　产品名称：乙产品　　　　　　　　产品批量：5 台

开工日期：2013 年 11 月 5 日　　　完工日期：尚未完工　　　　　　完工数量：

　　　　　　　　　　　　　　　　2013 年 12 月　　　　　　　　　单位：元

2013 年		摘　要	直接材料	直接人工	制造费用	合　计
月	日					
11	30	本月发生生产费用	7600	4200	3150	14950
12	31	本月发生生产费用	4200	6720	5040	15960
		累计生产费用	11800	10920	8190	30910

表 5-52　　　　　　　　　　　　**生产成本计算单**

批　号：303　　　　　　　　　产品名称：丙产品　　　　　　　　产品批量：5 台

开工日期：2013 年 12 月 6 日　　　完工日期：2013 年 12 月 27 日　　完工数量：5 台

　　　　　　　　　　　　　　　　2013 年 12 月　　　　　　　　　单位：元

2013 年		摘　要	直接材料	直接人工	制造费用	合　计
月	日					
11	30	本月发生生产费用				
12	31	本月发生生产费用	21000	8880	6660	36540
		累计生产费用	21000	8880	6660	36540
		完工产品成本	21000	8880	6660	36540
		单位产品成本	4200	1776	1332	7308

（3）结转完工产成品成本。

编制 12 月完工产品成本汇总表，如表 5-53 所示。

表 5-53　　　　　　　　　　　　**完工产品成本汇总表**

　　　　　　　　　　　　　　　　2013 年 12 月　　　　　　　　　单位：元

批次	产品	产量	完工产品总成本				完工产品单位成本
			直接材料	直接人工	制造费用	合　计	
301	甲产品	10（台）	21500	15600	11700	48800	4880（元/台）
303	丙产品	5（台）	21000	8880	6660	36540	7308（元/台）
合　计			42500	24480	18360	85340	

根据完工情况结转完工产品成本，编制会计分录：

借：库存商品——甲产品　　　　　　　　　　　　48800

　　　　——丙产品　　　　　　　　　　　　36540

　　贷：生产成本——基本生产成本——301 批（甲产品）　48800

　　　　　　　　——303 批（丙产品）　36540

四、简化的分批法

以上我们介绍了分批法下成本计算的一般程序和方法，从中可看出，不论一批产品是否完工，当月发生的直接材料、直接人工等直接费用和制造费用等间接费用都要计入各批产品成本明细账。但在一些企业，同一月内投产的产品批数往往很多，有的多达几十批，月末没有完工产品的批数也较多，在这种情况下，各种间接费用在各批之间按月进行分配的工作就极为繁重。为了减轻成本计算工作，在投产批数繁多而且月末未完工批数也多的企业，可以采用一种简化的分批法。

（一）简化分批法的概念、适用范围与特点

1. 简化分批法的概念

简化分批法是指每月发生的能直接分清每批产品所承担的直接费用（直接材料），可以直接分配计入每批产品成本明细账，而对每月发生的分不清批次的间接费用（人工费用、制造费用）不是按月在各批产品之间进行分配，而是将各项间接费用和工时先累计起来，到产品完工时，才按照完工产品累计工时的比例，在各批完工产品之间进行分配。

由于这种方法只对完工产品分配间接费用，而不分批计算在产品成本，故又称为不分批计算在产品成本的分批法。

2. 简化分批法的适用范围

简化分批法适用于投产批数繁多而且月末未完工批数较多的企业。

3. 简化分批法的特点

（1）必须设立基本生产成本二级账。企业除按产品批别设置产品生产成本明细账（产品成本计算单）外，还必须设立基本生产成本二级账。基本生产成本总账、二级账和明细账之间平行登记。

产品生产成本明细账在产品完工前，只按月登记该批产品的直接计入费用（如原材料费用）和生产工时。各月发生的间接费用（如职工薪酬和制造费用）不是按月在各批产品之间进行分配，而是按成本项目登记在基本生产成本二级账中，只是在有完工产品的月份才向本月完工产品分配登记间接费用；未完工产品的间接费用仍然保留在基本生产成本二级账中。

（2）不分批计算月末在产品成本。基本生产成本二级账按成本项目登记了全部批次产品的累计生产费用（包括全部直接费用和全部间接费用）和累计生产工时。在有完工产品的月份，将完工产品应负担的间接费用分配转入各完工产品生产成本明细账（产品成本计算单）后，基本生产成本二级账反映的是全部批次月末在产品成本。而各批次未完工产品的生产成本明细账（产品成本计算单）中也只反映月末在产品的累计直接费用和累计工时，而不是产品成本。

（3）通过计算累计费用分配率来分配间接计入费用。简化的分批法将间接计入费用在各批次产品之间的分配和在本月完工产品与月末在产品（全部批次）之间的分配一次完成。间接计入费用的分配，是通过计算累计费用分配率来进行的。其计算公式如下：

$$\text{全部产品某项累计间接费用分配率} = \frac{\text{全部产品某项累计间接费用}}{\text{全部产品累计工时}}$$

$$\text{某批完工产品应负担的间接费用} = \text{该批完工产品累计工时} \times \text{全部产品某项累计间接费用分配率}$$

（二）简化分批法成本核算程序

简化分批法成本核算程序如图 5-6 所示。

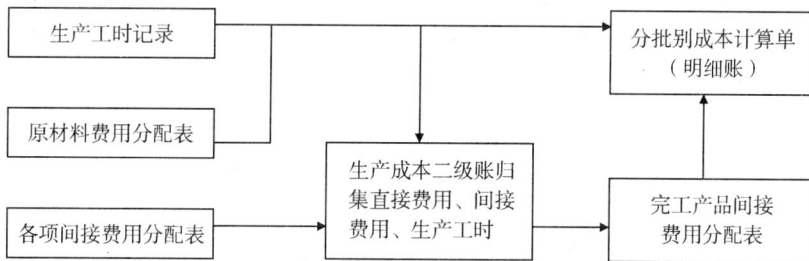

图5-6　简化分批法成本计算程序

（三）简化分批法应用实例

【例5-8】以【例5-7】的数据为例，采用简化分批法进行成本计算。计算程序如下：

（1）登记基本生产成本二级账如表5-54所示。

表5-54 **基本生产成本二级账**

2013 年 12 月 单位：元

2013年 月	日	摘 要	生产工时（小时）	直接材料	直接人工	制造费用	金额合计
11	31	月初余额	8900	21500	10680	8010	40190
12	31	本月发生额	20600	33200	24720	18540	76460
	31	累计	29500	54700	35400	26550	116650
	31	间接费用累计分配率（元/小时）			1.2	0.9	
	31	完工转出	20400	42500	24480	18360	85340
	31	余额	9100	12200	10920	8190	31310

表5-54 中：

直接人工费用累计分配率 = 35400÷29500 = 1.2（元/小时）

制造费用累计分配率 = 26550÷29500 = 0.9（元/小时）

完工产品累计工时 = 甲、丙完工产品累计工时之和 = 13000＋7400 = 20400（小时）

完工产品直接人工费用分配额 = 20400×1.2 = 24480（元）

完工产品制造费用分配额 = 20400×0.9 = 18360（元）

完工产品直接材料费用 = 甲、丙完工产品材料费用之和 = 21500＋21000 = 42500（元）

（2）编制301批甲产品生产成本计算单如表5-55所示。

表5-55 **生产成本计算单**

批号：301 产品名称：甲产品 产品批量：10 台

开工日期：2013 年 11 月 3 日 完工日期：2013 年 12 月 15 日 完工数量：10 台

2013 年 12 月 单位：元

2013年 月	日	摘 要	生产工时（小时）	直接材料	直接人工	制造费用	金额合计
11	30	本月发生	5400	13500			
12	31	本月发生	7600	8000			
	31	累计	13000	21500			
	31	间接费用累计分配率（元/小时）			1.2	0.9	
	31	完工产品成本	13000	21500	15600	11700	48800
	31	完工产品单位成本	1300	2150	1560	1170	4880

表 5-55 中：

301 批甲完工产品成本中直接人工费用 = 13000×1.2 = 15600（元）

301 批甲完工产品成本中制造费用 = 13000×0.9 = 11700（元）

（3）编制 302 批乙产品生产成本计算单如表 5-56 所示。

表 5-56　　　　　　　　　　**生产成本计算单**

批号：302　　　　　　　　　产品名称：乙产品　　　　　　　产品批量：5 台

开工日期：2013 年 11 月 5 日　　完工日期：尚未完工　　　　　完工数量：

　　　　　　　　　　　　　　　　　2013 年 12 月　　　　　　　　单位：元

2013 年		摘　要	生产工时（小时）	直接材料	直接人工	制造费用	金额合计
月	日						
11	30	本月发生	3500	7600			
12	31	本月发生	5600	4200			

因为乙产品没有完工品，按简化分批法的要求不需要计算在产品成本。

（4）编制 303 批丙产品生产成本计算单如表 5-57 所示。

表 5-57　　　　　　　　　　**生产成本计算单**

批号：303　　　　　　　　　产品名称：丙产品　　　　　　　产品批量：5 台

开工日期：2013 年 12 月 6 日　　完工日期：2013 年 12 月 27 日　　完工数量：5 台

　　　　　　　　　　　　　　　　　2013 年 12 月　　　　　　　　单位：元

2013 年		摘　要	生产工时（小时）	直接材料	直接人工	制造费用	金额合计
月	日						
12	31	本月发生	7400	21000			
	31	累计	7400	21000			
	31	间接费用累计分配率（元/小时）			1.2	0.9	
	31	完工产品成本	7400	21000	8880	6660	36540
	31	完工产品单位成本	1480	4200	1776	1332	7308

表 5-57 中：

303 批丙完工产品成本中直接人工费用 = 7400×1.2 = 8880（元）

303 批丙完工品成本中制造费用 = 7400×0.9 = 6660（元）

（5）结转完工产成品成本。

编制 12 月完工产品成本汇总表，如表 5-58 所示。

表 5-58 　　　　　　　　　　**完工产品成本汇总表**

2013 年 12 月 　　　　　　　　　　　　　　　　　　单位：元

批次	产品	产量	完工产品总成本				完工产品单位成本
			直接材料	直接人工	制造费用	合计	（元/台）
301	甲产品	10（台）	21500	15600	11700	48800	4880
303	丙产品	5（台）	21000	8880	6660	36540	7308
	合计		42500	24480	18360	85340	

根据完工情况结转完工产品成本，编制会计分录：

借：库存商品——甲产品 　　　　　　　　　　　　　　　48800

　　　　　——丙产品 　　　　　　　　　　　　　　　36540

　　贷：生产成本——基本生产成本——301 批（甲产品）　48800

　　　　　　　　　　　　　　　——303 批（丙产品）　36540

由上述计算可知，采用简化的分批法，能将生产费用在各成本计算对象之间的横向分配和生产费用在完工产品和期末在产品之间的纵向分配结合起来，大大简化了成本核算工作。

【本章小结】

基本内容：本章主要介绍了品种法、分步法和分批法三种产品成本计算的基本方法，概括介绍了它们的特点、适用范围、计算程序和相应的账务处理。

品种法是产品最基本的成本计算方法，熟练掌握品种法非常重要。其计算程序中包括了各种要素费用的归集与分配，以及进行会计处理的内容，其中，难点是辅助生产费用的归集与分配、生产费用在完工产品与在产品之间的分配。对辅助生产车间发生的生产费用进行核算，要注意制造费用的处理。对生产费用在完工产品和在产品之间进行分配，应重点掌握约当产量法。

分步法是按照产品的品种和生产步骤为成本计算对象，归集生产费用，计算产品成本的一种方法。这种方法根据企业生产工艺特点和成本管理对各步骤成本资料的要求可分为逐步结转分步法和平行结转分步法。逐步结转分步法又分为综合结转法和分项结转法。为了便于企业进行成本分析和成本考核，对于按照逐步综合结转分步法计算出的产品成本还应对各步骤所耗半成品成本进行成本还原。

分批法也叫订单法，它是以产品批别或订单作为成本计算对象，归集生产费用，计算产品成本的一种方法。分为典型分批法和简化分批法。其特点是：以产品批别或订单作为成本计算对象；成本计算期与生产周期一致；一般不需要在完工产品和在产品之间分配生产费用。简化分批法下需设立基本生产成本二级账，采用累计间接计入费用分配率来计算分配费用。

重点与难点：重点是品种法的应用，难点是产品成本还原和简化的分批法。

【同步练习】

一、单项选择题

1. 制造企业的生产按其组织方式不同分为(　　)。

A. 单步骤生产和多步骤生产　　　B. 大量生产、成批生产和单件生产

C. 连续式生产和装配式生产　　　D. 简单生产和复杂生产

2. 大量大批、多步骤生产适用的成本计算方法是(　　)。

A. 品种法　　　B. 分批法　　　C. 分类法　　　D. 分步法

3. 品种法适用的生产组织是(　　)。

A. 大量大批生产　　　　　　　B. 大量成批生产

C. 大量小批生产　　　　　　　D. 单件小批生产

4. 狭义的在产品只包括(　　)。

A. 需进一步加工的半成品　　　B. 正在车间加工的在产品

C. 对外销售的自制半成品　　　D. 产成品

5. 采用简化的分批法，在产品完工之前，产品成本明细账(　　)。

A. 不登记任何费用

B. 只登记直接计入费用和生产工时

C. 只登记原材料费用

D. 登记间接计入费用，不登记直接计入费用

6. 采用分批法，产品成本明细账应按(　　)设立。

A. 产品批别　　　　　　　　　B. 产品品种

C. 产品生产步骤　　　　　　　D. 生产部门通知

7. 划分产品成本计算的基本方法和辅助方法的标准是(　　)。

A. 成本计算工作的简繁

B. 对成本管理作用的大小

C. 应用是否广泛

D. 对于计算产品实际成本是否必不可少

8. 成本还原的对象是( )。

A. 产成品成本　　　　　　　　B. 各步骤半成品成本

C. 完工产品所耗上步骤半成品成本　　D. 各步骤所耗上一步骤半成品成本

9. 下列方法中，属于不计算半成品成本的分步法是( )。

A. 逐步结转法　　B. 综合结转法　　C. 分项结转法　　D. 平行结转法

10. 某种产品由三个生产步骤形成，逐步结转分步法计算产品成本。本月第一生产步骤转入第二生产步骤的生产费用为 3300 元，第二生产步骤转入第三生产步骤的生产费用为 4200 元。本月第三生产步骤月初在产品成本为 900 元，月末在产品成本为 700 元，本月发生的加工费用为 3500 元。本月该种产品的完工产品成本为( )元。

A. 7700　　　　　B. 8600　　　　　C. 7900　　　　　D. 7500

二、多项选择题

1. 产品成本计算的基本方法有( )。

A. 品种法　　　　B. 分批法　　　　C. 分步法　　　　D. 定额比例法

2. 企业在确定产品成本计算方法时，必须从企业的具体情况出发，同时考虑( )等因素。

A. 企业的生产特点　　　　　　B. 企业生产规模的大小

C. 进行成本管理的要求　　　　D. 月末有无在产品

3. 产品成本计算期与产品生产周期不一致的成本计算方法有( )。

A. 品种法　　　B. 分批法　　　C. 分步法　　　　D. 定额比例法

4. 采用品种法在月末计算产品成本时，如果( )，也可以不计算在产品成本。

A. 没有在产品

B. 在产品数量很少，且成本数额不大

C. 在产品数量很少，但成本数额很大

D. 在产品数量很多，但成本数额不大

5. 采用分步法时，作为成本计算对象的生产步骤可以( )。

A. 按生产车间设立　　　　　　B. 按实际生产步骤设立

C. 在一个车间内按不同生产步骤设立　　D. 将几个车间合并设立

6. 关于成本计算的分批法，下列说法正确的是( )。

A. 一般没有完工产品与在产品之间的费用分配问题

B. 成本的计算期与会计报告期往往不一致

C. 适用于小批、单件，管理上不要求分步骤计算成本的多步骤生产

D. 以上说法都不正确

7. 分批法成本计算的特点有(　　)。

A. 以生产批次作为成本计算对象

B. 产品成本计算期不固定

C. 按月计算产品成本

D. 一般不需进行完工产品和在产品的成本分配

8. 分批法适用于(　　)。

A. 小批生产

B. 管理上要求分步计算的多步骤生产

C. 分批轮番生产同一种产品

D. 单件生产

9. 对于逐步结转分步法，下列说法正确的有(　　)。

A. 各步骤的在产品是狭义的在产品

B. 各步骤的在产品是广义的在产品

C. 需要计算各步骤半成品成本

D. 半成品成本随着半成品实物的转移而转移

10. 采用简化的分批法(　　)。

A. 必须设立基本生产成本二级账

B. 在产品完工前，基本生产成本明细账只登记直接费用和生产工时

C. 基本生产成本二级账只登记间接费用

D. 不分批计算在产品成本

三、判断题

1. 成本计算对象是区分产品成本计算基本方法的主要标志。(　　)

2. 产品成本计算的基本方法可以在成本计算中单独使用，也可结合使用。(　　)

3. 发电企业属于大量大批多步骤生产企业。(　　)

4. 品种法的成本计算对象是每件产品。(　　)

5. 在平行结转分步法下，如果半成品通过仓库收发，应设置"自制半成品"账户核算。(　　)

6. 在实际工作中，分步法产品成本计算的分步与产品的生产步骤未必完全一致。(　　)

7. 分批法产品成本的计算是不定期的。(　　)

8. 相比而言，简化分批法下的月末完工产品的批数越多，成本的核算工作就越简化。(　　)

9. 重型机械、船舶、精密仪器、专用设备及服装等的生产适用于采用分

批法。 （　　）

    10. 单步骤生产由于工艺过程不能间断，因而只能按照产品的品种计算成本。

（　　）

    11. 只要产品批数多，就应该采用简化的分批法计算产品成本。 （　　）

    12. 简化的分批法不计算在产品成本。 （　　）

    13. 逐步结转分步法实际上是品种法的多次连续应用。 （　　）

    14. 从生产工艺看，品种法只适用于简单生产。 （　　）

    15. 如果在产品是广义的，其完工产品就是狭义的。 （　　）

四、技能训练题

技能训练1

目的：练习产品成本计算的品种法。

资料：某企业生产甲、乙两种产品，有一个基本生产车间和一个供电车间。产品成本采用品种法计算。2013年3月有关成本计算资料如下：

（1）基本生产车间本月发生原材料费用66000元；甲产品耗用A材料20000元，乙产品耗用B材料28000元，甲、乙产品共同耗用C材料16000元，车间一般耗用C材料2000元。C材料定额消耗量：甲产品6000千克，乙产品4000千克。

（2）基本生产车间本月发生应付职工薪酬28600元。其中，基本车间生产工人薪酬24000元，基本车间管理人员薪酬4600元。基本生产车间产品生产工时：甲产品300小时，乙产品500小时。

（3）基本生产车间月初在用固定资产原值600000元，固定资产月折旧率为2%。

（4）供电车间供电1200千瓦时，计9600元：提供给基本生产车间800千瓦时，其中甲产品300千瓦时，乙产品400千瓦时，车间管理部门100千瓦时；提供给企业管理部门400千瓦时。

（5）甲产品完工200件，月末没有在产品。乙产品本月完工160件，月末在产品40件，完工程度为50%，原材料在生产开始时一次投入。甲产品月初在产品成本为12000元，其中，直接材料5000元，直接人工2632元，其他直接支出368元，制造费用4000元；乙产品月初在产品成本为25000元，其中，直接材料14000元，直接人工4386元，其他直接支出614元，制造费用6000元。

要求：按品种法计算产品成本，将计算的数据填入表5-59、表5-60、表5-61（其中，C材料按定额消耗比例分配；基本生产工人工资按产品生产工时比例分配；制造费用按产品生产工时比例分配）。

表 5-59　　　　　　　　　　　　　　**甲产品成本明细账**

产品名称：甲产品　　　　　　　　　　年　　月　　　　　　　　　产量：200 件

摘　要	直接材料	直接人工	燃料动力	制造费用	合　计
月初在产品成本					
分配材料费用					
分配职工薪酬费用					
分配动力费					
分配制造费用					
本月合计					
累计生产费用					
月末在产品成本					
完工产品成本					
完工产品单位成本					

表 5-60　　　　　　　　　　　　　　**乙产品成本明细账**

产品名称：乙产品　　　　　　　　　　年　　月　　　　　　　　　产量：160 件

摘　要	直接材料	直接人工	燃料动力	制造费用	合　计
月初在产品成本					
分配材料费用					
分配职工薪酬费用					
分配动力费					
分配制造费用					
本月合计					
累计生产费用					
月末在产品成本					
完工产品成本					
完工产品单位成本					

表 5-61　　　　　　　　　　　　　　**完工产品成本汇总表**

产品	产量	直接材料	直接人工	燃料动力	制造费用	合计	单位成本
甲产品							
乙产品							
合计							

技能训练2

目的：练习产品成本计算的综合逐步结转分步法。

资料：某企业生产甲产品须连续经过两个步骤，第一步生产半成品，交半成品库验收，第二步骤需要量向半成品库领用，半成品成本按全月一次加权平均法计价。各步骤完工产品与月末在产品之间费用的分配采用约当产量比例法。该企业材料在第一步生产开始时一次投入，各加工步骤在产品的完工程度均为50%，该企业2014年3月成本计算资料如下：

（1）产量资料如表5-62所示。

表5-62　　　　　　　　　　产量资料

项 目	月初在产品	本月投入	本月完工	月末在产品
第一步	180	420	500	100
第二步	200	700	600	300

（2）月初在产品成本资料如表5-63所示。

表5-63　　　　　　　　　月初在产品成本资料

项 目	直接材料	自制半成品	直接人工	制造费用
第一步	1900		1100	2300
第二步		6300	1200	2550

（3）月初库存甲半成品400件，其实际成本为10300元。

（4）本月发生的费用如表5-64所示。

表5-64　　　　　　　　　本月发生的费用

项 目	直接材料	直接人工	制造费用	合 计
第一步	6260	3025	1495	10780
第二步		4050	8700	12750

要求：

（1）采用综合逐步结转分步法计算甲产品成本并编制完工产品入库的会计分录；

（2）对完工产品成本进行成本还原并比较还原前后产品成本构成情况。

技能训练3

目的：练习产品成本计算的平行结转分步法。

资料：某厂生产的乙产品顺序经过第一、第二和第三基本生产车间的加工，材料在第一道工序生产开始时一次性投入，各车间直接人工和制造费用发生比较均衡。本月有关成本资料如下：

（1）产量资料如表5-65所示。

表5-65 产量资料

车间或部门	月初结存	本月投入	本月完工	月末结存
第一车间	10	110	100	20
第二车间	20	100	100	20
第三车间	40	100	110	30

（2）月初在产品成本资料如表5-66所示。

表5-66 月初在产品成本资料

项 目	直接材料	直接人工	制造费用
第一车间	140000	65000	52000
第二车间		80000	60000
第三车间		16000	12000

（3）本月生产费用资料如表5-67所示。

表5-67 本月生产费用资料

项 目	直接材料	直接人工	制造费用
第一车间	220000	105000	84000
第二车间		160000	120000
第三车间		168000	126000

（4）月末在产品完工程度。本月第一和第二车间月末狭义在产品完工程度均为50%，第三车间月末在产品中，有20件尚未开始加工，有10件完工程度为50%。在产品成本按约当产量法计算。

要求：采用平行结转分步法计算完工产品成本，并编制完工产品入库的会计分录。

技能训练 4

目的：练习产品成本计算的简化分批法。

资料：某厂设有一个基本生产车间，小批量生产甲、乙、丙、丁四种产品，采用简化分批法计算产品成本。

（1）该厂 4 月 1 日在产品两批：311 批甲产品 4 件、312 批乙产品 6 件。月初在产品成本及工时资料如表 5-68 所示。

表 5-68   月初在产品成本及工时资料

批号及产品名称	直接材料	生产工时	投产日期
311 批甲产品	11000	1000	3 月
312 批乙产品	12000	3000	3 月

基本生产成本二级账月初在产品成本及工时记录为：直接材料 23000 元，直接人工 12000 元，制造费用 9000 元，生产工时 4000 小时。

（2）该厂 4 月发生下列经济业务：

1）材料费用 59000 元，其中，311 批甲产品耗用 20000 元；312 批乙产品为生产开始时一次性投料；313 批丙产品（本月投产，批量 10 件）耗用 30000 元；314 批丁产品（本月投产，批量 5 件）耗用 1000 元。基本生产车间一般耗用 8000 元。

2）分配工资 18000 元，其中，基本生产车间生产工人工资 16000 元，车间管理人员工资 2000 元。

3）按工资总额的 14% 计提职工福利费（其他人工费用计提项略）。

4）基本生产车间折旧费用 2000 元。

5）以银行存款支付基本生产车间其他支出 9000 元。

6）结转基本生产车间制造费用。

7）本月耗用工时 6000 小时，其中，311 批甲产品 1000 小时，312 批乙产品 1500 小时，313 批丙产品 3000 小时，314 批丁产品 500 小时。

8）本月 311 批号甲产品全部完工；312 批号乙产品完工 2 件，完工产品工时为 1000 小时；313 批丙产品和 314 批丁产品本月全部未完工。

要求：

（1）根据已知资料开设基本生产二级账并填入表 5-69。并编制各批产品成本明细账。

（2）根据资料计算各批产品成本并编制各批产品成本计算单，将计算结果填入表 5-70、表 5-71、表 5-72、表 5-73。

表5-69 **基本生产成本二级账**

2014年		摘 要	生产工时（小时）	直接材料	直接人工	制造费用	金额合计
月	日						
4	1	月初余额					
	30	本月发生额					
	30	累计					
	30	间接费用累计分配率					
	30	完工转出					
	30	余额					

表5-70 **产品成本计算单**

产品批号：　　　　　　　产成品名称：　　　　　　　投产批量：
　　　　　　　　　　　　投产日期：　　　　　　　　本月完工：

2014年		摘 要	生产工时（小时）	直接材料	直接人工	制造费用	金额合计
月	日						
3	31	本月发生					
4	30	本月发生					
	30	累计					
	30	间接费用累计分配率					
	30	本月转出完工产品成本					
	30	完工产品单位成本					

表5-71 **产品成本计算单**

产品批号：　　　　　　　产成品名称：　　　　　　　投产批量：
　　　　　　　　　　　　投产日期：　　　　　　　　本月完工：

2014年		摘 要	生产工时（小时）	直接材料	直接人工	制造费用	金额合计
月	日						
3	31	本月发生					
4	30	本月发生					
	30	累计					
	30	间接费用累计分配率					
	30	本月转出完工产品成本					
	30	完工产品单位成本					

表 5-72 　　　　　　　　　　　　**产品成本计算单**

产品批号：　　　　　　　　　　产成品名称：　　　　　　　　　投产批量：

2014 年		摘　要	生产工时 （小时）	直接材料	直接人工	制造费用	金额合计
月	日						

表 5-73 　　　　　　　　　　　　**产品成本计算单**

产品批号：　　　　　　　　　　产成品名称：　　　　　　　　　投产批量：

2014 年		摘　要	生产工时 （小时）	直接材料	直接人工	制造费用	金额合计
月	日						

第六章 产品成本计算的辅助方法

【学习目标】

1. 掌握分类法和定额法的特点、计算程序、适用范围、优缺点和应用条件；
2. 了解联产品、副产品的计算方法；
3. 熟悉作业成本法的基本原理和一般程序；
4. 理解作业成本法的优点和局限性。

【案例导读】

中国电信作业成本核算

为了精细企业成本核算管理，中国电信集团公司早在 2003 年就开始着手探索应用作业成本法来核算产品、客户成本，2004 年在上海和四川乐山进行作业成本核算的模型试点，2005～2007 年又依次在广东、上海、四川、安徽和江苏等地分公司进行作业成本核算模型 1.0 系统试点。2010 年中国电信启动了作业成本核算模型 2.0 系统试点，并于 2012 年在全国推广应用。

经过近十年的探索，中国电信形成了一套较为完善的作业成本管理体系，这个体系包括管理会计组织机构、作业成本管理制度、作业成本核算体系、作业成本报告体系、作业成本应用模型、作业成本数据体系、系统 IT 平台支撑七个主要组成部分。

资料来源：陈洁敏，韦静. 中国电信作业成本核算管理实践探讨. 财务与会计，2014（2）.

思考：

1. 什么是作业成本法？
2. 作业成本法与其他成本核算方式相比有哪些优势？

第一节　产品成本计算的分类法

一、分类法的概念、适用范围和特点

1. 分类法的概念

分类法是以产品的类别作为成本核算对象来归集生产费用，计算出各类完工产品的总成本，再在类内产品之间进行成本分配，计算出类内各种产品生产成本的一种方法。

在一些制造企业，生产的产品品种、规格繁多，且某些品种、规格的产品，其结构、使用的原材料、生产工艺又接近，如制鞋厂、无线电元件生产企业等，如果仍按产品品种来归集和分配生产费用、计算产品成本，则成本计算工作量就会很大。在这类企业中，为简化成本计算工作，就可以先按照一定的分类标准对产品进行分类，然后按照类别归集生产费用、核算成本。这种方法就是产品成本计算的分类法，它不是成本计算的基本方法，而是一种辅助方法，它必须与成本计算的基本方法结合使用。

2. 分类法的适用范围

分类法一般适用于产品品种和规格众多，使用的原材料、生产工艺相近，可按一定标准分类的工业企业，如针织、化工、食品、制鞋、无线电元件等企业。

有些工业企业特别是化工企业，对同一原材料加工后，可以同时生产几种联产品或同时生产出主产品和副产品，如原油经过提炼，可以同时生产出各种汽油、柴油和煤油，这些产品，所用原材料和生产工艺相同，就可以用分类法。

此外，企业可能生产一些零星产品，如自制少量材料、工具等，这些零星产品，虽然所用原材料、生产工艺不一定完全相近，但因其品种规格多、数量少、费用比重小，为了简化核算工作，也可以把它们归为一类，采用分类法。

3. 分类法的特点

采用分类法时，成本计算期的确定、生产费用在本月完工产品和月末在产品之间的分配等，都取决于它所依托的成本计算的基本方法。

（1）以产品的类别为成本核算对象。根据产品的结构、所用材料和工艺过程的不同，将产品划分为若干类，按类别开设成本计算单，归集类内费用，计算各类产品的总成本。但成本核算最终要计算每种（品种、规格）产品的成本，以产品类别作为成本核算对象是为了简化成本计算工作。

（2）成本计算期取决于其所依托的成本计算基本方法。采用分类法，计算出的是各类产品成本，还应运用品种法或分批法等成本计算的基本方法，计算出各种（品种、规格）产品的实际总成本和单位成本，其成本计算期取决于所依托的基本方法。如果是大量大批生产，应结合品种法或分步法，每月月末定期计算产品成本；如果与分批法结合运用，成本计算期就不固定，而与生产周期一致。

（3）生产费用是否在完工产品和月末在产品之间分配取决于其所依托的成本计算基本方法。如果所依托的成本计算基本方法是分批法，则生产费用一般不需在完工产品和月末在产品之间分配，而如果所依托的成本计算基本方法是品种法或分步法，则生产费用一般需要在完工产品和月末在产品之间分配。

二、分类法的计算程序

1. 按产品类别设置产品成本计算单

首先将产品按性质、结构、用途、所用原材料和生产工艺过程等不同标准，划分为若干类别，然后按类别设置产品成本计算单，有几类产品就设几份产品成本计算单。

2. 按照规定的成本项目归集和分配生产费用，计算出各类产品的实际总成本

此为第一次分配，是生产费用在不同类产品之间的分配，称为类间费用分配。在归集和分配费用时仍然遵循费用的分配原则，谁受益谁负担，直接费用直接计入、间接费用采用适当的方法分配计入产品成本计算单。

3. 选择合理标准分配成本，计算出类内各种产品的实际总成本和单位成本

此为第二次分配，是对同一类产品的成本在其不同产品之间的分配，称为类内费用分配。在选择分配标准时，应保证所选择的标准与产品成本变动密切相关，如重量、体积、长度、定额消耗量、计划成本、定额成本、售价等。分配标准一经确定不应随意经常变动，以保证核算结果的可比性。

分类法下成本核算程序如图6-1所示。

三、类内各种产品成本的分配

在类内各种产品之间分配成本时，可采用定额比例法或系数分配法，常用的分配方法是系数分配法。

系数分配法是运用系数来分配计算类内各种产品成本的一种方法。这里的系数指各种规格产品的分配标准之间的比率关系或倍数关系。

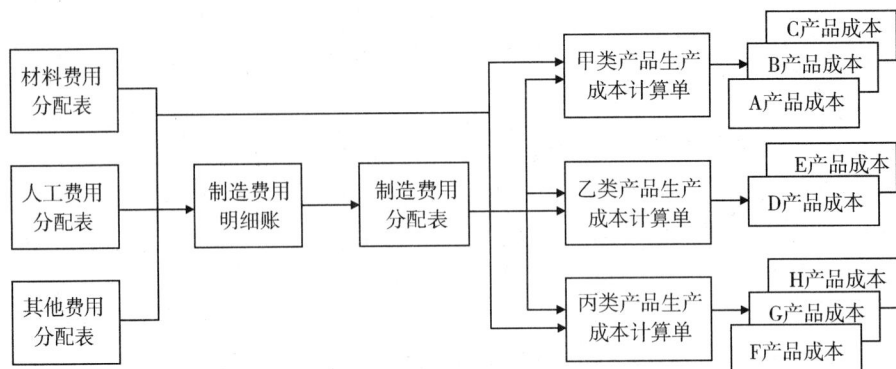

图6-1　分类法成本核算程序

系数分配法又称为标准产量法，因其基本思想是将类内所有产品都折合成所选用的标准产品产量后再进行的分配工作。

系数分配法的基本步骤是：

1. 选择标准产品

在同类产品中确定分配标准（如重量、长度）后，选择其中产量较大、生产较稳定或规格折中的产品为标准产品，将其分配标准的系数定为"1"。

2. 计算确定类内其他产品的分配标准系数

将类内其他各种产品与标准产品进行比较，计算出其他产品分配标准与标准产品的分配标准之间的比率，即系数。计算公式为：

某产品系数=该产品的分配标准÷标准产品的分配标准

3. 计算总系数

每一种产品的系数确定后，根据各种产品的实际产量，计算类内各种产品的总系数。总系数又称为标准产量，即将每种产品的原始产量按系数折合为相当于标准产品的产量，计算公式为：

总系数=类内每种产品的实际产量×该产品的系数

4. 计算费用分配率

以总系数作为分配标准，计算出各成本项目的金额与总系数之比。

某成本项目费用分配率=该成本项目应分配各成本项目数额÷各种产品总系数之和

5. 计算各产品应负担的费用

某种产品实际总成本=该产品各项目的总系数×各项目费用分配率

四、系数分配法应用实例

【例6-1】光华公司生产的甲、乙、丙三种产品所用的原材料和工艺流程基本相同,合并为一类(A类),采用分类法计算成本。类内各产品之间分配费用的标准为:原材料按定额消耗量比例分配,其他各成本费用按定额工时比例分配。本月发生的生产费用,已在各类产品之间分配,其中 A 类产品成本明细账如表6-1所示。

表6-1 产品成本明细账

产品类别:A类　　　　　　　　　　　2014 年 3 月　　　　　　　　　　单位:元

项　目	直接材料	直接人工	制造费用	成本合计
月初在产品成本	18000	3000	1550	22550
本月费用	365000	49000	19400	433400
生产费用合计	383000	52000	20950	455950
月末在产品成本	29000	4000	1750	34750
本月完工产品成本	354000	48000	19200	421200

根据上述资料,采用系数分配法分配 A 类各产品成本过程如下:

(1) 以乙产品为标准产品,计算类内各产品系数,如表6-2所示。

表6-2 产品系数计算表

产品名称	产品产量①	原材料			工　时		
		材料定额②	各产品系数③=②÷15	总系数④=①×③	定额工时⑤	各产品系数⑥=⑤÷10	总系数⑦=①×⑥
甲产品	400	21	1.4	560	15	1.5	600
乙产品	1200	15	1.0	1200	10	1.0	1200
丙产品	500	18	1.2	600	12	1.2	600
A 类合计				2360			2400

(2) 计算类内各种产品的完工产品成本,如表6-3所示。

表 6-3　　　　　　　　　　　**A 类产品成本计算表**

产品：A 类产品　　　　　　　　　　　2014 年 3 月　　　　　　　　　　　单位：元

项目	原材料费用总系数 ①	原材料分配金额 ②=①×分配率	定额工时总系数 ③	直接人工分配金额 ④=③×分配率	制造费用分配金额 ⑤=③×分配率	成本合计 ⑥=②+④+⑤
费用分配率		150		20	8	
甲产品	560	84000	600	12000	4800	100800
乙产品	1200	180000	1200	24000	9600	213600
丙产品	600	90000	600	12000	4800	106800
A 类合计	2360	354000	2400	48000	19200	421200

表 6-3 中，材料成本分配率 $=354000 \div 2360 = 150$

甲产品原材料费用 $=560 \times 150 = 84000$（元）

直接人工成本分配率 $=48000 \div 2400 = 20$

甲产品直接人工费用 $=600 \times 20 = 12000$（元）

制造费用分配率 $=19200 \div 2400 = 8$

甲产品制造费用 $=600 \times 8 = 4800$（元）

其他产品成本计算方法比照甲产品。

五、联产品与副产品成本的计算

1. 联产品

联产品是指使用同种原材料，经过同一加工过程，同时生产出两种或两种以上地位相同但用途不同的主要产品。例如，炼油厂经过同一生产过程同时提炼出汽油、煤油、柴油等几种主要产品。联产品所经过的同一加工过程，称为联产过程；在联产过程中所发生的成本，可称为联合成本。

联产品多是生产终了后才分离，但有的联产品可能在生产过程中的某个步骤就分离，分离的步骤称为"分离点"，"分离点"前的联合成本可采用分类法进行分配，分离点后的加工费用再按普通产品进行费用的归集和分配。

2. 副产品

副产品是企业使用同种原材料，在生产主要产品的过程中附带生产的非主要产品。如制皂厂生产出来的甘油，炼油厂生产出来的渣油、石油焦都属于副产品。副产品虽然不是企业的主要产品，但也有经济价值。副产品可对外销售或经过加工后对外销售，因此应该正确核算副产品成本。

由于副产品是伴随主产品的生产附带出来的，它们发生的费用很难划分开，因此也归为一类。又由于与主产品相比，副产品一般价值较低，对其成本计算通常采用简化方法，即将主副产品合并为一类，设置产品成本计算单，用以归集费用、计算成本；再将副产品按照一定的方法计价，从总成本中扣除，以扣除后的成本作为主产品的成本。

副产品的计价方法主要有两种：一是按照售价减去销售税费和合理的销售利润后的余额计价；二是按照副产品的固定价格计价后，从总成本的原材料项目中扣除。

【例6-2】荣昌公司生产甲产品的同时，还生产出乙副产品。本月生产的甲产品2000千克已全部完工，没有月末在产品。本期共发生生产费用100000元，其中直接材料55000元，直接人工35000元，制造费用10000元。本月附带生产出的乙副产品200千克，售价为50元/千克，销售税金5元/千克，销售费用2元/千克，同类产品正常销售利润率为10%。现对副产品成本采用售价减去销售税费和合理的销售利润后的余额计价法。根据上述资料，甲产品成本和单位成本计算过程如下：

（1）乙副产品成本 = 200×(50-5-2-50×10%) = 7600（元）

（2）主副产品成本计算如表6-4所示。

表6-4

主副产品成本计算表

2014年3月

单位：元

项　目	直接材料	直接人工	制造费用	合　计
生产费用合计	55000.00	35000.00	10000.00	100000.00
乙副产品成本	7600.00			7600.00
甲产品总成本	47400.00	35000.00	10000.00	92400.00
甲产品单位成本（元/千克）	23.70	17.50	5.00	46.20

第二节　产品成本计算的定额法

一、定额法的概念和特点

1. 定额法的概念及适用范围

定额法，也称定额成本法，是将产品品种或类别作为成本核算对象，以产品的定额成本为基础，加减成本脱离定额的差异，计算产品实际成本的一种方法。

在前面章节介绍的成本计算方法——品种法、分步法、分批法、分类法下，生产费用的日常核算，都是按照其实际发生额进行，产品的实际成本也都是根据实际生产费用计算的，因此，生产费用和产品成本脱离定额的差异及其发生的原因，只有在月末时通过实际资料与定额资料的对比、分析才能得到反映，而不能在月内生产费用发生时就得到反映，这不利于对成本的控制和管理。不能更有效地发挥成本核算对于节约费用、降低成本的作用。定额法就是为了克服上述几种成本核算的弱点、及时反映和监督生产费用和产品成本脱离定额的差异，把产品成本的计划、控制、核算和分析结合在一起，以便加强成本管理而采用的一种方法。

采用定额法计算产品成本时，实际成本的计算公式如下：

产品实际成本＝定额成本＋脱离定额差异＋材料成本差异＋定额变动差异

2. 定额法的适用范围

定额法不是产品成本计算的基本方法，它与生产类型无直接联系，它适用于具备健全的定额管理制度、产品定型、各项生产费用消耗定额比较稳定的企业。定额法既可以在整个企业运用，又可以只运用于企业中的某些车间。

3. 定额法的特点

（1）将事先制定的产品消耗定额、费用定额和定额成本作为降低成本的目标。

（2）在生产费用发生的当时，就分别核算符合定额的费用和脱离定额的差异，以加强对成本差异的日常核算、分析和控制。

（3）月末，以定额成本为基础，加减各种成本差异，计算出产品的实际成本，为成本的定期考核和分析提供数据。

二、定额法的计算程序

（一）定额成本的核算

定额成本的制定按以下步骤进行：

（1）制定各项消耗定额，如各种原材料、动力、工时等消耗定额。

（2）将各项消耗定额与相应的计划价格相乘计算出各成本项目的费用定额。

直接材料费用定额＝产品材料消耗定额×材料计划单价

直接人工费用定额＝产品生产工时定额×计划小时工资率

制造费用定额＝产品生产工时定额×计划小时费用率

其中，计划小时工资率＝$\frac{预计某车间全年生产工人工资总额}{预计该车间全年定额工时总数}$

$$计划小时费用率 = \frac{预计某车间全年制造费用总额}{预计该车间全年定额工时总数}$$

（3）将各成本项目的费用定额汇总相加得到产品的定额成本。

单位产品定额成本＝直接材料费用定额＋直接人工费用定额＋制造费用定额

企业一般通过制定"定额成本计算表"来制定单位产品定额成本。为了便于进行成本分析与考核，定额成本包括的成本项目和计算方法，应该与计划成本、实际成本包括的成本项目和计算方法一致。产品定额成本计算表的格式如表6-5所示。

表6-5　　　　　　　　　　单位产品定额成本计算表

产品名称：A产品　　　　　　　　　　2014年×月

项　目	材料消耗定额 （千克）	工时消耗定额 （小时）	计划单价 （元）	费用定额 （元）
直接材料	50		60	3000
直接人工		20	20	400
制造费用		15	12	180
合　计				3580

（二）脱离定额差异的核算

脱离定额的差异，是指在生产过程中，各项生产费用的实际支出脱离现行定额的差异。脱离定额差异的核算，就是在发生生产费用时，为符合定额的费用和脱离定额的差异，分别编制定额凭证和差异凭证，并在有关的费用分配表和明细分类账中分别予以登记，这样，就能及时正确地核算和分析生产费用脱离定额的差异，控制生产费用支出。为了更好地控制成本，找出成本差异产生的原因，脱离定额差异根据成本项目分为直接材料脱离定额差异、人工费用脱离定额差异和制造费用脱离定额差异。

1. 直接材料脱离定额差异的核算

在各成本项目中，直接材料费用一般占较大比重，且多属于直接计入费用，因而更有必要和可能在费用发生当时就按产品核算定额费用和脱离定额的差异，并以不同的凭证予以反映。直接材料脱离定额差异的计算公式为：

直接材料脱离定额差异＝（实际消耗量-定额消耗量）×材料计划单价

直接材料脱离定额差异的核算方法一般有限额法、切割核算法和盘存法三种。具体如下：

（1）限额法。所谓限额法，就是车间向仓库领料采用限额领料制度。在该制度下，凡符合定额的原材料应根据限额领料单领发，凡超过限额的领发或领用代用材料，又未办理追加限额手续的，则应另行填制专设的超额领料单、代用材料领料单等差异凭证。为了减少凭证的种类，这些差异凭证也可用普通领料单代替，但应用不同的颜色或加盖专用的戳记。差异凭证的签发必须经过一定的审批手续。若车间月末有余料，还应办理退料手续，退料单也应视为差异凭证，它与限额领料单中的原材料余额一样，都是脱离定额的节约差异。

应当指出的是，原材料脱离定额差异是产品生产中实际用料脱离现行定额而形成的成本差异，而限额法并不能完全控制用料，上述差异凭证所反映的差异往往只是领料差异，不一定是用料差异。这是因为，投产的产品数量不一定等于限额领料单上规定的产品数量，所领原材料数量也不一定等于原材料的实际消耗量，即车间在期初、期末可能有余料。

（2）切割核算法。切割核算法也称为整批分割法，对于某些贵重的材料或经常大量使用且需要在准备车间经过切割以后才能进一步进行加工的材料，如木材、石料等，可以采用整批分割法来组织日常定额差异的核算。即根据领用的整批材料实际切割成的毛坯数量和消耗定额，求得材料的定额消耗量，再与该批材料实际耗用量相比较，其差额就是定额差异。

材料切割核算单应以切割材料的批别开立，单内应填写的内容如表 6-6 所示。

表 6-6   **材料切割核算单**

材料编号：1103   材料计量单位：千克   材料计划单价：14

产品名称：乙产品   零件编号名称：103   纸号：T-123

切割工人：魏华   机床编号：J-456

切割日期：2014 年 3 月×日   完工日期：2014 年 3 月×日

领料数量	退回余料数量	材料实际消耗量	废料回收数量
200	8	192	12

单件消耗定额	单件回收废料定额	应切割成的毛坯数量	实际切割成的毛坯数量	材料定额消耗量	废料定额回收量
10	0.5	19，	18	180	9

材料脱离定额差异		废料脱离定额差异			差异原因	责任人
数量	金额	数量	单价	金额	未按规定要求操作，多留了边料	魏华
12	168	−3	4	−12		

注：回收废料超过定额的差异可冲减材料费用，故列为负数；相反，低于定额的差异为正数。

（3）盘存法。盘存法就是定期通过盘点方法核算材料的定额消耗量和脱离定额的差异，以控制用料的方法。在这种方法下，对生产中余存材料进行定期盘点，根据材料领用数和盘点所确定的余额，算出一定日期材料实际耗用量，以实际耗用量和这一期内产品的数量乘以耗用定额所求得的定额耗用量相比较，从而计算出材料的定额差异。

【例6-3】益新公司生产甲产品，本月期初在产品100台，本月完工产量600台，期末在产品数量120台，原材料系开工时一次投入，单位产品材料消耗定额为10千克，材料计划单价为6元/千克。本月材料限额领料单登记数量为6200千克，材料超限额领料单登记数量为500千克，期初车间有余料200千克，期末车间盘存余料为300千克。要求计算本月产品的原材料定额费用及脱离定额差异。

甲产品本月投产数量 $=600+120-100=620$（台）

原材料定额消耗量 $=620×10=6200$（千克）

原材料实际消耗量 $=6200+500+200-300=6600$（千克）

原材料脱离定额差异 $=$（原材料实际消耗量$-$原材料定额消耗量）$×$材料计划单价 $=$（$6600-6200$）$×6=2400$（元）

对于原材料的定额消耗量和脱离定额的差异，应分批或定期按照成本计算对象进行汇总，编制直接材料定额费用和脱离定额差异汇总表，表中应填明该批或该种产品所耗各种原材料的定额耗用量、定额费用和脱离定额的差异，并分析说明差异产生的原因。该表既可以用来汇总反映和分析材料消耗定额的执行情况，又可以代替原材料费用分配表登记产品成本明细账，还可以报送有关领导和向职工公布，以便根据差异产生的原因采取措施，进一步挖掘原材料消耗的潜力。直接材料脱离定额差异计算如表6-7所示。

表6-7　　　　　　　　直接材料定额费用和脱离定额差异汇总表

产品名称：A产品　　　　　　　2014年3月1～31日　　　　　　　单位：元

材料类别	材料编号	单位	计划单位成本	定额费用		计划价格费用		脱离定额差异		差异原因
				数量	金额	数量	金额	数量	金额	
甲材料	101	千克	10	100	1000	95	950	−5	−50	略
乙材料	102	千克	12	200	2400	210	2520	+10	+120	略
合计					3400		3470		+70	

2. 直接人工费用脱离定额差异的核算

采用工资形式的不同，直接人工费用脱离定额差异的核算方法也不同。

在计件工资制下，生产工人工资属于直接计入费用，其脱离定额差异的计算与原材料脱离定额差异的计算相似。凡符合定额的生产工人工资可反映在工作班产量记录、工序进程单等产量记录中；凡脱离定额的差异，经过审批后登记在工资补付单等差异凭证中，并注明差异原因。

在计时工资制下，由于实际人工费用总额到月终才能确定，因此，直接人工脱离定额的差异只有在月末实际人工费用确定以后才能计算，平时只对工时进行考核。有关计算公式如下：

$$计划小时工资率 = \frac{某车间计划产量的定额直接人工费用总额}{该车间计划产量定额生产工时总数}$$

$$实际小时工资率 = \frac{某车间实际直接人工费用总额}{该车间实际生产工时总数}$$

$$某产品生产工资脱离定额差异 = 该产品实际生产工资 - 该产品定额生产工资$$

$$= 该产品实际生产工时 \times 实际小时工资率 - 产品实际产量的定额生产工时 \times 计划小时工资率$$

【例6-4】南华公司一车间生产甲、乙两种产品，单位甲、乙产品的工时定额分别为8小时、10小时，计划小时工资率为30元/小时。一车间3月完工甲产品100件，乙产品120件，甲、乙产品的实际总工时分别为850小时、1100小时，实际发生人工费用60450元。根据以上资料，计算人工费用脱离定额差异情况如表6-8所示。

表6-8　　　　　　　人工费用定额和定额差异汇总计算表

车间：一车间　　　　　　　　　　2014年3月　　　　　　　　　　单位：元

产品名称	产量（件）	单位工时定额（小时）	人工费用定额			实际人工费用			脱离定额差异
			定额工时（小时）	计划小时工资率（元/小时）	定额工资	实际工时（小时）	实际小时工资率（元/小时）	实际工资	
甲产品	100	8	800		24000	850		26350	+2350
乙产品	120	10	1200		36000	1100		34100	-1900
合计			2000	30	60000	1950	31	60450	+450

在定额法下，不论采用哪种工资形式，都应根据相关核算资料，按照成本

计算对象汇总编制定额生产费用和脱离定额差异汇总表。该表汇总反映产品的定额工资、实际工资、工资脱离定额的差异及其产生的原因（在计时工资形式下，还应汇总反映各种产品工时脱离定额的情况）等资料，以考核和分析各种产品工资定额的执行情况，并计算产品的工资费用。

3. 制造费用脱离定额差异的核算

制造费用是间接计入费用，发生时只能按发生地点进行归集，月末才能直接或间接计入产品成本，所以，在日常核算中，其脱离定额差异不能按照产品直接计算，只能在月末按照以下公式计算：

$$\begin{array}{l}某产品制造费用\\脱离定额差异\end{array} = \begin{array}{l}该产品制造费用\\实际分配额\end{array} - \begin{array}{l}该产品实际完\\成定额工时\end{array} \times \begin{array}{l}计划小时制造\\费用分配率\end{array}$$

【例 6-5】南华公司一车间生产甲、乙两种产品，单位甲、乙产品的工时定额分别为 8 小时、10 小时，计划小时制造费用率为 20 元/小时。一车间 3 月完工甲产品 100 件，乙产品 120 件，甲、乙产品的实际总工时分别为 850 小时、1100 小时，实际发生制造费用 40950 元。根据以上资料，计算制造费用脱离定额差异情况如表 6-9 所示。

表 6-9　　　　　　制造费用定额和定额差异汇总计算表

车间：一车间　　　　　　　　　　　2014 年 3 月　　　　　　　　　　　单位：元

产品名称	产量（件）	单位工时定额（小时）	定额制造费用			实际制造费用			脱离定额差异
			定额工时（小时）	计划小时费用率（元/小时）	定额费用	实际工时（小时）	实际小时费用率（元/小时）	实际费用	
甲产品	100	8	800		16000	850		17850	+1850
乙产品	120	10	1200		24000	1100		23100	-900
合计			2000	20	40000	1950	21	40950	+950

（三）材料成本差异的核算

材料成本差异本应指价格和数量两个因素共同作用的影响，但在定额法下，原材料的日常核算一般按计划成本进行，所以，前述直接材料脱离定额差异也是以计划单价和消耗量上的差异来反映的，即只反映了量差。因此，此处的材料成本差异只指所耗原材料的价格差异（价差）。其计算公式如下：

某产品应分配的原材料成本差异

＝（该产品原材料定额成本±原材料脱离定额差异）×材料成本差异率

＝实际消耗量×材料计划单价×材料成本差异率

【例 6-6】南华公司本月所耗直接材料定额费用 510000 元，材料脱离定额的差异为节约 10000 元，材料成本差异率为 -1.5%。计算甲产品本月应负担的材料成本差异。

甲产品应分配的原材料成本差异 =（510000-10000）×（-1.5%）= -7500（元）

各种产品应分配的材料成本差异，一般均由各该产品的完工产品负担，月末在产品不再负担。

（四）定额变动差异的计算

定额变动差异是指由于修订消耗定额或生产耗费的计划价格而产生的新旧定额之间的差额，这种差额是定额自身变动的结果，与生产费用支出的节约或浪费无关。定额成本的修订一般在月初、季初或年初定期进行。在定额变动的月份，月初在产品的定额成本仍然是按照旧定额计算的，而本月投产的产品定额成本是按新定额计算的，两者计算基础不同，不能直接相加汇总后在完工产品和在产品之间分配，因此，需要将月初按旧定额确定的定额成本调整为按新定额确定的定额成本，这样就产生了定额变动差异。

月初在产品定额变动差异，可以根据定额发生变动的在产品数量和修订前后的消耗定额计算，公式如下：

月初在产品定额变动差异 =（新定额-旧定额）× 月初在产品中定额变动的零部件数量

为简化计算工作，可按单位产品费用新旧定额间的定额变动系数进行计算，计算公式如下：

月初在产品定额变动差异 = 按旧定额计算的月初在产品费用 ×（1-定额变动系数）

$$定额变动系数 = \frac{按新定额计算的单位产品费用}{按旧定额计算的单位产品费用}$$

【例 6-7】南华公司的甲产品从本月 1 日起实行新的材料消耗定额，单位产品新的材料费用定额为 4000 元，旧的材料费用定额为 4200 元。甲产品月初在产品按旧定额计算的材料费用为 62000 元。计算月初甲产品定额变动差异。

$$定额变动系数 = \frac{按新定额计算的单位产品费用}{按旧定额计算的单位产品费用} = \frac{4000}{4200} = 0.95$$

月初在产品定额变动差异 = 62000×（1-0.95）= 3100（元）

定额变动差异通常应按照定额成本的比例，在完工产品和在产品之间进行分配。若定额变动差异数额较小，定额变动差异也可以由完工产品负担，月末在产品不再负担。

温馨提示

在企业进行定额调整时,一方面要按新定额调整月初在产品定额成本后,与本月发生的定额费用汇总后在完工产品和在产品之间进行分配;另一方面又要对这个定额变动差异额进行处理,一般全部计入本月完工产品成本。这两方面调整的金额相等、方向相反,即若新定额低于旧定额(如【例6-7】),应减少月初在产品定额成本,另外,要将这个减少额增加到本月生产费用中去;反之,则增加月初在产品定额成本,减少本月生产费用。否则,就会出现月初在产品定额成本莫名其妙地变化了的现象。

(五)产品实际成本计算

前面分别核算出产品的定额成本和各种差异。如果某种产品既有完工产品,又有期末在产品,则应在完工产品和期末在产品之间分配有关差异,一般情况下只需分配脱离定额差异,定额变动差异和材料成本差异不需分配,全部由完工产品负担。

首先,分别计算完工产品和期末在产品的定额成本,其计算公式为:

完工产品各项目定额成本=完工产品数量×各项目定额成本

$$月末在产品各项目定额成本 = \frac{本月生产费用}{各项目定额成本} - \frac{完工产品各项目定额成本}{}$$

其次,根据完工产品和在产品定额成本比例分配差异,一般只分配脱离定额差异,其计算公式为:

$$脱离定额差异分配率 = \frac{期初脱离定额差异+本月脱离定额差异}{完工产品定额成本+期末在产品定额成本}$$

完工产品分配的差异=完工产品定额成本×分配率

最后,根据完工产品定额成本和完工应负担的各种差异确定完工产品的实际成本,其计算公式为:

产品实际成本=定额成本+脱离定额差异+材料成本差异+定额变动差异

三、定额法应用实例

【例6-8】九通工厂大量生产乙产品,该产品的各项消耗定额比较准确和稳定,企业采用的成本计算基本方法为品种法,辅之以定额法。企业有关成本计算资料如表6-10、表6-11、表6-12所示。为简化表格,只设"直接材料"和"工费"两个成本项目。

表 6-10　　　　　　　　　　　**产品产量记录**

2014 年 3 月　　　　　　　　　　　　　单位：件

产品名称	月初在产品	本月投产	本月完工	月末在产品
乙产品	120	380	400	100

表 6-11　　　　　　　　　**单位产品定额成本资料**

2014 年 3 月　　　　　　　　　　　　单位：元

成本项目	计划单价	消耗定额		定额成本		定额变动差异	
		上月	本月	上月	本月	差异额	变动系数
A 材料	4	8 千克	7.5 千克	32	30	-2	
B 材料	6	3 千克	3 千克	18	18		
小计				50	48	-2	96%
工费	2	10 小时	9 小时	20	18	-2	90%

表 6-12　　　　　　　　　**月初在产品成本资料**

2014 年 3 月　　　　　　　　　　　　单位：元

项 目	直接材料	工 费	合 计
定额成本	6000	1400	7400
脱离定额差异	-400	-200	-600
材料成本差异	69		69

（1）原材料于生产开始时一次性投入，本月材料成本差异率为-3%；

（2）定额变动差异全部由完工产品负担；

（3）本月乙产品生产实际耗用 A 材料 2800 千克、B 材料 1150 千克，完成 3500 实际工时，实际发生工费 7283 元。

根据以上资料，登记乙产品成本明细账，如表 6-13 所示。

表6-13　　　　　　　　　　**生产成本明细账**

产品名称：乙产品　　　　　　　完工产量：400件　　　　　　在产品数量：100件

2014年3月　　　　　　　　　　　　　　　　　　　　　　单位：元

项　目	直接材料				工　费			合计
	定额成本	脱离定额差异	定额变动差异	材料成本差异	定额成本	脱离定额差异	定额变动差异	
月初在产品成本	6000.00	-400.00		69.00	1400.00	-200.00		
月初在产品定额变动	-240.00		240.00		-140.00		140.00	
本月发生的生产费用	18240.00	-140.00		-543.00	6840.00	443.00		
生产费用合计	24000.00	-540.00	240.00	-474.00	8100.00	243.00	140.00	
差异分配率		0.02		-0.02		0.03		
完工产品成本	19200.00	-432.00	240.00	-384.00	7200.00	216.00	140.00	26180.00
月末在产品成本	4800.00	-108.00		-90.00	900.00	27.00		
完工产品单位成本	48.00	-1.08	0.60	-0.96	18.00	0.54	0.35	65.45

其中：

（1）月初在产品定额变动差异计算为：

直接材料月初在产品定额变动差异 $=6000\times(1-96\%)=240$（元）

工费月初在产品定额变动差异 $=1400\times(1-90\%)=140$（元）

（2）本月发生的生产费用计算为：

直接材料定额成本 $=380\times48=18240$（元）

直接材料脱离定额差异 $=(2800\times4+1150\times6)-18240=-140$（元）

材料成本差异 $=(18240-140)\times(-3\%)=-543$（元）

工费定额成本 $=380\times18=6840$（元）

工费脱离定额差异 $=7283-6840=443$（元）

（3）完工产品成本计算为：

直接材料定额成本合计 $=6000-240+18240=24000$（元）

完工产品直接材料定额成本 $=400\times24000\div(400+100)=19200$（元）

在产品直接材料定额成本 $=100\times24000\div(400+100)=4800$（元）

直接材料脱离定额差异分配率 $=(-400-140)\div24000=-0.0225$

完工产品应负担的直接材料脱离定额差异 $=19200\times(-0.0225)=-432$（元）

在产品应负担的直接材料脱离定额差异 $=4800\times(-0.0225)=-108$（元）

材料成本差异率 $=(69-543)\div(24000-540+240)=-0.02$

完工产品应负担的材料成本差异 $=19200\times(-0.02)=-384$（元）

在产品应负担的材料成本差异 = (69−543) − (−384) = −90 （元）

工费定额成本合计 = 1400 − 140 + 6840 = 8100 （元）

工费脱离定额差异分配率 = (−200 + 443) ÷ 8100 = 0.03

完工产品应负担的工费脱离定额差异 = 7200 × 0.03 = 216 （元）

在产品应负担的材料成本差异 = (−200 + 443) − 216 = 27 （元）

完工产品实际成本 = 19200 − 432 + 240 − 384 + 7200 + 216 + 140 = 26180 （元）

四、定额法的优缺点

1. 定额法的优点

（1）通过生产耗费及其脱离定额和计划的日常核算，能够在生产耗费发生的当时就反映和监督脱离定额（或计划）的差异，从而有利于加强对成本的日常核算、分析和控制，有效地促进节约生产耗费、降低产品成本。

（2）由于产品实际成本中按照事先制定的定额成本和各项成本差异分别反映的，因而便于对产品成本进行定期的因素分析，有利于进一步挖掘降低成本的潜力。

（3）通过对定额差异的分析，可以对定额进行修改，从而提高定额管理和计划管理的工作水平。

（4）由于有现成的定额成本资料，因而能够比较合理和简便地在完工产品和月末在产品之间进行分配费用（包括各种差异）。

2. 定额法的缺点

（1）在定额法下，既要核算定额成本，又要核算脱离定额差异，还要核算实际成本，在定额变动时还必须修订定额，计算定额变动差异，工作量较大，推行起来比较困难。

（2）不便于对各个责任部门的工作情况进行考核和分析。

（3）定额资料若不准确，则会影响成本计算的准确性。

第三节　产品成本计算的作业成本法

一、作业成本法的基本概念

要了解作业成本法，必须先了解其所使用的一些特有概念。

1. 作业及其分类

作业是作业成本法下最基本的概念。一般认为，作业是企业为了提供一定产量的产品或劳务所消耗的人力、技术、材料、方法和环境的集合体。通俗地讲，作业是基于一定目的、以人为主体、消耗一定资源的、特定范围内的工作。

作业贯穿产品生产经营的全过程，从产品设计、原料采购、生产加工，直至产品的发运销售。在这一过程中，每个环节、每道工序都可以视为一项作业。一般而言，制造企业的作业可以分为五个基本的类别：

（1）进货作业，与采购业务相关的各项作业，如购进原材料的搬运、分类整理、储存等。

（2）生产作业，与生产过程相关的作业，如加工、组装、检验、包装、设备维护等。

（3）营销作业，与推介企业产品相关的作业，如报价、建立销售渠道、广告、促销等。

（4）发货作业，与产品销售发出相关的作业，如存货库存、发运、订单处理等。

（5）服务，为主要经营活动提供服务的各项作业，如安装、修理、设备调整等。

另外，还包括计划、财务、会计、法律等管理作业，职员招聘、培训、开发等人力资源管理作业以及产品开发和工艺流程改进等技术开发作业。

对于制造企业，生产作业可以进一步划分为：

（1）单位作业。即使每一单位产品都能直接受益的作业，如直接材料、直接人工。这类作业在生产过程中不断发生，具有重复性，其所引发的成本大多是变动性的。

（2）批别作业。即使一批产品受益的作业，如为生产某批产品而进行的设备调整、订单处理等。这类作业与批次相关。

（3）产品作业。即使某种产品受益而进行的作业，如编制产品生产流程、产品数控规划、材料清单等。这类作业与产品品种相关，与产品批次及产品产量没有直接的联系。

（4）维持作业。为使各项生产条件保持正常工作状态而发生的作业。这类作业与特定部门相关而与产品种类和产品产量没有直接联系，如设备的日常维护保养等作业。

2. 作业链和价值链

（1）作业链。作业链是相互联系、前后有序的一系列作业活动组成的链条。现代企业实际上是一个为了最终满足顾客需要而设计的一系列作业活动实体的组合，所以企业就是作业链。

（2）价值链。其从生产经营环节上看就是作业链，是从货币和价值的角度反映的作业链。作业消耗资源，产品消耗作业，每一项作业的完成都需要消耗一定的资源，同时又有一定的价值量和产出转移到下一个作业。价值沿作业链在各作业之间转移，就构成了一条价值链。

通过对作业链和价值链的分析，可以确定哪些是增值性作业、哪些是非增值性作业，由于非增值性作业不会增加产品价值，却要消耗资源，所以应当尽量消除或减少这些作业。而对于增值性作业，也应努力提高其作业效率，同时经常进行重新评估以确保这些作业确实增值。

3. 成本动因

成本动因是作业成本法中的重要概念、核心内容。要掌握作业成本法，必须理解成本动因。

成本动因是成本驱动因素的简称，是指驱动和产生成本、费用的各种因素，是归集和分配成本的标准。成本动因通常以作业活动耗费的资源来度量，如质量检查次数、用电度数等。按成本动因所起的作用，可将其分为资源动因和作业动因。

（1）资源动因反映了作业消耗资源的情况，是把资源成本归集、分配到作业的标准或依据。通常，在企业的生产经营中，会有多个作业消耗同一资源的情况，这时就需要一个分配标准，将资源成本合理地分配到有关作业中去，这一标准就是资源动因。例如，很多作业都需要消耗电力，就可以根据作业小时数来分配这一资源消耗。

（2）作业动因反映了产品消耗作业的情况，是将作业成本归集、分配到产品中去的标准或依据。在将资源成本逐项归集、分配到作业，形成作业成本后，还需要将作业成本按一定的标准分配到各产品中去，这一标准就是作业动因。例如，通常机器设备工作一定时间后需要保养，如果把设备保养确定为一项作业，则可把机器小时确定为作业动因，按机器小时分配该作业成本。

4. 作业成本法及其核算原理

作业成本法（Activity-Based Costing，ABC），是以作业为基础，通过对作业成本的确认、计量而计算产品生产成本的方法。

作业成本法的指导思想是：成本对象消耗作业，作业消耗资源。这里的资源是企业生产耗费的原始形态，是成本产生的源泉。企业作业活动系统所涉及的人力、物力、财力都属于资源。一个企业的资源包括直接人工、直接材料、间接制造费用等。

作业成本法以作业为核算对象，依据作业对资源的消耗情况将资源的成本追溯到作业，再由作业依据作业动因分配到产品成本，从而得到最终产品成本。它与传统成本法最大的不同点在于：无论是直接成本还是间接成本，传统成本法是直接将它们归集分配到产品中，而作业成本法利用作业为中介，将间接成本先分配到作业中心，再将作业成本分配到最终产品成本。

传统成本法和作业成本法计算原理如图 6-2、图 6-3 所示。

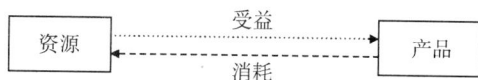

图 6-2　传统成本法计算原理

图 6-3　作业成本法计算原理

知识链接

作业成本法的产生和发展

作业成本法（Activity-Based Costing，ABC）的产生，最早可以追溯到 20 世纪 30 年代末，当时，杰出的会计学大师——美国会计学家埃里克·科勒教授（Eric Kohler）发现水力发电生产过程中，直接成本比重很低、间接成本很高，应用传统的工时比例分配间接费用显然不太合理，于是，科勒提出了"作业成本计算法"，并在其 1952 年编著的《会计师词典》中首先提出作业、作业账户、作业会计等概念。后来，乔治·斯托布斯（George Staubus）教授对作业成本理论进行了进一步的研究，并于 1971 年在其著作《作业成本核算和投入产出会计》中对作业、成本、作业会计等概念进行了全面系统的讨论，这是研究作业成本会计的第一部著作。其后，芝加哥大学的罗宾·库珀（Robin Cooper）和哈佛大学的罗伯特·卡普兰（Robert Kaplan）于 1987～1989 发表了《正确计量成本才能作出正确决策》和《论作业基础成本核算的兴起——什么是作业基础成本系统》两篇论文，发展了斯托布斯的思想，提出了以作业为基础的成本核算，从而奠定了作业成本法的理论基础，即作业成本法是要确定分配间接费用的合理基础——作业，并引导管理人员将注意力集中在发生成本的原因——成本动因上，而不仅仅关注成本结果本身；通过对作业成本的计算和有效控制，来克服传统的以交易或数量为基础的间接费用分配不准确和责任不清的缺陷，为成本管理提供及时、准确、相关的信息。

作业成本法的兴起与发展有其深刻的社会经济背景。首先是技术方面，随着以电子计算机科技为主要特征的高新技术的蓬勃发展，其在生产领域的广泛应用不但极大地提高了企业的生产效率和产品质量，同时也改变了企业的成本内容和成本结构，成本中直接生产成本在大幅降低，制造费用的比重在大幅上升，并且在构成内容上趋于复杂。于是，传统成本会计以单一的人工工时或机器工时等为标准分配制造费用的方法已不能很好地发挥作用，甚至可能导致严重的产品成本扭曲，因此，需要新的合理的成本计算方法。其次是社会方面，随着人们生活水平的日益提高，消费者对产品的功能和质量的期望值日益增加，其行为变得更具选择性和挑剔性。这就使企业关注的侧重点从努力降低成本转向提高产品质量和售后服务质量及满足顾客对特殊性能的产品和服务的需求等方面。于是，在生产组织方面，能对顾客的多变化、个性化需求做出灵敏反应的"顾客化生产"逐步取代了传统的以"低成本、高质量"为目标的大批量生产方式，这也对适应这一变化的新的成本计算方法提出了要求。最后是企业管理方面，随着适时制（适时生产系统简称，是根据需求来安排采购，以消除企业制造周期中的浪费和损失的管理系统）的广泛应用，企业产品更新换代加快，寿命周期缩短，时效性增强，企业生产安排向多品种、少批量方向转移。同时，为了实现零库存目标，企业必须强化外部协作和内部协调，要求整个企业生产经营的各个环节相互协调、准确无误地进行运转，这就要求实施全面质量管理。作为适时制和全面质量管理的协同措施，由此催生了作业管理。

作业成本法于 20 世纪 90 年代引入我国，在管理界掀起了一股介绍、研究作业理论的热潮，但在实务界能成功应用的却很少，其原因是多方面的。为了推进作业成本法这一较先进的成本计算方法在中国企业的广泛应用，2013 年财政部在《企业产品成本核算制度》中明确提出：制造企业可以根据自身经营管理特点和条件，利用现代信息技术，采用作业成本法对不能直接归属于成本核算对象的成本进行归集和分配。信息传输、软件及信息技术服务等企业，可以根据经营特点和条件，利用现代信息技术，采用作业成本法等对产品成本进行归集和分配。相信作业成本法将会越来越受到重视，成为成本计算方法的主流方法。

二、作业成本法的基本核算程序

1. 在作业分析的基础上，划分作业中心

要实施作业成本法，首先要对企业生产经营的全过程进行作业分析，确认作业种类。其次要确认产品生产过程中的主要作业，以主要作业为标志确定作业中心。例如，为检验产品质量要进行取样、检验测试、报告结果等一系列具体的作业，在这些作业中，检验测试是主要作业，可以将其作为作业中心，将取样、报告、检验结果等并入"检验"这一作业中心。另外，由于不同的作业引发不同的成本，在作业繁多时，为简化计算，可以将性质相近、所引发的成本能够用相同原因加以解释的不同作业或作业中心合并为同质作业，将它们的成本按同一成本动因进行分配。如设备的折旧与设备的维护是两类不同的作业，如果它们的成本变动都能用设备的运转小时或设备的产出量等来解释，就可以合并为同质作业，将折旧费与修理费合并进行分配。

2. 以作业中心为成本库归集成本

作业成本计算下，成本库按作业中心设置。每个成本库所代表的是它那个作业中心的作业所引发的成本，其所汇集的成本可以用相同的成本动因进行解释。如按"检验"作业设立成本库，则在取样、测试、报告等作业过程中发生的各项成本要先汇集到"检验"成本库中，再按各产品消耗的检验作业量的多少分配计入各产品生产成本。同样，为减少成本的汇集与分配工作，同质作业的成本库可以合并为同质成本库，汇集同质作业引发的成本。

3. 将各个成本库的成本分配到最终产品

成本计算最终要计算出产品生产成本。作业成本法下，产品生产成本由作业成本构成，各成本库汇集的作业成本要按各产品消耗的作业量的比例分配给各产品，计算确定各产品生产成本。其分配计算公式为：

$$成本动因分配率=\frac{某作业中心发生的作业成本}{该作业中心可提供的作业量}$$

某产品应负担的成本=该产品消耗的作业量×成本分配率

作业成本法的计算程序如图6-4所示。

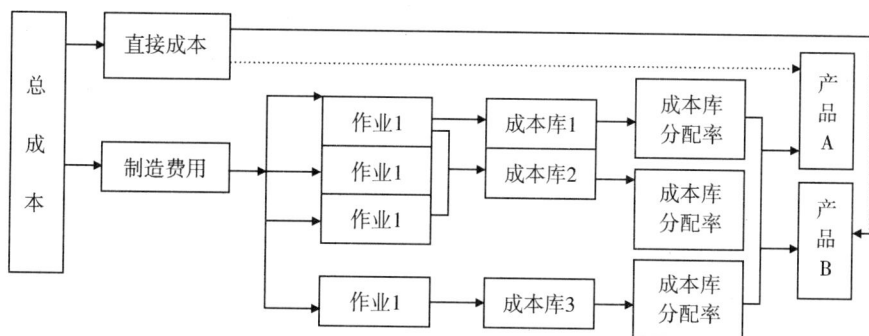

图6-4　作业成本法的计算程序

温馨提示

　　按最新《企业产品成本核算制度》的有关规定，作业成本法下，制造企业仍然要考虑成本计算的基本方法，要以产品品种、批次、步骤为成本计算对象，仍然要遵循"直接费用直接计入、间接费用分配计入"的基本原则，只不过对制造费用不能直接分配到成本计算对象中去，要先归集到作业中去。即作业成本法主要指对制造费用的分配，更直白一点，就是对制造费用的分配不能只用一个分配标准，要具体问题具体分析后应用不同的分配标准，要实现精细化管理。

　　当然，在信息传输、软件及信息技术服务等企业，可以将作业成本法作为基本的成本计算方法。

三、作业成本法应用实例

　　【例6-9】光华公司生产甲、乙两种产品，直接材料按各产品领料单直接计入各产品生产成本，直接人工成本按各产品直接人工小时分配。2014年3月该公司与产品生产相关的作业与成本资料如表6-14、表6-15所示。

表6-14　　　　　　　　　　产量及作业资料

项　目	甲产品	乙产品	合　计
产量（件）	250	100	350
直接人工小时（小时）	4000	1800	5800
机器小时（小时）	16000	9000	25000
检验次数（次）	35	45	80
设备调试次数（次）	20	30	50

表6-15　　　　　　　　　　成本费用资料

单位：元

项　目	甲产品	乙产品	合　计
直接材料	50000	20000	70000
直接人工			58000
制造费用			110000
其中：设备调试费			30000
折旧费			50000

续表

项　目	甲产品	乙产品	合　计
维修费			10000
检验费			20000
成本总计			238000

根据上述资料，有关计算过程如下：

（1）分配直接人工费用：

直接人工费用分配率＝58000÷（4000＋1800）＝10（元/小时）

甲产品直接人工费用＝4000×10＝40000（元）

乙产品直接人工费用＝1800×10＝18000（元）

（2）将各项作业成本在甲、乙产品之间分配，分配结果如表6-16所示。

表6-16　　　　　　　　　　作业成本分配计算表

单位：元

作业中心	费用总额	成本动因	分配率（元/小时）	甲产品		乙产品	
				成本动因	分摊成本	成本动因	分摊成本
设备调试	30000	50（次）	600	20（次）	12000	30（次）	18000
折旧费	50000	25000（小时）	2	16000（小时）	32000	9000（小时）	18000
维修费	10000	25000（小时）	0.4	16000（小时）	6400	9000（小时）	3600
检验费	20000	80（次）	250	35（次）	8750	45（次）	11250
合计	110000				59150		50850

（3）计算甲、乙产品的生产成本，计算结果如表6-17所示。

表6-17　　　　　　　　　　产品生产成本计算表

单位：元

项　目	甲产品	乙产品
直接材料	50000.00	20000.00
直接人工	40000.00	18000.00
制造费用	59150.00	50850.00
总成本	149150.00	88850.00
单位成本	596.60	888.50

　　按作业成本计算的产品生产成本与按传统成本方法计算的成本会有所不同。作业成本计算方式下，由于将制造费用按作业分成几个不同部分，每部分按不同的分配标准进行分配，其分配结果的准确性高于传统的按单一分配标准进行分配的方式。大量的经验调查表明，生产量大而技术复杂程序低的产品，在传统的成本计算方式下，由于其消耗的人工工时比重大，分摊的制造费用数额较大，而在作业成本计算方式下，这类产品由于技术复杂程序低，其消耗的作业量相对较少，分摊的制造费用会相对降低。生产量小而技术复杂程序高的产品则刚好与上述情形相反。也就是，传统的成本计算方式低估了生产量小而技术复杂程序高的产品的成本，高估了生产量大而技术复杂程序低的产品的成本。

四、作业成本法的优缺点

（一）作业成本法的优点

1. 提供相对准确的成本信息

在传统成本计算方式下，产品生产成本除直接材料、直接人工外，其余成本都归入制造费用，然后再按各产品直接人工工时或机器工作小时等标准进行分配，形成各产品的制造费用成本。这种分配方式使全部制造费用按人工工时或机器工时平均，其结果是分配误差较大，使成本资料不能如实反映产品生产耗费的实际情况。在作业成本计算方式下，大部分制造费用可以通过作业追踪到产品，其计算结果更接近产品的实际耗费情况，成本资料相对准确。

2. 扩展了企业决策方法与模式

企业管理中，许多决策分析与控制方法借助于变动成本法提供资料，受作业成本计算影响较大的主要有变动成本计算、本量利分析、相关成本分析、现金流量分析等。

3. 便于提高企业经济效益

在作业成本法下，成本的计算过程贯穿资源流动的全过程，这样便于落实各部门的岗位责任，揭露存在的问题。作业成本计算的主要目的在于通过计算作业的成本，来确认作业是否缺乏效率以及是否存在浪费。作业成本控制的目的，就是要消除不增加价值的成本，提高增加价值的成本的使用效率和使用效益。

（二）作业成本法的缺点

1. 成本动因的选择具有一定的主观性

在作业成本法下，需要确认作业、设立作业成本库，并为每一作业成本库选择最佳的成本动因，这一过程难免会带有主观性，尤其是所选择的成本动因，并不总是客观和可以验证的。

2. 实施作业成本计算的费用较高

作业成本法能提供相对更为精细的成本信息，这就使得成本计算过程相当复杂，而且需要做许多基础性的工作。随着企业经营的变化、技术的革新及产品结构的调整，需要重新对作业进行调整，这会耗用大量的人力物力。

3. 成本作业法提供的成本信息具有局限性

成本作业法提供的成本信息是历史的，从成本管理的角度来看，作用并不大。

4. 作业成本法的适用范围小

作业成本法只适用于制造费用大、项目多的企业，对于非此类企业相对意义较小。

【本章小结】

基本内容：本章主要介绍了成本计算的三种辅助方法——分类法、定额法和作业成本法。

分类法以产品的类别作为成本计算对象，按类归集生产费用，先计算各类完工产品成本，然后再按一定标准分配计算各类产品中各种产品成本的一种方法。分配类内各种产品的标准选择是根据产品的生产工艺特点来确定的，分配方法可采用定额比例法或系数分配法。系数分配法的基本步骤是：①选择标准产品。②计算确定各种产品的分配标准系数。③计算总系数。④计算费用分配率。⑤计算各产品应负担的费用。凡是产品品种和规格众多，又可按一定标准分类的企业都可以采用分类法计算成本。

定额法是将产品品种或类别作为成本核算对象，以产品的定额成本为基础，加减实际脱离现行定额的差异、材料成本差异和定额变动差异，计算产品实际成本的一种方法。定额成本法不仅是一种成本核算的辅助方法，而且是一种直接进行成本管理的成本控制方法，适用于定额管理制度健全，消耗定额稳定的企业。

作业成本法是以作业量为成本分配基础，以作业为成本计算的基本对象，旨在为企业管理提供相关、准确的成本信息的一种成本计算方法。作业成本法的特点主要表现在制造费用分配上。作业成本法下制造费用的核算分为两步：第一步，将制造费用计入作业成本库；第二步，将作业成本库归集的费用一一分配给各种产品。按作业成本计算的产品生产成本与按传统成本方法计算的成本会有所不同。作业成本计算法下，由于将制造费用按作业分成几个不同部分，每部分按不同的分配标准进行分配，其分配结果的准确性高于传统的按单一分配标准进行分配的方式。

重点与难点：本章重点是分类法下的系数分配法的运用；定额法下脱离定额差异及定额变动差异的计算。本章难点是定额法下脱离定额差异及定额变动差异的计算，作业成本法下制造费用的核算。

【同步练习】

一、单项选择题

1. 必须采用分类计算法计算成本的是（　　）。

A. 主产品　　　　　B. 联产品　　　　　C. 副产品　　　　　D. 等级产品

2. 作业法认为：（　　）是基于一定的目的，以人为主体、消耗一定资源的特定范围内的工作。

A. 资源　　　　　B. 作业　　　　　C. 作业中心　　　　　D. 制造中心

3. 某企业将甲、乙两种产品作为一类，采用分类计算法计算成本。甲、乙两种产品共同耗用 A 种材料，消耗定额分别为 16 千克和 20 千克。该企业将甲产品作为标准产品，则乙产品的原材料费用系数为（　　）。

A. 1. 25　　　　　B. 0. 8　　　　　C. 6. 25　　　　　D. 4

4. 作业成本计算法下的成本计算程序，首先要确认作业中心，将（　　）归集到各作业中心。

A. 资源消耗价值　　　B. 直接材料　　　C. 直接人工　　　D. 制造费用

5. 企业管理深入到作业层次以后，企业为满足顾客需要而设计的一系列作业的集合体，从而形成一个由此及彼、由内向外的（　　）。

A. 采购链　　　　　B. 作业链　　　　　C. 供应链　　　　　D. 产品链

6. 采用分类法计算产品成本，目的在于（　　）。

A. 简化各类产品成本的计算工作　　　B. 分品种计算产品成本

C. 简化各种产品成本的计算工作　　　D. 分类计算产品成本

7. 对于副产品的计价，可以从总成本的（　　）项目中扣除。

A. 直接工资　　　B. 制造费用　　　C. 废品损失　　　D. 直接材料

8. 下列方法中，既是产品成本计算方法，又是成本控制方法的是（　　）。

A. 分步法　　　B. 分批法　　　C. 分类法　　　D. 定额法

9. 在生产过程中，企业实际发生的成本与定额成本的差异是(　　)。

A. 脱离定额的差异　　　　　　B. 材料成本差异

C. 定额变动差异　　　　　　　D. 费用变动差异

10. 原材料脱离定额差异是(　　)。

A. 价格差异　　　　　　　　　B. 数量差异

C. 原材料成本差异　　　　　　D. 定额变动差异

二、多项选择题

1. 下列产品中，可以采用分类法计算成本的有（　　）。

A. 等级产品　　　　　　　　　B. 主、副产品

C. 联产品　　　　　　　　　　D. 不同规格的针织品

2. 采用分类法时，某类产品中各种产品之间分配费用的标准可以选用（　　）。

A. 定额消耗量　　B. 计划成本　　C. 定额成本　　D. 产品售价

3. 在品种规格繁多且可按一定标准划分为若干类别的企业或车间中，能够应用分类法计算成本的产品生产类型有（　　）。

A. 大量大批多步骤生产　　　　B. 大量大批单步骤生产

C. 单件小批多步骤生产　　　　D. 单价小批单步骤生产

4. 副产品成本可以（　　）。

A. 按计划成本确定

B. 按售价扣除税费和利润后的余额确定

C. 按可分成本确定

D. 不计算

5. 采用分类法计算产品成本确定系数时，对同类产品中标准产品的选择标准有（　　）。

A. 生产比较稳定　　　　　　　B. 产量较小

C. 产量较大　　　　　　　　　D. 规格适中

6. 定额法的主要特点是（　　）。

A. 简化了成本核算的工作

B. 加强了对产品成本的事前控制

C. 加强了对成本差异的日常核算、分析与控制

D. 为定期考核和分析成本提供数据

7. 将产品的定额成本调整为实际成本，需要加减的差异有（　　）。

A. 脱离定额差异　　　　　　　B. 在产品差异

C. 材料成本差异　　　　　　　　D. 定额变动差异

8. 采用定额法计算产品成本的企业，应当具备的条件有（　　）。

A. 定额管理制度比较健全　　　　B. 定额管理基础比较好

C. 产品生产已经定型　　　　　　D. 各项消耗定额比较准确、稳定

9. 核算脱离定额差异，是为了（　　）。

A. 确定和分析价格差异

B. 进行产品成本的事前控制

C. 进行产品成本的日常分析和事中控制

D. 为月末进行产品实际成本计算提供数据

10. 对于制造企业，生产作业可划分为（　　）。

A. 单位作业　　　B. 批别作业　　　C. 产品作业　　　D. 维持作业

三、判断题

1. 产品成本计算的分类法是指以产品的批别作为成本计算对象归集生产费用，计算产品成本的一种成本计算方法。　　　　　　　　　　（　　）

2. 分类法可以合理、准确地计算类内各种产品的实际成本。　（　　）

3. 凡是产品的品种规格繁多，又可以按一定标准划分成为若干类别的企业或车间，均可采用分类法计算产品成本。　　　　　　　　　　（　　）

4. 生产废品的作业是一项不增值的作业。　　　　　　　　　（　　）

5. 分类法不需要按照产品品种计算成本，因而可以简化成本计算工作。
（　　）

6. 采用分类法计算产品成本的主要目的是加强成本管理。　　（　　）

7. 是否选用分类法计算产品成本与产品的生产类型无直接关系。（　　）

8. 定额差异变动是指实际费用与定额费用之间的差额。　　　（　　）

9. 定额成本法是将成本核算与成本控制紧密结合的方法。　　（　　）

10. 在计件工资制下，如果计件单价不变，按计件单价支付的工资就是定额工资。　　　　　　　　　　　　　　　　　　　　　　　　　（　　）

四、技能训练题

技能训练 1

目的：练习产品成本计算的分类法（系数法）。

资料：光华工厂生产甲、乙、丙三种产品，这三种产品的原材料和生产工艺相近，因而归为一类产品，采用分类法计算成本。

该类产品 2014 年 3 月的相关资料如表 6-18 所示。

表6-18　　　　　　　　　　　　　成本相关资料

项　目	直接材料	直接人工	制造费用	合　计
月初在产品费用	7000	1500	4500	13000
月末在产品费用	5200	1000	3000	9200
本月生产费用	65000	12000	36000	113000

该类产品的消耗定额及本月产量资料如表6-19所示:

表6-19　　　　　　　　　该类产品的消耗定额及本月产量

	材料消耗定额(千克)	工时消耗定额(小时)	产品产量
甲	9.60	9.00	1500.00
乙	8.00	6.00	2000.00
丙	6.40	5.40	1000.00

该厂各种产品成本的分配方法是:以乙产品为标准产品,原材料耗料系数根据产品的材料消耗定额、其他各项费用均按定额工时比例分配计算确定。

要求:根据上述资料,计算甲、乙、丙三种产品的成本。

技能训练2

目的:练习产品成本计算的定额法。

资料:宏发工厂对甲产品采用定额法计算成本。本月有关甲产品直接材料的资料如下:

(1)月初在产品定额费用为1000元,月初在产品脱离定额差异为节约200元,月初在产品定额费用调整后降低100元。定额变动差异全部由完工产品负担。

(2)本月定额费用为9000元,本月脱离定额差异为节约90元。

(3)本月完工产品的定额原材料费用为8100元。

要求:计算完工产品和月末在产品的直接材料实际费用(脱离定额差异按定额费用比例在完工产品和月末在产品之间分配)。

技能训练3

目的:练习产品成本计算的作业成本法。

资料:昌成工厂生产甲、乙两种产品,采用作业成本法分配制造费用,企业根据各项作业成本动因设立了五个作业成本库。相关资料如表6-20所示。

表6-20   成本相关资料

作业成本库	制造费用（元）	成本动因	作业量		
			甲产品	乙产品	合　计
操作准备	65000	准备次数	300	200	500
物料装卸	45000	转移次数	150	50	200
生产加工	55000	机器工时	500	5000	5500
质量检验	40000	检验次数	50	150	200
设备维修	34000	维修工时	80	260	340
合　　计	239000				

要求：根据相关资料，分别计算甲、乙产品应分摊的制造费用。

第七章 成本报表与成本分析

【学习目标】

1. 了解成本报表的作用、种类和特征；
2. 熟悉成本报表的编制要求和成本分析方法；
3. 掌握商品产品成本报表、主要产品单位成本报表及费用报表的编制方法。

【案例导读】

干河煤矿机电运行成本分析

霍州煤电集团霍宝干河煤矿机电运行成本近三年呈上升趋势，具体资料如表7-1所示。

表7-1 霍宝干河煤矿机电运行成本

单位：元/吨

项 目 ＼ 年 份	2009	2010	2011
1. 机电运行成本	27.76	30.65	40.42
其中：大型材料	4.46	2.21	3.59
专用工具	0.55	1.30	1.07
配件	9.14	10.57	18.36
油脂及乳化液	0.74	1.34	1.31
电力	5.11	7.83	6.43
修理费	7.76	7.40	9.66
2. 原煤可控成本	81.26	97.89	103.02
3. 机电运行成本占原煤可控成本的比例（％）	0.34	0.31	0.39

资料来源：刘洪萍. 干河煤矿机电设备管理与成本控制探讨. 会计之友，2013（5）.

思考：

1. 企业可以采用哪些方法对机电运行成本进行分析？
2. 哪些因素导致了近三年机电运行成本上升？

第一节　成本报表概述

一、成本报表的含义

成本报表是根据日常成本核算资料及其他有关资料编制的，用以反映和监督企业一定时期产品成本和期间费用水平及其构成情况的报告文件，是会计报表体系的重要组成部分。

成本报表属于企业内部报表，企业的生产特点和管理要求，决定了成本报表所应反映和控制的内容。因此，成本报表不同于财务报表，其种类、格式、编报时间、报送范围等都由企业根据管理需要自行设计制定，并随着生产特点和管理要求的变化，可以随时修正和补充，具有灵活性、多样性、及时性、实用性的特点。

二、成本报表的作用

成本是综合反映企业生产、技术和经营、管理工作水平的一项重要指标。正确、及时编制成本报表，对加强成本管理、降低成本费用开支具有重要作用。成本报表的作用体现在以下几个方面：

1. 反映企业成本、费用开支的状况

产品成本是反映企业生产技术经营成本成果的一项综合指标，企业在一定时期内的物质消耗、劳动效率、工艺水平、生产经营管理水平，都会直接或间接地在产品成本中综合地体现出来。

2. 考核成本计划完成情况

企业和主管企业的上级单位可以利用成本报表，了解企业成本计划执行情况，考核企业成本工作绩效，对企业成本工作进行评价。

3. 促进企业加强管理

通过成本报表的分析，可以揭示企业在生产和管理方面取得的成绩和存在的问题，明确经济责任，有针对性采取措施，进一步提高企业生产和管理的水平。

三、成本报表种类

成本报表是内部报表。因此，成本报表的种类由企业根据自身生产经营的特点和管理的具体要求确定。一般来说，成本报表的分类有以下几种：

1. 成本报表按反映的经济内容不同，可分为反映成本情况的报表、反映费用支出的报表

（1）反映成本情况的报表。这类报表包括产品生产成本表和主要产品单位成本表，通过它们主要反映企业为生产一定种类和数量的产品所支出的生产费用水平及其构成情况，并与本年计划、上年实际、历史最好、同行业先进水平相比较，反映产品成本的变动情况和变动趋势。

（2）反映费用支出情况的报表。这类报表包括制造费用明细表和期间费用明细表，通过它们主要反映企业在一定时期内费用的支出及其构成情况，反映费用支出情况及其变动趋势，从而促使企业内部各部门明确责任，控制费用支出。

2. 成本报表按编制的时间不同，可分为定期成本报表和不定期成本报表

根据企业管理要求，成本报表一般可以按周、旬、月、季、年定期编制。但是，为了满足临时的、特殊的成本管理工作需要，也可随时编制成本报表。

四、成本报表的设置要求

成本报表一般根据企业的生产特点与管理需要自行设置，并可随着情况的变化对报表的种类、格式进行调整，但也不能太随意，在设置成本报表时应重点考虑以下几个方面：

1. 报表的适用性

报表的适用性是指企业设置的成本报表的种类、格式要适合企业成本管理的需要。企业既要有反映成本全貌的报表，又要有反映企业成本管理的某一专门问题或某一重要事项的报表，以突出管理中的重点问题设置报表，使成本报表的编制能取得最好的效果。

2. 指标的实用性

成本报表指标的设置要符合企业生产经营的特点，能适应企业内部管理的需要，报表中的指标项目要简明实用、通俗易懂，能真正反映成本现状，不搞烦琐的计算或没有经济意义的数字罗列。

五、成本报表的编制要求

为了充分发挥成本报表在企业管理中的作用，提供真实、准确的成本信息

资料。企业应按照一定要求正确编制各种成本报表。

1. 数字准确

数字准确是指成本报表中的各项数据必须真实可靠，各项指标的数据计算应准确无误。因此，企业在编制成本报表前，应将所有的经济业务登记入账，并核对各种账簿之间的记录，做到账账相符；及时清查财产、物资，做到账实相符。然后再依据有关账簿的记录编制成本报表。成本报表编制完毕后，还应逐一检查各个报表中相关指标的数字是否一致。

2. 内容完整

内容完整是指企业编制的成本报表的种类必须齐全，报表内的指标、项目、报表附注资料必须填列完整，不得少编漏填，任意取舍。

3. 相关可比

相关可比是指成本各报表提供的数据具有相关性和可比性，计算口径与填报方法各会计期间应保持一致，如有变动，应在附注中说明。

4. 报送及时

报送及时是指企业应及时编制、传递、反馈成本会计信息资料。只有财会部门及时编制、提供各种成本报表，才能及时对企业成本计划、费用预算完成情况进行检查和分析，从中发现问题，及时采取措施加以解决，充分发挥成本报表的应有作用。

第二节　成本报表的编制

一、全部产品生产成本表的编制

全部产品生产成本表是反映企业在报告期内所生产的全部产品的总成本和各种主要产品的单位成本及总成本的会计报表，是成本报表中最主要的报表。企业全部产品的生产成本报表，可以按照产品种类反映，也可按照成本项目反映。

1. 全部产品生产成本表（按产品种类反映）的编制

按产品种类编制的全部产品生产成本表（见表7-2），是按产品种类反映企业在报告期内发生的生产成本合计数的报表。此表分为基本报表和补充资料两部分，基本报表部分按"可比产品"和"不可比产品"分别填列。

（1）"产品名称"栏应分别按名称填列。对可比产品，应按主要品种逐一列示；对不可比产品，则不严格要求填报产品名称。

表7-2　编制单位：和众公司

产品生产成本表（按产品种类编制）

2013年12月

单位：元

产品名称	计量单位	实际产量		单位成本				本月总成本			本年累计总成本		
		本月	本年累计	上年实际平均	本年计划	本月实际	本年累计实际平均	按上年实际平均单位成本计算	按本年计划单位成本计算	本月实际	按上年实际平均单位成本计算	按本年计划单位成本计算	本年实际
		(1)	(2)	(3)	(4)	(5)=(9)÷(1)	(6)=(12)÷(2)	(7)=(1)×(3)	(8)=(1)×(4)	(9)	(10)=(2)×(3)	(11)=(2)×(4)	(12)
可比产品								60500	61000	60000	605000	610000	610500
甲产品	件	100	1000	210	220	215	218	21000	22000	21500	210000	220000	218000
乙产品	件	50	500	790	780	770	785	39500	39000	38500	395000	390000	392500
不可比产品									7200	7080		72000	71520
丙产品	件	12	120		600	590	596		7200	7080		72000	71520
合计									68200	67080		682000	682020

补充资料（本年累计实际数）：

①可比产品成本降低额 -5500元（本年计划降低额单位为元）。

②可比产品成本降低率 -0.91%（本年计划降低率单位为%）。

③按现行价格计算的商品产值 2000000元。

④产值成本率 34.10元/百元（本年计划产值成本单位为元/百元）。

（2）"实际产量"栏分为"本月"和"本年累计"两栏，本月实际产量应根据产品成本明细账或成本计算单的记录填列。本年累计实际产量，应根据本月实际产量，加上月本表的本年累计实际产量计算填列。

（3）"单位成本"栏分为上年实际平均、本年计划、本月实际和本年累计实际平均的单位成本等专栏。上年实际平均单位成本应根据上年度报表所列示各种产品的全年实际平均单位成本填列；本年计划单位成本应根据本年度成本计划填列；本月实际单位成本应根据本月实际总成本除以本月实际产量所得填列；本年累计实际平均单位成本应根据本年累计实际总成本除以本年累计实际产量所得填列。

（4）"本月总成本"栏分为按上年实际平均单位成本计算、按本年计划单位成本计算、本月实际等专栏。上年实际平均单位成本、本年计划单位成本分别乘以本月实际产量，计算得出按上年实际平均单位成本计算的本月总成本和按本年计划单位成本计算的本月总成本，本月实际总成本应根据成本计算单或产品成本明细账的有关数据填列。

（5）"本年累计总成本"栏分为按上年实际平均单位成本计算、按本年计划单位成本计算、本年实际等专栏。上年实际平均单位成本、本年计划单位成本分别乘以本年实际产量，计算得出按上年实际平均单位成本计算的本年总成本和按本年计划单位成本计算的本年总成本，本年累计实际总成本应根据本年的产品成本明细账或产品成本汇总表计算填列。

2. 全部产品生产成本表（按产品项目反映）的编制

按成本项目编制的全部产品生产成本表（见表7-3），是按成本项目汇总反映企业在报告期内发生的全部生产费用的报表。

表7-3 　　　　　　　　　　**产品生产成本表（按成本项目编制）**

编制单位：　　　　　　　　　　　2013年12月　　　　　　　　　　单位：元

项　目	本年计划	本月实际	本年累计实际
直接材料			
直接人工			
制造费用			
生产费用合计			
加：在产品、自制半成品期初余额			
减：在产品、自制半成品期末余额			
产品生产成本合计			

（1）"本年计划"栏根据成本计划有关资料填列。

（2）"本月实际"栏根据各种产品成本明细账所记本月生产费用合计数，按成本项目分别汇总填列。

（3）"本年累计实际"栏根据本月实际数，加上上月本表的本年累计实际数计算填列。

（4）在产品及自制半成品期初、期末余额应根据"生产成本"和"自制半成品"两个账户的本月月初（末）余额之和填列。

（5）产品生产成本。产品生产成本的"本月实际"和"本年累计实际"数额，都可以由本月本表中生产费用总额，加上在产品及自制半成品期初余额，减去在产品及自制半成品期末余额计算求得。

二、主要产品单位成本表编制

主要产品单位成本表反映企业在报告期内生产的主要产品单位成本水平及构成情况的报表。该表应按主要产品分别编制，是对全部产品生产成本表所列各种主要产品成本的补充说明。主要产品单位成本表的格式如表7-4所示，表中可分设产量、单位成本和主要技术经济指标三部分。

表7-4　　　　　　　　　　　　主要产品单位成本表

编制单位：　　　　　　　　　　　2013 年 12 月　　　　　　　　　单位：元

产品名称		甲产品		本月计划产量		
规格				本月实际产量		
计量单位				本年累计计划产量		
销售单价				本年累计实际产量		
成本项目	行次	历史先进水平	上年实际平均	本年计划	本月实际	本年累计实际平均
		（1）	（2）	（3）	（4）	（5）
直接材料	1					
直接人工	2					
制造费用	3					
合计	4					
主要技术经济指标	计量单位	耗用量	耗用量	耗用量	耗用量	耗用量
①甲材料						
②乙材料						

1. 产品产量和销售单价的填列

本月及本年累计计划产量应根据生产计划填列；本月实际产量应根据产品生产成本明细账或产品生产成本计算汇总表填列；本年累计实际产量应根据上月本表的本年累计实际产量，加上本月实际产量计算填列；产品销售单价应根据企业的定价表填列。

2. 产品"成本项目"的填列

（1）"历史先进水平"栏各项目，应根据本企业历史上该种产品成本最低年度的实际平均单位成本和实际单位用量填列。

（2）"上年实际平均"栏各项目，应根据上年度本表的"本年累计实际平均"单位成本和单位用量的资料填列。

（3）"本年计划"栏各项目，应根据本年计划单位成本和单位用量填列。

（4）"本月实际"栏各项目，应根据本月实际单位成本和单位用量填列。

（5）"本年累计实际平均"栏各项目，应根据该种产品年初至本月末已完工产品成本明细账等有关资料填列。

3. "主要技术经济指标"项目的填列

该种产品主要材料的耗用量应根据业务技术核算资料填列。

三、制造费用明细表编制

制造费用明细表是反映企业在一定时期内为组织和管理生产所发生的间接费用总额和各明细项目数额的报表。制造费用明细表的结构和内容见表7-5。

表7-5 　　　　　　　　　　制造费用明细表

编制单位： 　　　　　　　　　2013 年 12 月 　　　　　　　　　单位：元

项　　目	行次	本年计划数	上年同期实际数	本月实际数	本年累计实际数
职工薪酬					
办公费					
折旧费					
租赁费					
机物料消耗					
周转材料摊销					
水电费					
劳动保护费					
运输费					

续表

项　目	行次	本年计划数	上年同期实际数	本月实际数	本年累计实际数
保险费					
⋮					
其他					
合　计					

（1）"本年计划数"栏各项目数字，应根据本年制造费用计划数填列。

（2）"上年同期实际数"栏各项目数字，应根据上年同期本表的"本年实际数"栏相应的数字填列。如果上年本表的费用项目与本年度不一致，应将上年度的有关数字按照本年度本表的项目进行调整后填列。

（3）"本月实际数"栏各项目数字，应根据"制造费用"明细账的本月合计数汇总填列。

（4）"本年累计实际数"栏各项目数字，应根据本年"制造费用"明细账中各费用项目累计数填列。

四、期间费用明细表编制

期间费用报表具体包括销售费用明细表、管理费用明细表和财务费用明细表，是反映企业在报告期内发生的各种期间费用情况的报表。如表7-6、表7-7和表7-8所示。

表7-6　　　　　　　　　　　　　销售费用明细表

编制单位：　　　　　　　　　　　2013 年 12 月　　　　　　　　　单位：元

项　目	行次	本年计划数	上年同期实际数	本月实际数	本年累计实际数
职工薪酬					
差旅费					
水电费					
机物料消耗					
周转材料摊销					
运输费					
装卸费					
包装费					

续表

项　目	行次	本年计划数	上年同期实际数	本月实际数	本年累计实际数
保险费					
广告费					
展览费					
销售服务费					
⋮					
其他					
合　计					

表 7-7　　　　　　　　　　　　管理费用明细表

编制单位：　　　　　　　　　　　2013 年 12 月　　　　　　　　　　单位：元

项　目	行次	本年计划数	上年同期实际数	本月实际数	本年累计实际数
职工薪酬					
差旅费					
办公费					
折旧费					
周转材料摊销					
工会经费					
职工教育经费					
劳动保险费					
水电费					
诉讼费					
排污费					
业务招待费					
保险费					
⋮					
其他					
合　计					

表 7-8　　　　　　　　　　　财务费用明细表

编制单位：　　　　　　　　　2013 年 12 月　　　　　　　　　单位：元

项　目	行次	本年计划数	上年同期实际数	本月实际数	本年累计实际数
利息支出（减利息收入）					
汇兑损失（减汇兑收益）					
金融机构手续费					
其　他					
合　计					

销售费用明细表、管理费用明细表和财务费用明细表各项目的填列方法如下：

（1）"本年计划数"栏各项目数字，根据本年度各项费用计划数填列。

（2）"上年同期实际数"栏各项目数字，根据上年度本表的"本年实际数"栏相应的数字填列。如果上年本表的费用项目与本年度不一致，应将上年度的有关数字按照本年度本表的项目进行调整后填列。

（3）"本月实际数"栏各项目数字，应根据"销售费用"、"管理费用"和"财务费用"明细账的本月合计数汇总填列。

（4）"本年累计实际数"栏各项目数字，应根据本年度"销售费用"、"管理费用"和"财务费用"明细账中各费用项目的累计数填列。

第三节　成本分析

一、成本分析的含义和程序

成本分析是为了满足企业各管理层了解成本状况及进行经营决策的需要，以成本核算资料为基础，结合其他有关资料，采用一定的方法剖析成本变动的原因，挖掘降低成本潜力的一种管理活动。成本分析一般遵循以下基本程序：

（1）制订计划。根据成本分析的目标及需要解决的问题，拟定分析计划，合理进行组织分工，周密安排分析进度。

（2）收集资料。只有根据客观、相关的资料和情况进行分析，才能保证分析结果的准确性。成本分析所需的资料包括成本报表资料和其他有关的计划、统计、业务技术资料等。

（3）分析原因。在广泛收集资料的前提下，结合实际情况，运用技术分析的方法，对成本指标进行分析，找出差距，查明原因。

（4）评价报告。根据内外部状况对企业成本工作做出评价，并对分析的结果进行综合概括，编写书面的成本分析报告。

二、成本分析的方法

成本分析的方法是完成成本分析的重要手段。常用的分析方法有比较分析法、比率分析法、因素分析法、趋势分析法等。

（一）比较分析法

比较分析法是通过指标对比，从数量上确定差异的一种分析方法。比较分析法主要有以下几种形式：

（1）实际指标与计划（定额）指标比较。通过比较可以找出企业实际成本与计划（定额）成本的差异，便于考核成本计划、定额、预算的完成情况。

（2）本期实际与前期（上期、上年同期或历史最好水平）实际指标比较。通过比较可以反映成本、费用的变动趋势，了解企业生产经营工作的改进情况。

（3）本期实际指标与行业先进指标相比较。通过比较，可以找出企业存在的差距，了解企业在同行业所处位置，推动企业改进经营管理。

比较分析法只适用同质指标的数量对比，企业进行比较分析，应考虑指标的内容、计价标准、时间长度和计算方法的可比性。

（二）比率分析法

比率分析法是指通过计算和对比经济指标的比率进行数量分析的一种方法。常用的比率分析法主要有以下几种形式：

（1）相关指标比率分析法，是将两个性质不同但又相关的指标进行对比求出比率，然后再以实际数与计划（前期实际）数进行对比分析的一种方法。例如，将成本指标与反映生产、销售等生产经营成果的产值、销售收入、利润指标相比求出的产值成本率、销售成本率、成本利润率，并将实际数与基数进行比较，就可以反映企业经济效益的好坏。

（2）结构比率分析法，是确定某一经济指标各个组成部分占总体的比重，分析它的构成内容及变化趋势的一种方法，亦称构成比率分析法。例如，将各个成本项目（直接材料、直接人工、制造费用）与产品成本总额比较，计算占总成本的比重，然后与不同时期同样产品的成本构成相比较，观察产品成本构成的变化。

（3）动态比率分析法，是指将不同时期同类指标的数值进行对比以求出比率，分析该项指标增减速度及发展趋势，从中发现企业在生产经营方面的成绩或不足。由于对比的标准不同，动态比率又可分为基期比率（基期指数）和环比比率（环比指数）两种。

（三）因素分析法

以上分析方法，只能反映实际数与基准数之间的差异，不能提示产生差异的原因。而一个经济指标的完成，往往是多种因素共同作用的结果，只有把这种综合性的指标分解为各个因素的构成，从中找出各个因素的影响程度，才能分清责任，了解指标完成好坏的真正原因，并找出成本控制的方向，这就是因素分析法。因素分析法是把综合性指标分解为各个相互联系的因素，按照一定的程序和方法，从数值上确定各因素对综合经济指标影响程度的一种分析方法。根据具体分析方法，因素分析法又分为连环替代法和差额计算法。

1. 连环替代法

连环替代法是根据因素之间的内在依存关系，依次测定各因素变动对经济指标差异影响的一种分析方法。其基本分析程序如下：

（1）指标分解。将综合性指标分解为相互联系的各因素，并按一定顺序排列，使其成为能用数学公式表达的因素分解式。

（2）基期数据计算。以用来比较的基数数据为基础计算出基期综合指标值。

（3）因素依次替换。用实际指标体系中每项因素的实际数逐步顺序地替换其基数；每次替换后，实际数就被保留下来，有几个因素就替换几次，直到所有因素都变成实际数为止；每次替换后计算出新结果。

（4）比较替换结果。将每次替换的结果与替换前的结果进行比较，两者的差额，就是这一因素变化对经济指标差异的影响程度。

（5）综合数值影响。将各个因素的影响数值相加，其代数应是该经济指标的实际数与基数之间的总差异数。

假设某一经济指标 N 是由相互联系的 A、B、C 三个因素组成，计划指标、实际指标和实际脱离计划的差异数的公式如下：

计划指标 $N = A_0 \times B_0 \times C_0$

实际指标 $M = A_1 \times B_1 \times C_1$

差异数 $G = M - N$

根据连环替代分析法，测定各个因素的变动对指标 N 的影响程度时计算顺序如下：

第一次替代 $N_1 = A_1 \times B_0 \times C_0$

第二次替代 $N_2 = A_1 \times B_1 \times C_0$

第三次替代 $M = A_1 \times B_1 \times C_1$

则结果如下：

N_1-N 表示 A 因素变动对整体指标的影响。

N_2-N_1 表示 B 因素变动对整体指标的影响。

$M-N_2$ 表示 C 因素变动对整体指标的影响。

综合各因素变动的影响：

$(N_1-N_0)+(N_2-N_1)+(M-N_2)=M-N=G$

【例7-1】新新公司3月材料费用相关资料如表7-9所示，采用因素分析法分析各因素变动对其差异的影响程度。

表7-9 材料费用分析资料

指 标	计 划	实 际	差 异
产品产量（件）	100	110	+10
单位产品材料消耗量（千克）	10	8	-2
材料单价（元）	5	7	+2
材料费用总额（元）	5000	6160	1160

从表7-9可知，材料费用的实际数超过计划数1160元，形成这一差异的因素有产品产量、单位产品材料消耗量、材料单价。运用连环替代法，就可以确定各因素变化对其差异的影响额，计算过程如下：

计划指标 $=100×10×5=5000$（元）　　　（1）

第一次替代 $=110×10×5=5500$（元）　　（2）

第二次替代 $=110×8×5=4400$（元）　　　（3）

第三次替代 $=110×8×7=6160$（元）　　　（4）

据此测定的结果：

产量增加产生的影响 $=(2)-(1)=5500-5000=500$（元）

材料单耗降低产生的影响 $=(3)-(2)=4400-5500=-1100$（元）

材料价格上升产生的影响 $=(4)-(3)=6160-4400=1760$（元）

综合各因素变动的影响 $=500-1100+1760=1160$（元）

从上述计算可见，在运用因素分析法时应注意计算程序的连环性和因素替换的顺序性，一般遵循如下原则：数量指标在前，质量指标在后；实物指标在前，价值指标在后；主观指标在前，客观指标在后。

2. 差额计算法

差额计算法是连环替代法的一种简化形式，是利用各个因素的实际数与基数之间的差额，直接计算各个因素变化对经济指标差异的影响的一种技术方法。

【例 7-2】根据表 7-9 的资料，运用差额分析法，分析各因素变化对其差异的影响程度。

各因素变化对差异的影响程度计算如下：

产量增加产生的影响 = $(110-100) \times 10 \times 5 = 500$（元）

材料单耗降低产生的影响 = $110 \times (8-10) \times 5 = -1100$（元）

材料价格上升产生的影响 = $110 \times 8 \times (7-5) = 1760$（元）

综合各因素变动的影响 = $500-1100+1760 = 1160$（元）

以上所述的只是常用的几种数量分析方法。在成本分析过程中，不论采用什么分析方法，都只是为进一步调查研究指明方向，而不能取代实际调查研究。

三、成本分析的具体应用

（一）全部产品成本计划完成情况分析

1. 按产品类别分析产品生产成本计划完成情况

企业的全部产品计划完成情况分析是依据全部产品计划总成本和实际总成本的对比，来确定实际成本相对于计划成本的降低额和降低率。其计算公式如下：

成本降低额 = 计划总成本 - 实际总成本

$$= \sum [实际产量 \times (计划单位成本 - 实际单位成本)]$$

$$成本降低率 = \frac{成本降低额}{\sum (实际产量 \times 计划单位成本)} \times 100\%$$

【例 7-3】依据表 7-2 资料，计算全部产品成本降低额和降低率，如表 7-10 所示。

表 7-10　　　　　　　　本年累计全部产品成本完成情况分析

编制单位：　　　　　　　　2013 年 12 月　　　　　　　　单位：元

产品名称	计划总成本	实际总成本	降低额	降低率（%）
一、可比产品				
其中：甲产品	220000	218000	+2000	+0.909
乙产品	390000	392500	-2500	-0.641
二、不可比产品				
其中：丙产品	72000	71520	+480	0.667
合　计	682000	682020	-20	-0.002

从上述分析结果可以看出，公司全部产品实际生产成本比计划上升20元，上升幅度不大，主要是乙产品成本上升所致，甲、丙产品成本都有一定程度的下降，但下降幅度不大。

2. 按产品成本项目分析全部产品生产成本计划完成情况

按产品成本项目分析产品生产成本计划完成情况，是将全部产品的总成本按成本项目汇总，将实际总成本与计划总成本对比，确定每个成本项目的降低额和降低率。

【例7-4】新新公司根据有关成本核算资料，按成本项目编制的产品生产成本计算分析表，如表7-11所示。

表7-11

商品产品成本分析

编制单位：　　　　　　　　　　　　　　2013年12月　　　　　　　　　　　单位：万元

成本项目	计　　划		实　　际		实际与计划的差异	
	金额	构成（%）	金额	构成（%）	降低额	降低率（%）
直接材料	200	50.00	220	51.16	-20	-10.00
直接人工	120	30.00	150	34.88	-30	-25.00
制造费用	80	20.00	60	13.96	+20	+25.00
生产成本合计	400		430		-30	-7.50

从表7-11可以看出，公司全部产品的实际生产成本超支7.5%，主要是由于直接材料和直接人工超支所致，制造费用则比计划成本有所降低，形成有利差异，企业应做进一步的分析，分析成本变动是由主观因素还是客观因素影响所致，并采取相应的措施。

（二）可比产品成本计划完成情况分析

可比产品是指本公司以前年度已经正式生产过的、有历史成本资料的产品。一般情况下，可比产品在企业全部产品中占有重要地位。可比产品成本完成情况分析包括成本降低计划完成情况分析、影响成本降低计划完成情况的因素分析。

1. 可比产品成本降低计划完成情况分析

可比产品成本降低计划完成情况分析，是将可比产品的实际成本与按照实际产量和上年实际单位成本计算的上年实际成本进行比较，确定可比产品实际成本的降低额和降低率，并与确定的成本降低计划相比较，以评价企业可比产品成本降低计划的完成情况。

【例7-5】根据和众公司表7-2所列示的资料，若企业本年度计划产量甲

900 件，乙 480 件，则公司年度可比产品成本降低计划和实际完成情况如表 7-12 和 7-13 所示。

表 7-12　　　　　　　　　可比产品成本降低计划完成情况分析

编制单位：和众公司　　　　　　　　　　　　　2013 年 12 月　　　　　　　　　　　　　　单位：元

可比产品名称	计划产量（件）	单位成本		总成本		计划情况	
		上年实际	本年计划	上年实际	本年计划	降低额	降低率（%）
	(1)	(2)	(3)	(4)=(1)×(2)	(5)=(1)×(3)	(6)=(4)-(5)	(7)=(6)÷(4)
甲产品	900	210	220	189000	198000	-9000	-4.76
乙产品	480	790	780	379200	374400	+4800	1.27
合　计				568200	572400	-4200	-0.74

表 7-13　　　　　　　　　可比产品成本降低实际完成情况分析

编制单位：和众公司　　　　　　　　　　　　　2013 年 12 月　　　　　　　　　　　　　　单位：元

可比产品名称	计划产量（件）	单位成本		总成本		实际情况	
		上年实际	本年计划	上年实际	本年计划	降低额	降低率（%）
	(1)	(2)	(3)	(4)=(1)×(2)	(5)=(1)×(3)	(6)=(4)-(5)	(7)=(6)÷(4)
甲产品	1000	210	218	210000	218000	-8000	-3.81
乙产品	500	790	785	395000	392500	+2500	0.63
合　计				605000	610500	-5500	-0.91

该公司可比产品成本降低计划完成情况不太理想，根据市场状况，企业成本计划小幅上升，上升额和上升率分别为 4200 元和 0.74%，但实际成本上升额和上升率分别为 5500 元和 0.91%，公司应进一步分析其原因，确定各因素的影响程度，为降低成本指明方向。

2. 影响可比产品成本降低计划完成情况的因素

影响可比产品成本降低计划完成情况的因素主要有三个：产品产量、品种构成和单位成本。

（1）产品产量变动的影响。产品产量变动必然会影响成本降低额。由于可比产品成本降低计划是根据产品计划产量制订的，而实际成本降低额和降低率是根据实际产量计算的。因此，在产品品种构成和单位成本不变时，产品产量的增减，会引起成本降低额发生变动，但不会影响成本降低率。

$$\begin{array}{l}\text{产量变动对成本}\\\text{降低额的影响}\end{array} = \left[\sum\left(\begin{array}{c}\text{实际}\\\text{产量}\end{array}\times\begin{array}{c}\text{上年实际}\\\text{单位成本}\end{array}\right) - \left(\begin{array}{c}\text{计划}\\\text{产量}\end{array}\times\begin{array}{c}\text{上年实际}\\\text{单位成本}\end{array}\right)\right] \times \begin{array}{c}\text{计划成本}\\\text{降低率}\end{array}$$

【例 7-6】 根据表 7-12 和表 7-13 相关资料，计算如下：

产量变动对成本降低额的影响 = [(1000×210+500×790) - (900×210+480×790)] × (-0.74%) = -272.32 （元）

（2） 产品品种结构变动的影响。由于各种产品成本降低率不同，当产品产量不是同比例增长时，就会使降低额和降低率同时发生变动。如果提高成本降低率大的产品在全部可比产品中的比重，就会使成本降低额绝对值增大，并使成本降低率相对值增大；相反，则会减少成本降低额的绝对额和降低率的相对值。若企业只有一种可比产品，则不存在成本结构的变化，就不需要分析品种结构变化的影响。

$$\begin{aligned}\text{产品品种结构变动}\atop\text{对成本降低额的影响} &= \left[\sum\left(\text{实际}\atop\text{产量}\times{\text{上年实际}\atop\text{单位成本}}\right) - \sum\left(\text{实际}\atop\text{产量}\times{\text{计划单}\atop\text{位成本}}\right)\right]\\ &\quad - \sum\left(\text{实际产量}\times{\text{上年实际平均}\atop\text{单位成本}}\right)\times{\text{计划成本}\atop\text{降低率}}\end{aligned}$$

$$\text{产品品种结构变动对}\atop\text{成本降低率的影响} = \frac{\text{品种结构变动对成}\atop\text{本降低额的影响数}}{\sum\left(\text{实际}\atop\text{产量}\times{\text{上年实际}\atop\text{单位成本}}\right)} \times 100\%$$

【例 7-7】 根据表 7-2 相关资料，产品品种结构变动对成本降低计划完成情况的影响程度如下：

降低额 = [(1000×210+500×790) - (1000×220+500×780)] - (1000×210+500×790) × (-0.74%) = -523 （元）

降低率 = (-523) ÷ (1000×210+500×790) × 100% = -0.09%

（3） 产品单位成本变动的影响。可比产品成本降低计划和实际完成情况，都是以上年单位成本为基础计算的。这样，各种产品单位成本实际比计划降低或升高，必然引起成本降低额和降低率实际比计划相应的升高或降低。产品单位成本的变动与成本降低额和降低率的变动呈反方向。

$$\text{产品单位成本变动}\atop\text{对成本降低额的影响} = \sum\left[\text{实际}\atop\text{产量}\times\left(\text{计划单}\atop\text{位成本}-{\text{实际单}\atop\text{位成本}}\right)\right]$$

$$\text{产品单位成本变动}\atop\text{对成本降低率的影响} = \frac{\text{单位成本变动对}\atop\text{成本降低额的影响数}}{\sum\left(\text{实际}\atop\text{产量}\times{\text{上年实际}\atop\text{单位成本}}\right)} \times 100\%$$

【例 7-8】 根据表 7-2 相关资料，产品品种结构变动对成本降低计划完成情况的影响程度为：

降低额 $=1000 \times (220-218) + 500 \times (780-785) = -500$ （元）

降低率 $= (-500) \div (1000 \times 210 + 500 \times 790) \times 100\% = -0.08\%$

以上计算分析表明，影响公司可比产品成本降低计划完成情况的因素中，产量的上升使成本增加了 272.32 元，产品结构变动使成本上升了 523 元，单位成本变动使成本上升了 500 元，公司需要进一步分析相关原因，找出降低成本的途径（由于小数的存在，结果有误差）。

（三）主要产品单位成本分析

主要产品单位产品成本分析包括：产品单位成本变动情况分析和产品单位成本项目分析。

1. 产品单位成本变动情况分析

产品单位成本变动情况分析是运用比较法计算产品单位成本实际与计划数、上期数和历史先进水平的差别，查明产品单位成本升降的原因。

【例 7-9】甲产品是新新公司的主要产品之一，根据相关资料编制的单位成本分析表如表 7-14 所示。

表 7-14　　　　　　　　　甲产品单位成本分析

2013 年 12 月　　　　　　　　　　　　单位：元

成本项目	历史最好水平	上年实际平均	本年计划	本年实际平均	差异		
					历史最好水平	上年实际平均	本年计划
直接材料	480	490	500	495	15	5	-5
直接人工	70	85	90	88	18	3	-2
制造费用	190	210	200	218	28	8	18
合　计	740	785	790	801	61	16	11

以上分析表明：甲产品本年实际单位成本完成很不理想，本年实际单位成本不仅高于计划成本 11 元，还远远高于上年实际和历史最好水平，尤其是制造费用上升最为明显，这说明公司在生产组织和劳动组织方面还存在薄弱环节，应进一步查明原因作具体分析。

2. 产品单位成本项目分析

（1）直接材料费用的分析。直接材料费用的变动主要受单位产品材料的消耗量和材料单价两个因素变动的影响。其计算公式如下：

$$\text{单位产品直接材料消耗数量变动的影响} = \sum \left(\text{实际材料单位耗用量} - \text{计划材料单位耗用量} \right) \times \text{材料计划单价}$$

$$单位产品直接材料单价变动的影响 = \sum\left(\begin{matrix}实际材\\料单价\end{matrix} - \begin{matrix}计划材\\料单价\end{matrix}\right) \times \begin{matrix}实际材料\\单位耗用量\end{matrix}$$

【例7-10】承【例7-9】，假设新新公司甲产品单位产品材料成本资料如表7-15所示。

表7-15 甲产品单位产品直接材料费用

2013年12月　　　　　　　　　　　　　　　单位：元

材料名称	计　划			实　际		
	单耗（千克）	单价（元/千克）	材料费用	单耗（千克）	单价（元/千克）	材料费用
A材料	20	11.00	220	18	11.50	207
B材料	14	20.00	280	16	18.00	288
合计			500			495

根据以上资料，甲产品单位产品直接材料费用比计划降低5元，其中：

单耗变动的影响 =（18-20）×11+（16-14）×20＝18（元）

单价变动的影响 =18×（11.5-11）+16×（18-20）=-23（元）

在单耗变动影响中，主要是由于B材料单耗增加所致，一般来说影响消耗量变动的因素有：材料的质量、产品的设计、生产工艺方法、材料利用程度、废品数量、生产工人技术水平和操作能力、机器设备性能等。

在单位变动的影响中，主要是由于B材料单价下降所致，一般来说影响材料单价变动的因素有：材料的买价、材料的运费、运输途中合理损耗、税金、采购批量等。

（2）直接人工费用分析。分析直接人工费用必须结合工资制度来进行。在计件工资制度下，计件单价不变，单位成本中的工资费用一般也不变；在计时工资制度下，产品单位成本中的工资费用受工时数和小时工资率变动的影响。

单位产品直接人工费用=单位产品工时耗用量×小时工资率

单位产品工时变动影响 =（实际工时数量-计划工时数量）×计划小时工资率

小时工资率变动影响 =（实际小时工资率-计划小时工资率）×实际工时数量

【例7-11】承【例7-9】，新新公司甲产品单位产品工资费用相关资料具体如表7-16所示。

表 7-16　　　　　　　甲产品单位产品人工费用相关资料

2013 年 12 月

工时消耗（小时）		小时工资率（元/小时）		直接人工费用（元）	
计划	实际	计划	实际	计划	实际
9	8	10	11	90	88

单位产品工时变动影响 = $(8-9)\times10 = -10$（元）

小时工资率变动影响 = $(11-10)\times8 = 8$（元）

从上面计算中可以看出，甲产品单位成本中工资费用实际比计划降低2元，其中由于工时变动导致工资费用降低 10 元，由于小时工资率变动导致工资费用上升 8 元。在以上分析的基础上，还应该进一步调查分析变动的原因。

影响工时变动的原因主要有：生产组织、材料的质量和规格、生产工艺和操作方法、生产工作质量、设备性能和保养、工人技术熟练程度和劳动态度。

影响工资率变动的原因主要有：企业的工资制度、企业产品的特点、企业工人的素质、企业的管理水平等。

（3）制造费用项目分析。单位产品制造费用的变动主要受单位产品工时消耗量和每小时制造费用分配率的影响。其计算公式如下：

单位产品制造费用 = 单位产品耗用工时数量 × 小时制造费用分配率

$$\text{工时消耗量变动的影响} = \left(\text{实际单位工时消耗量} - \text{计划单位工时消耗量}\right) \times \text{计划小时制造费用分配率}$$

$$\text{小时制造费用分配率变动的影响} = \left(\text{实际小时制造费用分配率} - \text{计划小时制造费用分配率}\right) \times \text{实际单位工时消耗量}$$

【例 7-12】承【例 7-9】，新新公司甲产品单位产品制造费用相关资料具体如表 7-17 所示。

表 7-17　　　　　　　甲产品单位产品制造费用相关资料

2013 年 12 月

工时消耗（小时）		制造费用分配率（元/小时）		制造费用（元）	
计划	实际	计划	实际	计划	实际
9	8	22.22	27.25	200	218

单位产品工时变动影响 = $(8-9)\times22.22 = -22.22$（元）

小时分配率变动影响 = $(27.25-22.22)\times8 = 40.24$（元）

从上面计算中可以看出，甲产品单位成本中制造费用实际比计划上升 18 元，其中由于工时变动导致制造费用降低 22.22 元，由于小时分配率变动导致制造费用上升 40.22 元。在以上分析的基础上，还应该进一步调查分析变动的原因。

【本章小结】

基本内容：本章主要介绍成本报表的编制及成本分析的内容及方法。

成本报表是通过表格的形式对企业发生的成本费用进行归纳和总结，为企业的内部管理提供所需的会计信息。成本报表是企业内部报表，在报表格式和明细项目的设置方面应将会计制度的要求与企业的实际需要相结合，编制成本报表时应做到数字准确、内容完整、编报及时。

为了揭示企业为生产一定产品所付出成本是否达到预定的要求，需要编制产品生产成本报表、主要产品单位成本报表和制造费用明细表等。成本分析的方法通常有比较分析法、比率分析法、因素分析法等。通过比较分析可揭示成本的差异；通过因素分析可挖掘成本升降的原因。成本分析的内容包括全部产品成本计划完成情况分析、可比产品成本计划完成情况分析、主要产品单位成本分析。全部产品成本计划完成情况分析可以分别按产品种类、成本项目几个方面进行分析。可比产品成本计划完成情况分析主要是检查其计划降低指标是否完成，分析影响计划降低指标完成的原因。影响可比产品成本计划降低指标的原因主要有：产量因素、品种结构因素、单位成本因素。主要产品单位成本分析是成本分析工作的逐步深化，主要从各成本项目入手来进行。

重点和难点：本章的重点是成本报表的编制与成本分析，难点是成本分析。

【同步练习】

一、单项选择题

1. 成本报表是向企业经营管理者提供成本信息，以进行成本分析和成本决策的（   ）的会计报表。

A. 外部管理　　B. 内部管理　　C. 年度　　　　D. 静态

2. 连环替代法是一种（   ）。

A. 相关分析法　B. 因素分析法　C. 比较分析法　D. 比率分析法

3. 下列报表中，不属于成本报表体系的是（   ）。

A. 商品产品成本表

B. 制造费用明细表

C. 单位产品成本表

D. 利润表

4. 产品产量发生变动（　　）。

A. 只影响产品成本降低额

B. 不会影响产品成本降低额和降低率

C. 只影响产品成本降低率

D. 会影响产品成本降低额和降低率

5. 通过成本指标在不同时期的数据对比，来提示成本变动及其原因的一种方法是（　　）。

A. 比较分析法　　B. 趋势分析法　　C. 比率分析法　　D. 因素分析法

6. 把综合性指标分解为各个因素，研究诸因素变动对综合性指标变动影响程度的分析方法是（　　）。

A. 对比分析法　　B. 趋势分析法　　C. 比率分析法　　D. 因素分析法

7. 某产品的单位成本 100 元，其中直接材料费 30 元，直接人工费 45 元，制造费用 25 元，则产品中材料的构成比率是（　　）。

A. 30%　　　　　B. 45%　　　　　C. 25%　　　　　D. 55%

8. 某产品，上年实际平均单位成本 60 元，上年实际产量为 500 件，本年实际产量为 600 件，本年实际平均单位成本为 57 元，则本年产品成本降低额为（　　）元。

A. 1800　　　　　B. -4200　　　　　C. 6000　　　　　D. 1500

9. 在按产品种类反映的产品生产成本表中，应反映上年成本资料的产品是（　　）。

A. 主要产品　　　B. 非主要产品　　C. 可比产品　　　D. 不可比产品

10. 某企业 2013 年成本为 300 万元，销售收入 1000 万元，则该企业的销售收入成本率为（　　）。

A. 15%　　　　　B. 30%　　　　　C. 70%　　　　　D. 85%

二、多项选择题

1. 成本报表的编制要求有（　　）。

A. 数字准确　　　B. 内容完整　　　C. 编报及时　　　D. 一致性

2. 主要产品成本报表反映的指标有（　　）。

A. 历史先进水平　B. 上年实际平均　C. 本年计划　　　D. 本月实际

3. 全部产品成本计划完成情况分析的任务有（　　）。

A. 查明全部产品和各类产品成本计划完成情况

B. 查明全部产品中各成本项目的计划完成情况

C. 找出成本升降幅度大的产品和成本项目

D. 查明单位成本升降的原因

4. 对可比产品成本降低计划的完成情况的分析，应从（　　）变动的影响等方面进行。

A. 产品产量　　　　　　　　　B. 产品的品种结构

C. 产品生产计划　　　　　　　D. 产品单位成本

5. 影响可比产品成本降低率的主要因素有（　　）。

A 产品产量　　　B. 产品品种比重　C. 产品价格　　　D. 产品单位成本

6. 主要产品单位分析表的成本项目主要包括（　　）。

A. 直接材料　　　B. 直接人工　　　C. 制造费用　　　D. 原材料

7. 影响产品单位成本中工资费用变动的因素主要是（　　）。

A. 工人出勤率　　　　　　　　B. 小时工资率

C. 产品工时定额　　　　　　　D. 单位产品工时消耗

8. 工业企业编制的成本报表有（　　）。

A. 产品成本表　　　　　　　　B. 主要产品单位成本表

C. 制造费用明细表　　　　　　D. 成本计算单

9. 下列关于制造费用明细表的说法正确的有（　　）。

A. 制造费用明细表中费用明细项目的划分有统一规定

B. 通过本年实际与本年计划比较，可以反映制造费用计划完成情况及节约或超支的原因

C. 利用制造费用明细表可以考核企业制造费用的构成和变动情况

D. 制造费用明细表的格式由企业自行决定

10. 影响可比产品成本降低额变动的因素有（　　）。

A. 产品产量变动　　　　　　　B. 产品品种比重变动

C. 产品单位成本变动　　　　　D. 产品计划单位成本

三、判断题

1. 成本报表只能定期进行编制。　　　　　　　　　　　　　　　（　　）

2. 成本报表的格式是由会计制度规定的。　　　　　　　　　　　（　　）

3. 制造费用明细表可以反映企业制造费用的构成。　　　　　　　（　　）

4. 在其他条件不变的情况下，产品品种结构变动会影响成本降低额和降低率。　　　　　　　　　　　　　　　　　　　　　　　　　　　（　　）

5. 可比产品成本计划降低率并非可比产品成本降低计划。　　　　（　　）

6. 企业可以根据自身的生产特点和管理要求，编制各种有利于进行成本控制和成本考核的报表。　　　　　　　　　　　　　　　　　　　（　　）

7. 不同企业的成本报表可以存在差异。　　　　　　　　（　　）

8. 成本报表一般根据企业生产的特点与管理的需要自行设置。　（　　）

9. 商品产品成本报表只反映在产品的有关情况。　　　　　（　　）

10. 对比分析法的基数一般是相同的。　　　　　　　　　（　　）

四、技能训练题

技能训练 1

资料：宏泰公司 A 产品 2013 年计划和实际发生的材料消耗量及材料单价如表 7-18 所示：

表 7-18

项　　目	材料消耗量（千克）	材料价格（元/千克）
本年计划	200	30
本年实际	210	28

要求：

（1）计算直接材料成本差异。

（2）分别计算材料消耗量变动和材料价格变动对成本的影响。

技能训练 2

资料：某产品单位成本直接人工费用项目本年计划和本月实际有关资料如表 7-19 所示：

表 7-19

项　　目	单位产品所耗工时（小时）	每小时工资费用（元）
本年计划	40	6
本月实际	33	6.8

要求：计算单位产品所耗工时和每小时工资费用两因素变动对直接人工费用差异的影响。

技能训练 3

资料：远大公司全部产品生产成本（按产品种类反映）如表 7-20 所示：

成 本 会 计

表 7-20

产品名称	计算单位	实际产量	单位成本			总成本		
			上年实际平均	本年计划	本期实际	按上年实际单位成本计算	按本年计划单位成本计算	本期实际
可比产品成本								
甲产品	件	30	300	290	285			
乙产品	件	35	400	380	375			
不可比产品成本								
丙产品	件	10		255	280			
全部产品								

假定可比产品计划降低额800元，计划降低率为4.21%。

要求：

（1）计算和填列全部产品生产成本表中总成本各栏数字。

（2）计算全部产品生产成本计划完成情况的降低额和降低率。

（3）计算可比产品成本实际降低额和实际降低率并分析其完成情况。

附录

企业产品成本核算制度（试行）

第一章 总 则

第一条 为了加强企业产品成本核算工作，保证产品成本信息真实、完整，促进企业和经济社会的可持续发展，根据《中华人民共和国会计法》、《企业会计准则》等国家有关规定制定本制度。

第二条 本制度适用于大中型企业，包括制造业、农业、批发零售业、建筑业、房地产业、采矿业、交通运输业、信息传输业、软件及信息技术服务业、文化业以及其他行业的企业。其他未明确规定的行业比照以上类似行业的规定执行。

本制度不适用于金融保险业的企业。

第三条 本制度所称的产品，是指企业日常生产经营活动中持有以备出售的产成品、商品、提供的劳务或服务。

本制度所称的产品成本，是指企业在生产产品过程中所发生的材料费用、职工薪酬等，以及不能直接计入而按一定标准分配计入的各种间接费用。

第四条 企业应当充分利用现代信息技术，编制、执行企业产品成本预算，对执行情况进行分析、考核，落实成本管理责任制，加强对产品生产事前、事中、事后的全过程控制，加强产品成本核算与管理各项基础工作。

第五条 企业应当根据所发生的有关费用能否归属于使产品达到目前场所和状态的原则，正确区分产品成本和期间费用。

第六条 企业应当根据产品生产过程的特点、生产经营组织的类型、产品种类的繁简和成本管理的要求，确定产品成本核算的对象、项目、范围，及时对有关费用进行归集、分配和结转。

企业产品成本核算采用的会计政策和估计一经确定，不得随意变更。

第七条 企业一般应当按月编制产品成本报表，全面反映企业生产成本、成本计划执行情况、产品成本及其变动情况等。

第二章 产品成本核算对象

第八条 企业应当根据生产经营特点和管理要求，确定成本核算对象，归集成本费用，计算产品的生产成本。

第九条 制造企业一般按照产品品种、批次订单或生产步骤等确定产品成本核算对象。

（一）大量大批单步骤生产产品或管理上不要求提供有关生产步骤成本信息的，一般按照产品品种确定成本核算对象。

（二）小批单件生产产品的，一般按照每批或每件产品确定成本核算对象。

（三）多步骤连续加工产品且管理上要求提供有关生产步骤成本信息的，一般按照每种（批）产品及各生产步骤确定成本核算对象。

产品规格繁多的，可以将产品结构、耗用原材料和工艺过程基本相同的产品，适当合并作为成本核算对象。

第十条 农业企业一般按照生物资产的品种、成长期、批别（群别、批次）、与农业生产相关的劳务作业等确定成本核算对象。

第十一条 批发零售企业一般按照商品的品种、批次、订单、类别等确定成本核算对象。

第十二条 建筑企业一般按照订立的单项合同确定成本核算对象。单项合同包括建造多项资产的，企业应当按照《企业会计准则》规定的合同分立原则，确定建造合同的成本核算对象。为建造一项或数项资产而签订一组合同的，按合同合并的原则，确定建造合同的成本核算对象。

第十三条 房地产企业一般按照开发项目、综合开发期数并兼顾产品类型等确定成本核算对象。

第十四条 采矿企业一般按照所采掘的产品确定成本核算对象。

第十五条 交通运输企业以运输工具从事货物、旅客运输的，一般按照航线、航次、单船（机）、基层站段等确定成本核算对象；从事货物等装卸业务的，可以按照货物、成本责任部门、作业场所等确定成本核算对象；从事仓储、堆存、港务管理业务的，一般按照码头、仓库、堆场、油罐、筒仓、货棚或主要货物的种类、成本责任部门等确定成本核算对象。

第十六条 信息传输企业一般按照基础电信业务、电信增值业务和其他信息传输业务等确定成本核算对象。

第十七条 软件及信息技术服务企业的科研设计与软件开发等人工成本比重较高的，一般按照科研课题、承接的单项合同项目、开发项目、技术服务客户等确定成本核算对象。合同项目规模较大、开发期较长的，可以分段确定成本核算对象。

第十八条 文化企业一般按照制作产品的种类、批次、印次、刊次等确定成本核算对象。

第十九条 除本制度已明确规定的以外，其他行业企业应当比照以上类似行业的企业确定产品成本核算对象。

第二十条 企业应当按照第八条至第十九条规定确定产品成本核算对象，进行产品成本核算。企业内部管理有相关要求的，还可以按照现代企业多维度、多层次的管理需要，确定多元化的产品成本核算对象。

多维度，是指以产品的最小生产步骤或作业为基础，按照企业有关部门的生产流程及其相应的成本管理要求，利用现代信息技术，组合出产品维度、工序维度、车间班组维度、生产设备维度、客户订单维度、变动成本维度和固定成本维度等不同的成本核算对象。

多层次，是指根据企业成本管理需要，划分为企业管理部门、工厂、车间和班组等成本管控层次。

第三章 产品成本核算项目和范围

第二十一条 企业应当根据生产经营特点和管理要求，按照成本的经济用途和生产要素内容相结合的原则或者成本性态等设置成本项目。

第二十二条 制造企业一般设置直接材料、燃料和动力、直接人工和制造费用等成本项目。

直接材料，是指构成产品实体的原材料以及有助于产品形成的主要材料和辅助材料。

燃料和动力，是指直接用于产品生产的燃料和动力。

直接人工，是指直接从事产品生产的工人的职工薪酬。

制造费用，是指企业为生产产品和提供劳务而发生的各项间接费用，包括企业生产部门（如生产车间）发生的水电费、固定资产折旧、无形资产摊销、管理人员的职工薪酬、劳动保护费、国家规定的有关环保费用、季节性和修理期间的停工损失等。

第二十三条 农业企业一般设置直接材料、直接人工、机械作业费、其他直接费用、间接费用等成本项目。

直接材料，是指种植业生产中耗用的自产或外购的种子、种苗、饲料、肥料、农药、燃料和动力、修理用材料和零件、原材料以及其他材料等；养殖业生产中直接用于养殖生产的苗种、饲料、肥料、燃料、动力、畜禽医药费等。

直接人工，是指直接从事农业生产人员的职工薪酬。

机械作业费，是指种植业生产过程中农用机械进行耕耙、播种、施肥、除草、喷药、收割、脱粒等机械作业所发生的费用。

其他直接费用，是指除直接材料、直接人工和机械作业费以外的畜力作业费等直接费用。

间接费用，是指应摊销、分配计入成本核算对象的运输费、灌溉费、固定资产折旧、租赁费、保养费等费用。

第二十四条 批发零售企业一般设置进货成本、相关税费、采购费等成本项目。

进货成本，是指商品的采购价款。

相关税费，是指购买商品发生的进口关税、资源税和不能抵扣的增值税等。

采购费，是指运杂费、装卸费、保险费、仓储费、整理费、合理损耗以及其他可归属于商品采购成本的费用。采购费金额较小的，可以在发生时直接计入当期销售费用。

第二十五条 建筑企业一般设置直接人工、直接材料、机械使用费、其他直接费用和间接费用等成本项目。建筑企业将部分工程分包的，还可以设置分包成本项目。

直接人工，是指按照国家规定支付给施工过程中直接从事建筑安装工程施工的工人以及在施工现场直接为工程制作构件和运料、配料等工人的职工薪酬。

直接材料，是指在施工过程中所耗用的、构成工程实体的材料、结构件、机械配件和有助于工程形成的其他材料以及周转材料的租赁费和摊销等。

机械使用费，是指施工过程中使用自有施工机械所发生的机械使用费，使用外单位施工机械的租赁费，以及按照规定支付的施工机械进出场费等。

其他直接费用，是指施工过程中发生的材料搬运费、材料装卸保管费、燃料动力费、临时设施摊销、生产工具用具使用费、检验试验费、工程定位复测费、工程点交费、场地清理费，以及能够单独区分和可靠计量的为订立建造承包合同而发生的差旅费、投标费等费用。

间接费用，是指企业各施工单位为组织和管理工程施工所发生的费用。

分包成本，是指按照国家规定开展分包，支付给分包单位的工程价款。

第二十六条 房地产企业一般设置土地征用及拆迁补偿费、前期工程费、建筑安装工程费、基础设施建设费、公共配套设施费、开发间接费、借款费用等成本项目。

土地征用及拆迁补偿费，是指为取得土地开发使用权（或开发权）而发生的各项费用，包括土地买价或出让金、大市政配套费、契税、耕地占用税、土地使用费、土地闲置费、农作物补偿费、危房补偿费、土地变更用途和超面积补交的地价及相关税费、拆迁补偿费用、安置及动迁费用、回迁房建造费用等。

前期工程费，是指项目开发前期发生的政府许可规费、招标代理费、临时设施费以及水文地质勘察、测绘、规划、设计、可行性研究、咨询论证费、筹建、场地通平等前期费用。

建筑安装工程费，是指开发项目开发过程中发生的各项主体建筑的建筑工程费、安装工程费及精装修费等。

基础设施建设费，是指开发项目在开发过程中发生的道路、供水、供电、供气、供暖、排污、排洪、消防、通讯、照明、有线电视、宽带网络、智能化等社区管网工程费和环境卫生、园林绿化等园林、景观环境工程费用等。

公共配套设施费，是指开发项目内发生的、独立的、非营利性的且产权属于全体业主的，或无偿赠与地方政府、政府公共事业单位的公共配套设施费用等。

开发间接费，是指企业为直接组织和管理开发项目所发生的，且不能将其直接归属于成本核算对象的工程监理费、造价审核费、结算审核费、工程保险费等。为业主代扣代缴的公共维修基金等不得计入产品成本。

借款费用，是指符合资本化条件的借款费用。

房地产企业自行进行基础设施、建筑安装等工程建设的，可以比照建筑企业设置有关成本项目。

第二十七条　采矿企业一般设置直接材料、燃料和动力、直接人工、间接费用等成本项目。

直接材料，是指采掘生产过程中直接耗用的添加剂、催化剂、引发剂、助剂、触媒以及净化材料、包装物等。

燃料和动力，是指采掘生产过程中直接耗用的各种固体、液体、气体燃料，以及水、电、汽、风、氮气、氧气等动力。

直接人工，是指直接从事采矿生产人员的职工薪酬。

间接费用，是指为组织和管理厂（矿）采掘生产所发生的职工薪酬、劳动保护费、固定资产折旧、无形资产摊销、保险费、办公费、环保费用、化（检）验计量费、设计制图费、停工损失、洗车费、转输费、科研试验费、信息系统维护费等。

第二十八条　交通运输企业一般设置营运费用、运输工具固定费用与非营运期间的费用等成本项目。

营运费用，是指企业在货物或旅客运输、装卸、堆存过程中发生的营运费用，包括货物费、港口费、起降及停机费、中转费、过桥过路费、燃料和动力、航次租船费、安全救生费、护航费、装卸整理费、堆存费等。铁路运输企业的营运费用还包括线路等相关设施的维护费等。

运输工具固定费用，是指运输工具的固定费用和共同费用等，包括检验检疫费、车船使用税、劳动保护费、固定资产折旧、租赁费、备件配件、保险费、驾驶及相关操作人员薪酬及其伙食费等。

非营运期间费用，是指受不可抗力制约或行业惯例等原因暂停营运期间发生的有关费用等。

第二十九条 信息传输企业一般设置直接人工、固定资产折旧、无形资产摊销、低值易耗品摊销、业务费、电路及网元租赁费等成本项目。

直接人工，是指直接从事信息传输服务的人员的职工薪酬。

业务费，是指支付通信生产的各种业务费用，包括频率占用费、卫星测控费、安全保卫费、码号资源费、设备耗用的外购电力费、自有电源设备耗用的燃料和润料费等。

电路及网元租赁费，是指支付给其他信息传输企业的电路及网元等传输系统及设备的租赁费等。

第三十条 软件及信息技术服务企业一般设置直接人工、外购软件与服务费、场地租赁费、固定资产折旧、无形资产摊销、差旅费、培训费、转包成本、水电费、办公费等成本项目。

直接人工，是指直接从事软件及信息技术服务的人员的职工薪酬。

外购软件与服务费，是指企业为开发特定项目而必须从外部购进的辅助软件或服务所发生的费用。

场地租赁费，是指企业为开发软件或提供信息技术服务租赁场地支付的费用等。

转包成本，是指企业将有关项目部分分包给其他单位支付的费用。

第三十一条 文化企业一般设置开发成本和制作成本等成本项目。

开发成本，是指从选题策划开始到正式生产制作所经历的一系列过程，包括信息收集、策划、市场调研、选题论证、立项等阶段所发生的信息搜集费、调研交通费、通信费、组稿费、专题会议费、参与开发的职工薪酬等。

制作成本，是指产品内容制作成本和物质形态的制作成本，包括稿费、审稿费、校对费、录入费、编辑加工费、直接材料费、印刷费、固定资产折旧、参与制作的职工薪酬等。电影企业的制作成本，是指企业在影片制片、译制、洗印等生产过程所发生的各项费用，包括剧本费、演职员的薪酬、胶片及磁片磁带费、化妆费、道具费、布景费、场租费、剪接费、洗印费等。

第三十二条 除本制度已明确规定的以外，其他行业企业应当比照以上类似行业的企业确定成本项目。

第三十三条　企业应当按照第二十一条至第三十二条规定确定产品成本核算项目，进行产品成本核算。企业内部管理有相关要求的，还可以按照现代企业多维度、多层次的成本管理要求，利用现代信息技术对有关成本项目进行组合，输出有关成本信息。

第四章　产品成本归集、分配和结转

第三十四条　企业所发生的费用，能确定由某一成本核算对象负担的，应当按照所对应的产品成本项目类别，直接计入产品成本核算对象的生产成本；由几个成本核算对象共同负担的，应当选择合理的分配标准分配计入。

企业应当根据生产经营特点，以正常生产能力水平为基础，按照资源耗费方式确定合理的分配标准。

企业应当按照权责发生制的原则，根据产品的生产特点和管理要求结转成本。

第三十五条　制造企业发生的直接材料和直接人工，能够直接计入成本核算对象的，应当直接计入成本核算对象的生产成本，否则应当按照合理的分配标准分配计入。

制造企业外购燃料和动力的，应当根据实际耗用数量或者合理的分配标准对燃料和动力费用进行归集分配。生产部门直接用于生产的燃料和动力，直接计入生产成本；生产部门间接用于生产（如照明、取暖）的燃料和动力，计入制造费用。制造企业内部自行提供燃料和动力的，参照本条第三款进行处理。

制造企业辅助生产部门为生产部门提供劳务和产品而发生的费用，应当参照生产成本项目归集，并按照合理的分配标准分配计入各成本核算对象的生产成本。辅助生产部门之间互相提供的劳务、作业成本，应当采用合理的方法，进行交互分配。互相提供劳务、作业不多的，可以不进行交互分配，直接分配给辅助生产部门以外的受益单位。

第三十六条　制造企业发生的制造费用，应当按照合理的分配标准按月分配计入各成本核算对象的生产成本。企业可以采取的分配标准包括机器工时、人工工时、计划分配率等。

季节性生产企业在停工期间发生的制造费用，应当在开工期间进行合理分摊，连同开工期间发生的制造费用，一并计入产品的生产成本。

制造企业可以根据自身经营管理特点和条件，利用现代信息技术，采用作业成本法对不能直接归属于成本核算对象的成本进行归集和分配。

第三十七条 制造企业应当根据生产经营特点和联产品、副产品的工艺要求，选择系数分配法、实物量分配法、相对销售价格分配法等合理的方法分配联合生产成本。

第三十八条 制造企业发出的材料成本，可以根据实物流转方式、管理要求、实物性质等实际情况，采用先进先出法、加权平均法、个别计价法等方法计算。

第三十九条 制造企业应当根据产品的生产特点和管理要求，按成本计算期结转成本。制造企业可以选择原材料消耗量、约当产量法、定额比例法、原材料扣除法、完工百分比法等方法，恰当地确定完工产品和在产品的实际成本，并将完工入库产品的产品成本结转至库存产品科目；在产品数量、金额不重要或在产品期初期末数量变动不大的，可以不计算在产品成本。

制造企业产成品和在产品的成本核算，除季节性生产企业等以外，应当以月为成本计算期。

第四十条 农业企业应当比照制造企业对产品成本进行归集、分配和结转。

第四十一条 批发零售企业发生的进货成本、相关税金直接计入成本核算对象成本；发生的采购费，可以结合经营管理特点，按照合理的方法分配计入成本核算对象成本。采购费金额较小的，可以在发生时直接计入当期销售费用。

批发零售企业可以根据实物流转方式、管理要求、实物性质等实际情况，采用先进先出法、加权平均法、个别计价法、毛利率法等方法结转产品成本。

第四十二条 建筑企业发生的有关费用，由某一成本核算对象负担的，应当直接计入成本核算对象成本；由几个成本核算对象共同负担的，应当选择直接费用比例、定额比例和职工薪酬比例等合理的分配标准，分配计入成本核算对象成本。

建筑企业应当按照《企业会计准则第15号——建造合同》的规定结转产品成本。合同结果能够可靠估计的，应当采用完工百分比法确定和结转当期提供服务的成本；合同结果不能可靠估计的，应当直接结转已经发生的成本。

第四十三条 房地产企业发生的有关费用，由某一成本核算对象负担的，应当直接计入成本核算对象成本；由几个成本核算对象共同负担的，应当选择占地面积比例、预算造价比例、建筑面积比例等合理的分配标准，分配计入成本核算对象成本。

第四十四条 采矿企业应当比照制造企业对产品成本进行归集、分配和结转。

第四十五条 交通运输企业发生的营运费用，应当按照成本核算对象归集。

交通运输企业发生的运输工具固定费用，能确定由某一成本核算对象负担的，应当直接计入成本核算对象的成本；由多个成本核算对象共同负担的，应当选择营运时间等符合经营特点的、科学合理的分配标准分配计入各成本核算对象的成本。

交通运输企业发生的非营运期间费用，比照制造业季节性生产企业处理。

第四十六条 信息传输、软件及信息技术服务等企业，可以根据经营特点和条件，利用现代信息技术，采用作业成本法等对产品成本进行归集和分配。

第四十七条 文化企业发生的有关成本项目费用，由某一成本核算对象负担的，应当直接计入成本核算对象成本；由几个成本核算对象共同负担的，应当选择人员比例、工时比例、材料耗用比例等合理的分配标准分配计入成本核算对象成本。

第四十八条 企业不得以计划成本、标准成本、定额成本等代替实际成本。企业采用计划成本、标准成本、定额成本等类似成本进行直接材料日常核算的，期末应当将耗用直接材料的计划成本或定额成本等类似成本调整为实际成本。

第四十九条 除本制度已明确规定的以外，其他行业企业应当比照以上类似行业的企业对产品成本进行归集、分配和结转。

第五十条 企业应当按照第三十四条至第四十九条规定对产品成本进行归集、分配和结转。企业内部管理有相关要求的，还可以利用现代信息技术，在确定多维度、多层次成本核算对象的基础上，对有关费用进行归集、分配和结转。

第五章 附 则

第五十一条 小企业参照执行本制度。

第五十二条 本制度自 2014 年 1 月 1 日起施行。

第五十三条 执行本制度的企业不再执行《国营工业企业成本核算办法》。

图书在版编目（CIP）数据

成本会计/郑伦卉等主编 . —北京：经济管理出版社，2014.7

ISBN 978-7-5096-3087-7

Ⅰ.①成…　Ⅱ.①郑…　Ⅲ.①成本会计-高等职业教育-教材　Ⅳ.①F234.2

中国版本图书馆 CIP 数据核字（2014）第 078949 号

组稿编辑：申桂萍

责任编辑：魏晨红

责任印制：黄章平

责任校对：超　凡

出版发行：经济管理出版社

　　　　　（北京市海淀区北蜂窝 8 号中雅大厦 A 座 11 层　100038）

网　　址：www. E-mp. com. cn

电　　话：（010）51915602

印　　刷：北京银祥印刷厂

经　　销：新华书店

开　　本：720mm×1000mm/16

印　　张：17

字　　数：310 千字

版　　次：2014 年 7 月第 1 版　2014 年 7 月第 1 次印刷

书　　号：ISBN 978-7-5096-3087-7

定　　价：39.00 元